·江淮名师成长之路·

影之共行，响之同声

—— 一位“江淮好班主任”的成长寄语

徐　维◎著

安徽师范大学出版社
·芜湖·

图书在版编目(CIP)数据

影之共行,响之同声:一位“江淮好班主任”的成长寄语 / 徐维著. —芜湖:安徽师范大学出版社,2020.4

ISBN 978-7-5676-3568-5

Ⅰ.①影… Ⅱ.①徐… Ⅲ.①班主任工作-研究 Ⅳ.①G451.6

中国版本图书馆CIP数据核字(2018)第107121号

YING ZHI GONGXING, XIANG ZHI TONGSHENG

影之共行,响之同声

——YIWEI “JIANGHUAI HAO BANZHUREN” DE CHENGZHANG JIYU

——一位“江淮好班主任”的成长寄语

徐维 著

策划编辑:王一澜　　责任编辑:王一澜
责任校对:盛　夏　　装帧设计:丁奕奕
责任印制:桑国磊
出版发行:安徽师范大学出版社
芜湖市九华南路189号安徽师范大学花津校区　邮政编码:241002
网　址:http://www.ahnupress.com/
发行部:0553-3883578 5910327 5910310(传真) E-mail:asdcbsfxb@126.com
印　刷:江苏凤凰数码印务有限公司
版　次:2020年4月第1版
印　次:2020年4月第1次印刷
规　格:700 mm × 1000 mm　1/16
印　张:15
字　数:253千字
书　号:ISBN 978-7-5676-3568-5
定　价:45.90元

江淮名师成长之路

总　序

从理论上说，教师专业发展存在“补缺”和“成长”两种主要模式。前者主要是为了弥补教师在教育教学上存在的某些缺陷而开展的培训活动，旨在提供一种外在于教师的知识、技能，以弥补教师存在的这些素质上的不足和缺陷，促进教师的客体性发展；后者主要指与教师对其自身教学实践进行持续性探究相伴随的各种发展活动，促进教师的主体性发展。近些年来，我国教师专业发展多采用是的一种客体性的发展方式，即试图通过各种各样的培训来弥补教师存在的知识、能力或观念的“缺陷”，以期达至专业发展之目的。相对于教师培训这种客体性的发展方式，是教师作为教育活动和专业发展的主体，基于教育实践进行自我式、伙伴式或团队式的探索发现、经验总结、深度反思，实现经验的生成和分享，实现一种主体性的专业成长。

为此，近年来我们发起成立的安徽省教师教育协同创新中心，在开辟教师教育协同创新实验区，开展教师职前培养模式改革的同时，注重与一线优秀教师的合作和协同，发掘他们在教育实践和职业生涯过程中积累形成的成长经验，并将此作为成功案例进行系统整理和编辑出版，提供给广大在职中小学教师在专业发展过程中分享。特别是安徽省政府及教育主管部门先后从全省中小学教师中遴选了一批“江淮好教师”“江淮好校长”“江淮好班主任”，他们的事迹虽然得到表彰和一定的宣传，但都不够系统、深入和完整，难以反映这些优秀教师在各种岗位上探索成长的心路历程。为此，安徽省教师教育协同创新中心联络这些优秀教师进行深度讨论和策划，希望他们将专业成长的历程和经验，以教育生活史的方式进行叙事和讲述并整理出来。这不仅有利于他们自己进一步的探索和成长，更是准备投身教师职业的师范生和广大中小学教师在职学习的活教材，也有利于他们探索和总结教师成长、发展的规律，促进教师专业发展研究和教师培训模式的创新。

《中共中央 国务院关于全面深化新时代教师队伍建设改革的意见》指出，“兴国必先强师”，“教师承担着传播知识、传播思想、传播真理的历史使命，肩负着塑造灵魂、塑造生命、塑造人的时代重任，是教育发展的第一资源，是国家富强、民族振兴、人民幸福的重要基石”，并提出“培养造就数以百万计的骨干教师、数以十万计的卓越教师、数以万计的教育家型教师”。习近平总书记在全国教育大会上进一步指出：“建设社会主义现代化强国，对教师队伍建设提出新的更高要求，也对全党全社会尊师重教提出新的更高要求。人民教师无上光荣，每个教师都要珍惜这份光荣，爱惜这份职业，严格要求自己，不断完善自己。”新时代教育呼唤党和人民满意的高素质、专业化、创新型教师队伍。围绕新时代教师教育建设，党和国家制定出台了一系列重要的教育政策措施，但最关键的还是广大教师自身的思想自觉和行动自觉，牢记使命、不忘初衷，爱岗敬业、教书育人，改革创新、服务社会。

我们遴选的这些优秀教师都是扬名一方的江淮名师。他们或在城镇或在乡村，工作的环境和条件各不相同，但他们都执着于教书育人，有着热爱教育的定力、淡泊名利的坚守，更有着在教育实践中不断探索、创新的活力和韧劲。他们将自己的成长之路系统回顾和梳理出来，从中看到他们探索的步履、成长的足迹、成功的欢欣。我在阅读过程中一次次为他们的故事所感动，也从他们的成长之路中得到启示和教益。相信准备投身教师职业的师范生和广大中小学教师，通过这些江淮名师成长的活生生的故事和心语，同样能够领略和分享到乐育英才的成就感和幸福感。

这套丛书由安徽师范大学教育科学学院周兴国教授和我总体策划，辛治洋教授、李宜江教授、聂竹明教授、吴支奎副教授、徐赟副教授、孟庆娟老师和柳丽娜博士、马兴博士等做了大量的具体工作，尤其得到各位作者的鼎力支持，安徽省教师教育协同创新中心和安徽师范大学教育科学学院提供了出版资助，在此一并致谢！

是为序。

阮成武

二〇一八年十一月一日

序

我将书名定为《影之共行，响之同声——一位“江淮好班主任”的成长寄语》有两层意思：一是表达一种美好的愿望，希望这本书能够对读者产生正面的影响；二是呈现主要内容——全书分为上下两篇，上篇主要介绍班主任如何影响学生成长，下篇主要介绍我是如何成为一位有影响的班主任的。

按照《现代汉语词典（第6版）》的解释，“影响”可以作动词，也可以作名词。这本书中的“影响”应该是两者兼而有之。

——作为动词：

曾几何时，我为一名学生的成绩提升而殚精竭虑，辅导、面批、家访……我几乎做了一切我所能做的，最终这名学生考上了他心仪的高校。可是，令我想不到的是，这名学生对我印象最深的并不是我为他提升成绩所做的多种努力，而是我为他擦了一次黑板。

一天，轮到这位同学值日，他忘记擦黑板了。当他想起要擦黑板的时候，我已经站在讲台上了。于是，他开始担心起来，担心两年前的一幕再次发生。两年前，他还在读初中，因为他值日时没有擦黑板，被老师恶狠狠地批评了一顿，还被罚在教室后面站着上了一节课。这位同学后来告诉我，他没有想到，我当时自己擦了黑板，之后就正常上课了，压根没提值日生擦黑板的事，为此，他暗下决心要好好读书，用好成绩来回报我。

影响一个学生原来如此简单，就如同开锁，只要找到配套的那把钥匙，轻轻一旋转，就能够打开锁了。

从这个意义上说，“有影响”其本质应该是“有效”。一名有影响的班主任应该是有效教育的实施者，他或她说的话、做的事，能够入学生的心、进学生的脑，用他或她自己的言行去影响学生。

——作为名词：

信任是有效教育的前提。如果学生信任你，嬉笑怒骂皆教育。而要想取得学生的信任，并不是一件简单的事，这需要班主任在学生心中有一定的影响力。我理解的“影响力”，是指某人在一定地域内有较高的知名度或美誉度。这就要求班主任在提升自己教育教学水平的同时，还要善于表达，能说会写，用自己的成果去影响更多的人。从这个意义上说，“有影响”的班主任的特点之一是，他或她是一位“有名气”的教育工作者。

在现实生活中，我们有些班主任不是缺少实践，而是缺少思考、缺少表达。不少班主任听专家做报告的时候都有这种感觉——就那么一回事，我也是那么做的。明于心而不能言于口，缺少发现关键事件的教育意义和教育价值的能力，可能是当前很多中小学班主任的通病。

2006年开始，我每天坚持李镇西老师倡导的“五个一工程”，即每天阅读一万字书报，上好一节课，找一位学生谈心或做书面交流，思考一个教育问题或社会问题，写一篇文章。就这样，我逐步走上了“阅读—实践—思考—写作”的教研道路。迄今为止，我发表了80多篇文章，主持、参与了5项省市级课题，出版了1本23万字的教育专著，被评为安徽省“江淮好班主任”……我成了一般意义上的有影响的班主任。

当班主任是一场修行，在影响学生的同时，我们自己也会被学生影响，进而不断成长。担任班主任的这些年，我改变了很多。想当年，我还是一名大学生，以为世界就是我的；工作的这些年来，我教过的学生有一千多人。这些年，我有很多无奈，感到我无法左右很多事，仅仅是提高学生的成绩就不是一两句话的事情，影响一个学生、做一名有影响的班主任太难了。

班主任作为教师的一种职务，除了要履行教学工作，还要对学生的思想、生活等负责。我在这本书中，将从上面两个方面谈谈如何做一位有影响的班主任。

我写这本书，既是表态，又是期待。我将奉行陶行知先生“千教万教教人求真，千学万学学做真人”的箴言，努力做真教育，同时期待真正有影响的班主任出现，影响你、影响我、影响大家，为教育科学的发展贡献力量。

目　录

上篇：班主任如何影响学生成长

下篇：如何成为影响一方的名师

上篇：班主任如何影响学生成长

本篇有三章，主要介绍班主任如何影响学生成长。第一章重点强调班主任要从思想上引领学生，引导学生自我教育。欲无杂草，必种庄稼。思想引领比行为约束更有效。第二章介绍班主任工作的目的——以生为本，以学定教，就班主任自身如何树立正确的教育观、学生观，如何引导学生树立正确的学习观和世界观展开叙述。第三章揭示了班主任工作的根本——“育人”的同时要“育己”，学高才能为师，身正才能为范。

第一章 思想引领，自我教育

教书先育人，育人先育心。影响学生需要从“心”开始。班主任不仅要当好班级的管理者、学生学习的促进者，更要当好学生健康心理的守护者和学生成长的引路人。

第一节 从成绩管理到全面育人

班主任不仅要关注学生的成绩，而且要关注学生的成长。新时期的班主任角色定位应该有四个：班级的管理者，学生学习的促进者，学生健康心理的守护者和学生成长的引路人。

一、从2016年高考作文说起：岂能仅以分数来评价学生

2016年高考全国Ⅰ卷作文题是这样的：

阅读下面的漫画材料，根据要求写一篇不少于800字的文章。

（据夏明作品改动）

要求：结合材料的内容和寓意，选好角度，确定立意，明确文体，自拟标题；不要套作，不得抄袭。

图1，左边的孩子拿着一张100分的试卷，脸上有一个嘴唇印，表示得到了表扬；右边的孩子拿着一张55分的试卷，脸上有一个巴掌印，表示得到了惩罚；图2，上面那个得了100分的孩子这次拿着一张98分的试卷，脸上有一个巴掌印，表示得到了惩罚；上面那个得了55分的孩子这次拿着一张61分的试卷，脸上有一个嘴唇印，表示得到了表扬。

表扬是因为分数，惩罚也是因为分数。分数真的那么重要吗？能够简单用分数作为依据来表扬或惩罚学生吗？如果分数高就是好学生的话，马加爵是一个好学生。

马加爵，1981年生，读高中时曾获全国奥林匹克物理竞赛二等奖，2000年考入云南大学。2004年，他因琐事积怨在宿舍连杀四名同学，引发了轰动全国的“马加爵事件”。因为他无视国家法律，非法剥夺他人生命，被昆明市中级人民法院依法判处死刑，剥夺政治权利终身。

“马加爵事件”虽然是个案，但说明分数确实不能反映一个学生的全部。道理很简单，为社会做出突出贡献的并不都是学习成绩优异的、毕业于名校的学生，分数衡量的只是一个学生的文化素养的一部分。

有一个“第十名现象”，说的是一个班里最有出息的学生，往往不是学习成绩最好的前几名，而是成绩在班上排在第十名左右的学生。学校的排名往往很简单地以学生的文化课成绩为标准，这使得学生的兴趣、爱好、知识拓展、个性发展等受到了一定的约束，最终可能会影响学生的可持续发展。

2016年教育部发布了《中国学生发展核心素养》，指出了学生应具备的适应终身发展和社会发展需要的必备品格和关键能力，主要指文化基础、自主发展、社会参与等三个方面。说直白一点，一个人的成功需要在文化基础、自主发展、社会参与这三个方面保持协调、平衡。或许就是在班上处于第十名左右的学生既没有优秀生“想赢怕输”的负担，又没有差生的自卑心理，敢闯敢拼，才让他的文化基础、自主发展、社会参与等方面协调发展，综合能力较强。

在党的十八届五中全会上，习近平同志系统论述了创新、协调、绿色、开放、共享“五大发展理念”，强调绿水青山就是金山银山，发展经济不能以牺牲生态环境为代价。习总书记的讲话具有普遍的指导意义，教育同样要贯彻“五大发展理念”，提高学生的文化课成绩固然重要，但是绝不能以耽误学生自主发展、社会参与等方面的发展为代价，教师的眼中不应该只有分数，更应该有人。

二、新时代班主任的角色定位

随着教育部《中小学班主任工作规定》的出台，中小学班主任工作更强调规范化、专业化，班主任工作正在进入一个全新的时代。班主任在新时代该如何工作呢？我认为班主任应该扮演好以下四个角色。

第一，班级的管理者。所谓班主任，就是对班级负主要责任的人。因此，班主任应该是班集体的领导者与管理者，应对班级的各项工作负主要责任，确保班级工作安全、有序开展，确保学生在校期间健康成长。

第二，学生学习的促进者。我们不能离开学生的文化课成绩来谈学生的发展，中小学教师必须清楚地认识到：除了正常的教学，帮助学生考上理想的学校也是一种教育。班主任作为班级的主要负责人，应该想方设法来提高班级学生的成绩。

第三，学生健康心理的守护者。随着信息化时代的到来，学生由过去单一地从师长那里获取信息变成了从电视、报刊、网络等多种媒体渠道获取信息，这种变化使学生获取的信息量骤增。但学生未成年，心理尚不成熟，又缺少必要的知识储备，在这种情况下加强对学生的心理辅导尤为重要。

第四，学生成长的引路人。如果说扮演好以上三种角色是对一个合格班主任的基本要求，那么一个优秀班主任就应该思考如何促进学生成长、成人、成才、成功，要为学生的幸福人生奠基。

三、完成班主任角色转换的策略

作为班级的管理者，需要掌握两个法宝——“爱心”与“民主”

爱，是教育的真谛。陶行知先生曾说：“爱是一种伟大的力量，没有爱就没有教育。”教育最有效的手段就是“爱的教育”，我对这一点深有体会。

2007年12月31日晚上11点多，我正准备休息，这时候手机铃声响了，打开一看是一条短信。短信的内容是这样的：“请问您是徐维老师吗？我是2004届110班的学生——小琦。谢谢您那时对我的鼓励。在新年来临之际，送上学生最诚挚的祝福，祝您新年快乐！”给老师发这样信息的一般都是与老师关系比较密切的学生。可是，我对小琦这个学生的印象不是很深刻。我依稀记得她分科的时候选择了文科，她怎么还记得我这个只教了她一年的物理老师呢？在随后和小琦的交流中，我知道她现在在合肥某高校上学，她对我的感激源于一场物理考试。

据她自己说，高一“万有引力定律”这一章测试时，她拿到试卷一下子蒙了，没几题是她会做的。因此，当别人在奋笔疾书的时候，她却在深深地谴责自己，怨恨自己，她觉得自己付出了许多努力，却得不到相应的回报；更担心试卷发下来那一刻的尴尬……于是，她在试卷上给我写了一段话，大意是自己有愧于老师的培养，请老师原谅。

说到这里，我想起来了。我当时是114班的班主任，兼带110班的物理课。那天晚上，当我看到试卷上那段话的时候，我敏感地意识到，如果不采取一些措施，可能这个孩子很长一段时间内会沉浸在自责之中。于是，我立即找到小琦，利用熄灯前的一点时间与她进行了交流，主要是引导她正确认识这一次的考试，正确认识自己，并帮助她树立信心。

可能有班主任看到这里会说：这有什么呢，我们不都是这样做的吗？的确，对担任班主任的我来说，这是一件很平常的事情。我经历了很多次类似的交流，早已把这些当成了常规工作中的一部分，但是对学生来说，可能是他们终生难忘的记忆。所以我说，班主任付出的仅仅是1%的关爱，但是对学生来说是100%的感动。

关爱学生不是嘴上说说，要切切实实地做让学生感动的事情，这样才能够让学生感受到班主任的关爱。

苹果是平安夜最常见的礼物之一。有一年平安夜，我收到了30个苹果，班上60个学生，有一半学生都送了苹果给我。

看着这些苹果，我内心很纠结。一方面，我很感动，感动于学生对我的喜爱；另一方面，我觉得有些“奢侈”——毕竟学生没有赚钱的能力。怎么处理这些苹果呢？《孟子》有云：独乐乐不如众乐乐。《礼记》上说：来而不往非礼也。学生对我如此尊重，我自然应该让学生感受到我对他们的关爱。

看着这些苹果，我知道该怎么做了。我首先用便利贴给每一个学生写了一条祝福语。虽然一直写到凌晨一点多，但是一想到学生看到祝福时的感动，我就兴奋不已。第二天，我起了个大早，将苹果洗干净，然后小心地把30个苹果分成60份，在每一个学生的课桌上放一份，同时在每个学生的课桌上贴上我昨晚写的祝福语。我完成这一切之后，学校的起床铃响起，我长出一口气——终于在学生进教室之前把祝福送到了，把惊喜送出了。

果然，学生们进教室以后都很诧异，先是一个学生，然后是一群学生，最后是全班都沸腾了，他们没有想到班主任会用这样的方式，花这样的心思来给大家送祝福。我呢，一个人漫步于校园的林荫小道上，享受着爱与被爱的幸福。

师生之间的情感交流是不对称的，班主任往往是独享学生的祝福，而很少去表达自己对学生的关爱，以至于学生可能会误解班主任。作为班主任，爱学生就要淋漓畅快地表达出来，将爱放到学生的心坎上。

需要提醒各位班主任的是，千万不要以爱的名义来伤害孩子。班主任不是学生自己，不能越俎代庖；班主任不是强盗，不能强人所难。这需要我们用学生喜闻乐见的方式传递教育信息，需要将爱放到学生心坎上。

那么如何将爱放到学生心坎上呢？这就需要把握班级管理的第二大法宝：民主。

教育民主，其实就是班主任对学生意愿的尊重。换句话说，班主任不能将自己个人意志强加给学生。那么问题来了，如果出现了教育僵局怎么办呢？我建议不妨拐个弯。

一次，我在玩具店前看到了这样一幕：一个六七岁的孩子拉住年轻的妈妈不放手，嘴里喊着：“我就是要买！我就是要买！”

带着学习的心理，我放慢脚步，想看看这位年轻妈妈是怎么处理的。

“我就是不买！”这位年轻妈妈直接拒绝了孩子。

孩子听到妈妈的话，大哭起来，进而引来路人围观。随着围观的人越来越多，年轻的妈妈开始讨饶，答应去买。

看到这样的结果，我多少有些遗憾。其实，这位年轻的妈妈完全可以采取更加智慧一点的办法，比如对孩子说：你好好表现，下个星期妈妈给你买。我估计孩子会理解的，并且会努力地好好表现。

我们在教育过程中难免会遇到一些棘手的问题。比如，孩子非要办个华丽的生日会；又比如，你要求孩子喝药，他坚决不喝。出现这样的僵局时，我们千万不能用家长的权威蛮横地“镇压”孩子，而要根据孩子的情况有条件地满足孩子。

如果孩子要求办一个华丽的生日会，家长不妨和孩子来个约定。我想大多数家长不同意孩子办华丽的生日会的主要原因是不希望孩子从小养成乱花钱，在物质上攀比的习惯。为了避免这样的事情发生，你可以对孩子说：“你要办一个华丽的生日会可以，但是过年就不买新衣服了。你同意吗?”如果孩子同意，表明孩子已经懂得了承担责任；如果孩子不同意，也可就此作罢。

如果孩子不喝药，不妨与孩子玩一个小游戏：下五子棋、词语接龙、成语接龙……只要是孩子会的都可以。如果孩子输了，就要喝药，寓教于乐，不是挺好吗?

我的孩子上小学一年级的时候，也和其他孩子一样，有很多稀奇古怪的想法，要买这个、那个。怎么办呢？我和孩子有一个约定，根据孩子在学校的表现情况给孩子零花钱的支配权。例如，她考试得到100分，可以支配10元钱；得到一朵红花，可以支配5元钱；作业全对可以支配5元钱。她对这些钱有支配权，如果遇到喜欢的东西，她就可以用这些钱来买。从实践来看，孩子最后不仅努力学习、好好表现，而且会计划着如何支配这些钱。

我们认真思考后会发现，如果出现教育僵局，最初的原因是孩子对事情的认识不到位，发展到后来，孩子已经不再只对物质有需求，还要寻求精神上的满足，因为他感觉到自己的想法没有得到支持，个人没有受到尊重。这时候，我们不妨拐个弯，引入第三方，将自己的意图通过第三方来实现。这样，既可以实现教育目标，又可以让孩子受到尊重。

作为学生心理的疏导者，需要走进学生心灵，轻叩学生心扉

一把锁，无论你怎样看它、瞪它、骂它、打它，都打不开它，但你只要拿出那把配套的钥匙，插进去，轻轻一扭，就能打开它。教育学生也是这样，只有走进学生心里，才有可能解决学生的心理问题。学生的问题解决起来可能很简单，也许就是因为你为他擦了一次黑板。

有一次，我应邀参加学生聚会。席间，小马同学过来敬酒，我们之间没有过多的寒暄和祝福，他只是深情地说了一句在我听来很蹊跷的话："老师，您为我擦了一次黑板，我敬您。"

小马是我当时较为上心的学生之一。他当时成绩很好，能排在班级前十名左右，但他的物理成绩相对薄弱一些。所以，作为他的班主任和物理老师，我在批改他的物理作业、试卷时非常认真，经常在上面写一两句指导性的话语，大意无非是希望他能够提高物理成绩，考上一所理想的学校。后来，小马考上了一所当时省内的"211"高校。

这次见面，我正想和小马好好聊聊，说说当年物理学习的那些事情，也许他的经历对现在的学生学习物理有启发。万万没有想到，他感激我居然是因为我为他擦了一次黑板。尴尬的是，我对这事情完全没有印象了。

我把小马拉到一边，询问此事的原委。原来那天是小马值日，小马需要擦黑板，但是小马忘记了，当他想起要擦黑板的时候，发现我已经站在讲台上了。于是他开始担心起来，担心两年前的一幕再次发生。两年前，小马还在读初中，因为轮到小马值日，他没有擦黑板，他被老师恶狠狠地批评了，还被罚在教室后面站着听了一节课。可是小马没有想到的是，我当时自己动手擦了黑板，之后就正常上课了。

我听完小马的讲述，不禁笑了：相较于我对他学习、生活上的关心，这其实是一件极其平常的事情，不值一提；我笑小马同学初中老师的“较真”，学生一次没有擦黑板又能怎样呢？无伤大雅；我笑自己的自作多情，以为自己对小马学习上的关心会让小马感恩在心，永远铭记。

其实，学生是很简单的，简单到只要为他擦一次黑板，他就能够记住老师一辈子。良言一句三冬暖，恶语伤人六月寒。爱学生，不一定需要惊天动地的行为，只要让学生感受到这份关爱就好。

作为学生成绩的促进者，需要引导学生树立正确的学习观，帮助学生养成良好的学习习惯、提高自主学习的能力

思想是行动的先导，引导学生树立正确的学习观是促进学生学习的前提。我一直对学生强调，学习的过程是一个目标达成的过程，是一个磨砺人性的过程。客观、公正地看待周围发生的一切，以一颗积极、阳光、乐观的心面对学习和生活，树立正确的世界观和价值观，这才是学习的主要目的。

班主任作为学生学习成绩的促进者，要关注学生、了解学生，注重培养学生良好的学习习惯，引导学生主动学习，自我教育。

大愚良宽是日本江户时代的一位禅师，一生致力于参禅修行，悟禅颇深。大愚良宽年老之际，亲戚请求他去教育败家的外甥，劝其回头。禅师连忙赶了三天路去见外甥，外甥见到舅舅来，十分高兴，特地留舅舅在家住上一晚。禅师在俗家的床上禅坐了一夜。第二天清晨，他准备告辞离去，坐在床边穿鞋，两手却一直发抖，很长时间都系不好草鞋的绳带，外甥见状，蹲下来帮舅舅将草鞋绑好。这时，禅师慈祥地对外甥说：“谢谢你了。你看，人老了真是一点用都没有。你好好保重自己，趁年轻的时候好好做人，把该做的事情做好。”说完，禅师头也不回地走了。他对外甥先前放荡的生活没有一句责备，但他的外甥听了他的话从此洗心革面，奋发向上。

让外甥真切地感受到年老的“无用”，激发外甥的内心动力是大愚良宽禅师教育的奥秘所在。教育学生又何尝不应该如此呢？我女儿学舞蹈的时候，她的舞蹈老师就是不断激发她内心的学习动力的。

学舞蹈需要压腿，而压腿是一件枯燥的事情，还伴随着疼痛。我女儿刚刚学习舞蹈的时候不喜欢压腿。有一天，到了去上舞蹈课的时间了，她拼死拼活也不愿意去了。我好说歹说她都不愿意，最后我和她达成协议：我在旁边陪她，她如果感觉疼就告诉我，然后我去告诉老师，她就可以不压腿了。她这才勉强答应去学舞蹈。

到了学校，我将情况反馈给舞蹈老师。舞蹈老师笑笑说："这很正常，不要着急，看我的。"我一下子愣住了——她能有什么办法呢？带着几分怀疑，也带着几分好奇，我在一旁静静地观察。

哪知道老师还是一样地教学，一点变化都没有。一开始老师还是带孩子们热身，女儿听到音乐，以为是玩，跳得可欢了。我心想，现在跳得高兴，待会压腿可就麻烦了。

果然，到了压腿环节，女儿就不大高兴了，一开始就皱眉头，压了一会，嘴角开始上扬，眼睛往下，那样子似乎要哭了。我有些担心，担心女儿坚持不下去了。这时候，老师轻轻地走过去，在女儿的耳边说了一会话，我看到女儿破涕为笑了。

我一下子蒙了，是什么神奇的话语让女儿这么快就愉快地接受压腿这样一件她不愿意做的事情呢？当天，女儿不仅很好地坚持了压腿，后来在学动作环节也很认真，还上台示范了呢！

我苦思冥想不得其解。最后，我问老师，老师说她只说了一句话："今天你是班长哦。"原来女儿一直想当班长，期待给大家做动作示范。做示范的机会自然不多，女儿好几次举手都没有被老师点到，而值班班长是必须要做示范的。老师注意到这一点，就对女儿说了那样一句话。

我不得不佩服这位舞蹈老师。老师的观察力很强，工作也很到位，一句话，给了女儿希望和动力，让女儿不再关注压腿带来的枯燥与疼痛，而是畅想自己做示范时的幸福与美好。

"今天你是班长哦。"一句看似简单的话，实际是一个希望，是一份期待，确实能够激发女儿的进取心。

作为学生成长的引路人，要真心为学生着想、真诚为学生付出，真切关注学生成长

曾经有一位年轻的班主任找到我，他说他很苦恼，因为文理分科的事情他与一位学生闹得有些不愉快。

这位年轻的班主任正在带高一，而高一的学生在下学期就要面临文理分科。选择文科还是理科，这是学生自己的事情，多数学生都能够根据自己的喜好、成绩等因素合理地确定自己是选择文科还是理科。可是他班上有这样一位学生，文科成绩很好，理科成绩很差，但是偏偏要选择理科。这让这位年轻的班主任很意外，多次找这位学生谈心，劝这位学生选文科。

遗憾的是，这位学生不仅不领情，还误解了这位年轻的班主任。因为这位年轻的班主任是一位物理老师，到了高二他带的班自然就会变成理科班，换句话说，如果这位学生选择理科就会被留在原来的班级，所以这位学生就认为班主任让他选择文科就是要他走，免得影响班级成绩。

听完这位班主任的描述，我大致知道了是怎么一回事。我没有急于回答他的问题，而是提了另外一个问题：“如果一个学生临近高考，担心自己可能考不好，而要放弃高考，你会怎么做?”

“那当然是劝他参加高考了！不参加高考对学生来说损失太大了！”这位年轻的班主任脱口而出。

看着这位年轻班主任坚毅的眼神，我确信他确实能够为学生着想，可能只是表达的方式有些不恰当。在说完一番鼓励的话、送走这位年轻班主任之后，我找到了那位学生。

我没有急于要求那位学生表态，而是向他提了一个相同的问题：“如果一个学生临近高考，担心自己可能考不好，而要放弃高考，如果你是这个学生的班主任，你会怎么做呢？给你两个选择：一是对学生说一些惺惺作态的话，然后顺水推舟让学生放弃高考，最后你的班级平均分上升，录取率上升，你可以名利双收；二是劝这位学生参加高考，告诉他就是考不上，也是一种经历，为后面复读或者读专科留下机会。但是你自己班级的平均分下降、录取率下降，你的奖金也会减少。你是选择一还是二呢?”

“我肯定选二了！”这位学生马上脱口而出。

“你为什么要这么选呢?”我问。

“因为对学生有利啊!”

“那学生不一定理解啊?”

“学生以后会理解的，当班主任的怎么能只为自己着想呢?”

“那不就行了……”

这位学生似乎意识到了什么。

我趁机说了下面一段话：“我今天找你来，不是单单和你讨论选择文科还是选择理科，而是告诉你如何正确看待事物。其实很简单，你只要换位思考一下就行了。至于选择文科还是选择理科，我建议你摒弃个人主观因素，多从客观因素出发，然后再做出判断。不管选择文科还是选择理科，你都要学会正确看待周围发生的事物，以积极、阳光、乐观的心态面对生活和学习，树立正确的人生观、世界观和价值观。”学生听完我说的这些，重重地点了点头。

其实，班主任对学生就像父母对孩子，除了鼓励、表扬，也会教育、帮助，甚至责备。随着时间的推移，孩子会理解、感谢父母，因为父母是发自内心地对孩子好。从这个意义上说，我们这位年轻的班主任没有必要“苦恼”，无论这位学生是选择文科还是理科，他已经尽了一名班主任的职责，学生以后一定能够理解甚至为之感动，“苦”只是暂时的，以后都会变成“甜”。

第二节　从制度管理到生本教育

——学生违规违纪行为处理策略

学校任何有关学生管理的制度都应该是为了更好地培养学生，因此，班主任不能打着维护教育制度的幌子来简单地惩戒学生，甚至伤害学生。班主任应该从学生成长的实际出发，从学生的违规违纪行为中寻找教育机会。

一、从处理学生恋爱说起

中学生恋爱是不少教师，尤其是班主任普遍感到头痛的问题之一。面对这一问题，禁止并非良策，默许更是失职。那么班主任如何处理中学生恋爱的问题呢？我认为有三点必须要明确。

第一点，恋爱不是洪水猛兽。人对异性有好感，正如树要发芽、长枝、开花、结果一样正常。爱情是人生中最美好的情感之一，它是两颗心诚挚而热烈地碰撞。世间绝大多数人都要经历恋爱的洗礼，进而迈入婚姻的殿堂，完成人生角色的转变。爱情本身是美好的、值得向往的，我们必须承认，恋爱本身没有错误。如果说中学生恋爱有什么不对，那就是恋爱的时间不对、场所不对，他们不应在本该奋斗的年龄、本该学习的地方恋爱。作为班主任，需要提醒学生的是，不要轻易地触碰这种情感，要让自己的情感在最合适的时间赢得真正属于它的精彩。

第二点，班主任不能一味阻止。中学生的自我意识在逐渐增强，他们特别希望家长和班主任把自己看成与他们平等的一员，理解他们、尊重他们，讨厌“家长式”的呵斥，这方面的冲突如若得不到合理地调适，往往会损伤他们的自尊心。不论是逆反心理的产生，还是自尊心的丧失，都会加剧中学生对恋爱的好奇和向往。再说，虽然中学生恋爱成功率不高，但是不代表不会成功，我们身边就有中学时代恋爱后来幸福生活在一起的例子。恋爱既然是人生的必修课，那么早一点又有什么关系呢？如果班主任贸然处理，在男生面前说女生的不是，在女生面前说男生的不是，若最终男生女生走到了一起，谈到此事，岂不成了笑话？班主任需要提醒学生的是，不要做出违反中学生行为规范的事情。如果那样，正如花儿开得过早，会提前凋零，结不出饱满的果实。

第三点，不能公开处理中学生恋爱问题。班主任应该认识到，中学生的社会阅历较浅，思想较为单纯，对自己的人生目标、人生追求还缺少清晰的认识。尤其是恋爱中的中学生，自控力与耐挫力都比较弱，往往不善于控制自己的情感。如果班主任公开处理他们的恋爱问题，甚至学校对其公开处分，学生很可能无法正确认识班主任和学校的行为，相反会因为恋爱问题的曝光而造成巨大的心理压力。作为班主任，应当遵守“三不要”的原则：不要过度营造早恋可怕的紧张氛围，不要到处传播学生的私人信息，不要伤害、诋毁学生的个人情感。

同时，班主任必须承认，恋爱是一门学问，也是一种能力。恋爱的能力包括施予异性爱、接受异性爱、发展异性爱的能力，也包括拒绝异性爱的能力，等等。既然是学问就需要学习，是能力就需要提高。

因此，从为学生的幸福人生负责考虑，应该提倡中学生包括男女同学的正常交往，不压制中学生中出现的恋情，鼓励产生恋情的中学生学会选择，学会承担责任。班主任需要做的就是做好相关教育，帮助中学生解决情感困惑，把因恋爱而造成的负面影响降到最低。

二、如何看待学生的违规违纪行为

第一，班主任要认识到学生的违规违纪行为中蕴含着教育契机。学生违规违纪行为的负面作用是显而易见的，不仅会在学校产生恶劣的影响，有损校规校纪的严肃性，而且不利于学生自身养成良好的行为习惯、培育健全的人格。但是，从哲学的角度来说，任何一个事物都具有两面性，都需要一分为二地来看待。只要班主任处理得当，坏事就可能变成好事。

第二，班主任要认识到学生的违规违纪行为是学生成长中的一种正常表现。学生是成长中的人，他们年轻、无知，需要教育。因此，我们不能把学生当成成年人，不能苛求学生表现得完美。对待发生在学生身上的事情，我们要根据学生的年龄、心理，针对具体问题具体分析。吃一堑长一智，违规违纪行为也有可能促进学生的成长。

第三，班主任要认识到学生的可塑性很强，学生是可以改变的，这也是教育的价值所在。倘若学生是不能改变的，那就意味着学生是不可教育的，教育就丧失了存在的价值。因此，我们要用发展的眼光看学生，相信学生会在违规违纪行为中吸取教训。

简单来说，班主任不能打着制度育人的旗号来处理学生的违规违纪行为，一味地维护制度的权威，按章办事、按规操作。如果过于强调事件本身，重视事件处理的结果，就容易被违规违纪的学生误解，影响事件的教育意义。

冰冻三尺非一日之寒。班主任要认识到解决学生违规违纪问题的复杂性和艰巨性，千万不能仅仅用简单说教来代替教育，以为我们说了学生就懂了，就不会再犯错了。说教是班主任进行班级管理的常用方法之一，但是常用的方法未必是最有效的方法，班主任要采取灵活多样的方式教育学生，努力把对违规违纪学生的处理过程转变为教育学生的过程，实现对学生由管理向教育的转变。

三、“对不起，老师弄脏了你的周记。”

“老师，我知道你是故意用这种方法来让我重写的。老师，我错了。”这是小吴同学在周记中写给我的话。

为了拓宽和学生交流的渠道，作为班主任的我要求学生每个星期写一篇周记交上来。我告诉学生，高中时期是人生成长的关键时期，需要他们心无旁骛、勇往直前，班主任会一直陪伴在他们左右，与他们风雨同行。因此，我让学生将他们的要求、建议、意见写成文字告诉我，我会尽量为他们排忧解难、答疑解惑，帮助他们成长。

就这样，同学们的第一次周记如期交了上来，放到了我的办公桌上。我边看边改，一边了解同学们的思想情况，一边梳理自己对学生所写人、事的认识，完全沉浸其中，享受不已。突然，我的好心情被一篇周记给破坏了。

这是一篇很潦草的周记，字写得很大，字间距也很大，并且写一行空一行，勉强凑够一面纸。再看标题——《生命是两场盛宴》。开头就是“我把生命和宴席联系到一起，是因为在同一天参加了两个宴会……”

看到这样的周记，我想起了昨天晚自习时收周记的那一幕。当我要求下晚自习后交周记的时候，小吴同学“啊”了一声，继而赶忙翻书包。现在想来，我估计小吴同学当时没有准备好周记，才临时抄了一篇文章。

怎么处理这样的事情呢？我的第一反应是让小吴重写一篇周记以示教育，但是我想到他们是高一的学生，才入学不久，小吴又是第一次犯错误，还是应该给他一次机会。

就这样，我放下了手中的笔，在小吴的周记上洒了一些茶水。午间，我带着周记来到班级，公开地递给小吴，告诉他："对不起，老师弄脏了你的周记。请你重新写一篇。我相信，你会写得更加精彩。"

就这样，小吴重写了一篇周记，出现了文章开头的那几句话。

宽容胜于惩罚，教育需要智慧。

四、"老师，您为什么不生气?"

有一天晚自习之前，我走到教室门口，被眼前的一幕惊呆了：小莉一边乱扔书，一边说："我就是要坐中间，怎么了?!"其他的同学都看着她，有的同学说她太自私，座位每月轮换一次，大家轮流坐中间，这是规定；也有同学说她怎么能乱扔书呢；还有的说她太狂妄，要揍她……当然，这些声音都被小莉的"狮子吼"覆盖了。

当同学们看见我站在教室里的时候，大家一下子安静了下来，小莉也像被点住了穴位一样，时间仿佛在那一刻静止了。大家都在等待我的反应，准确地说是在等待我的处理，等待我对小莉的处理。

我对小莉的情况有些了解。小莉出生的时候她父亲已经35岁了，他们家的这种情况在我们当地属于典型的晚育。这样的孩子在家里免不了被过分宠爱，尤其是小莉的奶奶，对小莉言听计从，还曾经在公共场合趴在地上给小莉当马骑，小莉这孩子就这样被宠坏了。开学的时候，小莉的爸爸再三叮嘱我要对她严加管教，好好改改她的坏脾气。

想到这些，我并没有去责怪小莉，而是走过去摸着小莉的头说："像你这样温柔、善良的好女孩，怎么能够做出这样野蛮的事情呢？实在有损你在大家心目中的形象。"我说完就走开了。

不久，小莉写了一篇周记，她在周记中反复问我为什么不生气。我在小莉的周记上写下了这样一段话："生气只能表明态度，不能解决问题，解决问题需要的是行动。老师相信你能冷静地思考出现问题的原因，然后解决问题；也希望你能妥善解决本次事件，从事件中汲取正能量，奋力前行、不断成长。老师期待你的完美表现。”

后来，小莉的行为的确让我刮目相看，她不仅主动将座位移到了规定的地方，还在班上向同学们道歉了。

五、只要和学生在一起就行了

有这样一所寄宿制高中，学生吃饭、住宿都在学校，一个月回家一次。学校为了丰富学生的课余生活，每周六晚上安排学生在教室看电影。这原本是一件好事，但就是这件好事让学校很头痛，因为看电影期间的班级秩序很难维持。

想想也是，在教室看电影不同于在电影院看电影，在电影院看的影片是自己选的，座位是自己花钱买的，大家自然会看得很认真。但是在教室看电影是和同学们一起看，虽然一分钱不用花，但是影片不一定是自己感兴趣的，而且身边的人都是自己的熟人，自然有一部分同学交头接耳，甚至看到精彩处还会大声喊叫。如果电影不合胃口，有的同学还会随意走动，甚至外出闲逛，这样便存在安全隐患。

学校为此想了很多办法：刚开始的时候，学校安排学生干部到各个班清点人数、检查纪律，执行一段时间后发现行不通，最大的问题是清点人数不准确，看电影的时候灯光昏暗、难以看清，加上不时有人进进出出，导致统计误差比较大，以此作为标准来考评班级显然不合适；后来，学校安排值班班主任在学校巡查，执行一段时间以后发现效果也不好，因为外出闲逛的学生大多是比较调皮的学生，而巡查班主任不一定是这些学生所在班级的班主任，巡查的威慑力不大。

学校的相关负责老师找到我，向我咨询有没有什么办法可以解决这个问题。当天晚上，我就和该校的相关负责老师一起到他所带班级和学生一起看电影。到了班级之后，我们没有说任何话，只是悄悄地坐在教室后面。这期间，有同学因为不知道我们的存在，所以就一如既往地一惊一乍地跑进教室，大喊：“不好了，老师来了。”然后惹得大家一阵狂笑。还有同学进入教室以后发现非常安静，就说：“怎么了，太阳从西边出来了?”等大家提醒他老师坐在后面的时候，他就很不好意思地回到座位上。还有同学安安静静地回到座位上，结果发现我们坐在他的旁边，一下子显得有些无所适从。当然，更多的同学，包括我们，都在认真地看电影。将近两个小时的电影看下来，除了刚开始有点混乱以外，后来班级的秩序都非常好，很多同学都说这次看电影很安静，“心在跟着电影走”。这位老师觉得找到了解决问题的办法，对我连连道谢。

管理学生就是这么简单，与其对学生“围、追、堵、截”，“狂轰滥炸”，还不如在教室安静地坐一会，班主任和学生在一起，有些问题可能也就迎刃而解了。

六、有的家长也需要引导

班主任需要认识到家长在学生教育中的巨大作用。虽然承担在校生教育责任较大的是班主任，但是有许多学生发现自己成绩不理想、表现不佳时，首先感到对不起的是自己的父母。家长作为学生的第一任老师，对学生的成长有着不可推卸的责任，一些学生对问题认识不清、不明事理，可能与家长不恰当的教育有着一定的关系。在我担任班主任，从事班级管理的过程中，就遇到过这样的家长。

问题家长案例之一：小操的妈妈

小操同学总是违规使用手机，我对他进行多次教育，但效果都不是很理想。后来，我到他家了解情况，才发现原来是小操的妈妈一直支持小操使用手机。她认为使用手机很正常，学校不应该禁止学生使用手机，认为学校小题大做了。为此，我们一行人与小操的妈妈进行了严肃沟通。后来，小操的爷爷对我说：“老师，我家的媳妇也就只有你们老师来说可能还有点用，我们说她根本就不听。”

问题家长案例之二：小涂的爸爸

小涂在学校打架，我将情况反映给他的爸爸，小涂的爸爸却轻描淡写地说了一句：“老师，我们家孩子在初中的时候就喜欢打抱不平，以后我会叫他少管一点闲事。”

毫无疑问，这两个家长对问题的认识都有偏差。小操的妈妈没有认识到校纪班规在学生教育中的积极作用，而是从自我的角度出发考虑问题，不服从学校的管理；小涂的爸爸把打架说成是“打抱不平”的侠义行为，明显混淆了打架和见义勇为这两个概念。如果不做好这两位家长的思想工作，势必会形成“5+2=0”的局面（即：学生在学校接受了5天的正面教育，在家接受2天的家庭教育，教育方向不一致，教育效果为零）。因此，班主任在教育学生的同时，一定要加强与家长的交流，必要的时候，还要教育家长。

七、如何防止学生反复

问题学生不仅会犯错误，而且可能会反复犯同样的错误。有的班主任以为教育完违规违纪的学生以后就完事了，等到学生下次犯错时又重新教育，可能连说的话都是一样的。可能你还没有开口，学生就知道你要说什么了，你觉得这样的教育还有必要吗？

为了减少学生的违规违纪行为，我认为班主任需要做好违规违纪学生的教育材料的归档。我们班主任要像公安干警办案一样，为每一个违规违纪的学生建立一个三年的、一以贯之的档案袋。

对于违纪违规的学生，我一般让他们在第一时间写出“说明书”，“说明书”包括事情的经过，对事情的认识以及他们下一步的打算等三个部分的内容。如果学生犯错情节较轻、认错态度较好，那我就当着学生的面把“说明书”装入档案袋，对其简单教育即可。当学生下次再犯错误时，同样是写“说明书”，同样当着学生的面装入档案袋……如此循环。通过这样的反复，一次两次，学生还感觉不到什么，但是当学生发现自己有三次、四次违规违纪的材料时，可能就有些不好意思了。我遇到过一个学生，当他因为违纪再一次被我要求写“说明书”时，他看到了自己之前所写的厚厚一打“说明书”，自己都烦了，气呼呼地说：“老师，我下次再犯这种错误就是猪！”

教育需要契机。如果一个学生从来不犯错误，作为班主任，我们想教育都找不到切入点。从这个意义上说，学生违规违纪，反而给我们实施教育带来了机会，给学生的转变、提升带来了可能。如此想来，便豁然开朗，从管理走向教育，何乐而不为呢？

八、不妨试用三个月

我这个高中团委书记刚上任就遇到了一个棘手的问题：有一个学生成绩很差，按照相关规定，她不能担任学生会主要干部，可是她自己很想担任。我们姑且称这位同学为Y同学。

Y同学目前在我们学校读高二，高一时Y同学是学校学生会实践部的成员，由于她工作出色，高二学生会换届时她被推荐为校学生会实践部部长。当然，这些都是那年10月份以前的事情——我从10月份开始兼任学校团委书记。上任伊始，我准备重新聘任学生干部，举行聘任仪式，颁发聘任证书。

聘任之前，我组织团委出台了《学生干部聘任办法》，对学生干部提出要求，除遵守校规校纪等基本要求以外，以下三种情况不能聘任：一是学习成绩很差，二是学习成绩大幅度退步，三是所在班级班主任不同意。为此，团委制作了学生干部考察表，对10月份以前推荐的学生会主要学生干部的学习、工作等情况进行了解。

Y同学的情况让我们大吃一惊，她所在班级的班主任不同意她担任学生干部，在她的考察表上非常明确地签署了“不同意”三个字。接下来，我们了解了她的考试成绩，发现她一直位于班级的后5名，有时候连学校划定的虚拟本科线都达不到——我们学校高考本科达线率近几年都已经超过了98%。

我们对Y同学全面考察以后，团委给出的意见同样是不同意让她继续担任学生干部。大家都认为如果再让她当学生干部，可能就是害她了，她的当务之急应该是提高学习成绩，至少要稳居本科线以上。为了慎重起见，我进一步了解了Y同学的情况。

据Y同学的班主任说，Y同学做事很认真，参加学生会分散了她很多精力，因此耽误了她的学习。据Y同学的同学说，Y同学工作能力出色，实践部能够被评为优秀集体主要就是Y同学的功劳。而Y同学自己说，她很想继续在学生会做事，她觉得在学生会做事很有成就感。

听完不同人的介绍，Y同学在我脑中的形象更加清晰了：Y同学工作能力很强，但是学习成绩很差，她现在面临的最主要的问题是要提高学习成绩。怎么办呢？从维护制度的角度考虑，Y同学显然不符合学生干部的聘任条件；从Y同学的学习成绩考虑，Y同学也不适合担任学生干部；但从Y同学的主观意愿考虑，Y同学很想担任学生干部。思来想去，我觉得既要维护制度，又要考虑Y同学的主观意愿，毕竟学校是教书育人的地方，不能老是拿制度说事，制度也是为了学生更好地发展。在我的强烈建议下，决定有条件地聘任Y同学，由我来具体执行。

于是，我找来Y同学，说了以下这段话：“首先，我要感谢你为学生会所做的贡献，但是我们也要为你考虑，不能因为你善于工作而不考虑你的学习。如果你因为工作耽误了学习而考不上理想的大学，这是对你的伤害。你说是吗？”

Y同学重重地点了点头。

我接着说：“我们不仅要考虑你的学习，而且要考虑你的心理感受，如果你确实想当学生干部，我们不妨来做个约定。”

Y同学眼睛一亮。

我接着说：“我依然聘任你为学生会实践部部长，但是有三个月的试用期。这三个月你的主要任务是把学习成绩提上去，如果你每次月考都在本科线以上，就给你颁发正式的聘书。好不好？”

Y同学非常高兴，起身毕恭毕敬地给我鞠了一个躬。她抬头的瞬间，我看见有眼泪在她眼眶里打转。

我与她谈话一个月后，迎来了高二的一次月考，我查了Y同学的成绩，她居然在班级前进了15名，达到了我们学校划定的虚拟一本线。

我很庆幸，当时既没有粗暴地让Y同学离开学生会，又没有简单地将Y同学留在学生会，而是采取了试用三个月的方法，给Y同学一次机会，也是给学生会、给自己一次机会。看似试用三个月，被测试的不仅是Y同学，也是我们教育的良心——是否真的为学生着想。教育是为了学生，作为班主任同样应该如此，要把以学生为中心作为教育行为的出发点和落脚点，应该时刻把学生放在心上，时时、处处为学生着想。

第三节　从行为约束到思想引领

——学生教育策略分析

叶圣陶先生有句名言：教是为了不教。管得太多，统得太死，肯定不能够代表正确的教育方向。比起行为约束，更重要的应该是思想引领。学生的思想认识到位了，行为自然跟上去了。也许学生的认识有一个漫长的、反复的过程，但是这个过程是必须经历的，我们班主任要做的是缩短这个过程，而不是直接跳过这个过程。

一、小学低年级家长教育孩子时容易走入的三个误区

人们常说要赢在起跑线上。孩子刚上小学，年轻的家长一般都很重视孩子的教育。但是由于家长缺少经验，常常过犹不及，出现了一些认识上的误区，总结起来主要有以下三种：

一是片面认为陪伴就是时间上的陪伴。许多教育专家都说，陪伴是家长送给孩子最好的礼物。这句话不假，一个简单的道理，如果父母不在身边，孩子表现是好是坏都弄不清楚，那还怎么教育孩子呢？但是，陪伴就一定有效吗？有些孩子的父母常年陪读，但是亲子关系很差。究其原因，就是家长对陪伴的理解有误。

有的家长与孩子在一起时几乎没有别的话题可以聊，就是聊作业、聊考试、聊成绩。而大多数的情况是，不谈成绩，母慈子孝；一谈学习，鸡

飞狗跳。毕竟班级前几名的学生就那么几个，孩子的成绩也不可能每次都进步。当孩子学习成绩不理想或者在学校表现不好的时候，孩子自己已经有所顾虑了，而家长在与孩子交流时，又放大了孩子的顾虑，甚至通过打骂等方式将孩子的顾虑发展成了恐惧。试想，这种陪伴怎么会有效果呢？

比较理想的陪伴应该是人与人之间的正常交往，交谈的内容不能拘泥于学习，孩子的见闻、家长身边的逸闻趣事都可以说。不要以为孩子年龄小、“不懂事”，实际上不是因为孩子年龄小才“不懂事”，而是因为孩子年龄小、缺少教育，才“不懂事”。小学的孩子应该有一定的明辨是非的能力，家长可以选择性地与其聊一聊孩子身边发生的事情。

如果低年级的孩子学习动机不强，家长可以与孩子建立契约，比如说，孩子在学校得了一朵小红花可以支配1块钱，考试得了100分可以支配2块钱，这样可能会使家长与孩子的交流更加顺畅。

二是将检查、订正作业视为每天的必修课。有的家长将孩子接回家以后就要求孩子做作业，而自己则在旁边看着孩子写作业。当孩子写错了，家长就会立刻指出来。这样写出来的作业固然每次都是100分，但是这种100分是有水分的，有一部分是家长的功劳。更重要的是，长此以往，孩子就会养成依赖的习惯。当孩子不会做作业的时候，就会求助于父母，而不是自己想办法解决。

比较理想的做法是父母参与孩子做作业的过程而不包办，家长必须让孩子独立完成作业。家长需要做的是在孩子完成作业以后审阅一遍，该提醒的提醒，该批评的批评，该表扬的表扬，按照学校的规章制度来对待孩子的作业。重点关注孩子不会做的试题，引导孩子借助字典等学习工具来解决问题，让孩子学会自主学习。

三是将上兴趣班视为学生成长的必需品，非上不可。上兴趣班似乎已经成为一种潮流，我做过一个调查，我班上的50名同学，没有哪一个孩子没有上过兴趣班，有的孩子在一段时间内最多同时上5个兴趣班。我问家长为什么让孩子上兴趣班，答案是五花八门的：有的说为了培养孩子的兴趣，有的说别人上我也上，还有的说孩子放在家里没人带……

面对兴趣班，家长应该怎么办呢？

第一，家长需要充分征求孩子的意见，也许孩子的意见还很幼稚，但是孩子的表达源于内心。如果孩子不喜欢跳舞，你非要孩子去跳舞，你认为效果会好吗？如果孩子不希望周六上课，你非要孩子周六去上课，你认为孩子会高兴吗？

第二，家长还要随时关注孩子的心理变化。有的孩子随着上兴趣班次数的增多，对兴趣班会有一些新的认识。比如说不想上了，家长要及时了解原因：如果是孩子怕吃苦，那就要引导孩子坚持；有的孩子刚开始不想上，后来由于身边同学上了兴趣班，自己也想上，那么家长要及时把孩子送去，需要做的是提前做好孩子的思想工作。

简单地说，低年级家长不能盲目跟风，要以孩子的健康成长为目标，充分认识到陪伴要突出实效，时间只是其一，更重要的是心理陪伴；做作业的过程中要突出孩子这个主体，检查只是手段，更重要的是培养孩子养成良好的习惯；上兴趣班要把握要义，兴趣班不是目的，更重要的是培养孩子拥有良好的品质。

二、班主任，你不能在教室装监控装置

傍晚，赶路！我一定要在上自习前进教室！我的学生已经到了高三冲刺的关键时期，作为班主任，我可不能因为自己工作的疏忽而耽误了学生的学习。

孰料，我在路上遇到另外一位毕业班的班主任在散步，很是不解：这么关键的时候还有如此的闲情逸致，难道不需要照看一下班级吗？他神秘地一笑，拿出手机一点。瞬间，我明白了——原来他在教室里面装了一个摄像头，这样就可以随时掌握班级的情况了。

在教室装监控，学生会接受吗？这是我首先想到的一个问题。我一直认为，相较于行为约束，思想教育更为重要。作为班主任，主要职责应该是帮助学生树立正确的人生观、价值观和世界观，以积极、阳光、乐观的心态面对学习和生活。如果仅仅约束学生行为，是难以达到教育目的的，甚至可能让学生产生逆反心理，他们会觉得班主任就是约束我们，而不是

在教育我们。如果这样，那就麻烦了，这个班主任不仅不会得到学生的理解和尊重，可能还会受到学生的抵触。我认为，班主任做任何事情，必须有一个底线，那就是学生可以接受。

晚上，带着疑问，我了解了一下该班学生对装监控的想法。如我所料，学生们一致反对，认为班主任侵犯了他们的隐私权。姑且不说学生的想法是否正确，这位班主任事先没有和学生交流就安装了监控装置，这是不争的事实。

其实，这位班主任是在为自己管理找方便，而不是真正为学生着想。如果真是为了学生着想，最直接、最有效的方法就是陪伴。学生在教室上晚自习，班主任陪着就是。如果班主任很早就来到教室，如果班主任在教室陪着学生，学生抬眼就能看到班主任在那里安安静静地备课、阅读、写作，学生还有什么好说的呢？

一般情况下，我会在12点前吃完午饭，12点10分就会到教室去，这时候教室里的学生不多。要是教室里只有几个学生，我就会和他们聊上几句，诸如“最近感觉怎么样”，“你头发剪了很精神”之类寒暄的话；要是学生多了，我就一个人安安静静地坐到教室的后面，要么翻翻学生的书籍，要么用手机看看新闻，到12点30分学生就来齐了。不吵不闹，真好。

晚上，我会在学生上自习之前到教室，带上教材、备课笔记到教室备课。如果已经备完课或者不想备课，我就把笔记本电脑带到教室，写点东西也好。我的思绪在指尖敲动键盘时流动，全然忘记了学生的存在，以至于下课了也不知道离开。学生也挺好，各自忙各自的，该外出的外出，该倒水的倒水，该讨论的讨论。而我在这里可以把握方向，如同一根立柱，为同学们撑起一片天，同学们可以在这片蓝天下自由生长。

装监控，实在没有必要。监控不仅是监视学生，而且监视了班主任。班主任如何看待学生，如何教育学生，如何看待成绩等都能窥一斑而见全豹。

三、要学“大禹治水”，莫学周厉王“防民之口”

周厉王残暴无道，老百姓纷纷指责他。邵穆公告诉厉王说：“老百姓已不堪忍受暴虐的政令了！”厉王听了勃然大怒，找来一个卫国的巫师，派他暗中监视敢于指责自己的人。一经巫者告密，就加以杀戮。于是老百姓都不敢随便说话了，路上相见，以目示意，不敢交谈。

周厉王颇为得意，告诉邵公说：“我能制止毁谤了，老百姓再也不敢吭声了。”邵公说：“你这样做只能堵住人们的嘴啊。可是堵住人民的嘴，比堵塞河流的后果还严重。河道因堵塞而造成决口，会伤害很多人。倘若堵住老百姓的口，后果也将如此。”周厉王不听，于是老百姓再也不敢公开发表言论指责他了，过了三年，人们终于把这个暴君放逐了。

这就是历史上著名的“防民之口，甚于防川”的故事。周厉王可以防住百姓的口，但是防不住百姓的心。我认为思想是行为的先导，攻城为下，攻心为上。

在4000多年前，我国的黄河流域洪水为患，尧命鲧领导与组织治水工作。鲧采取“水来土挡”的策略治水。鲧治水失败后由其子禹担负治水大任。禹接受任务后，首先就带着尺、绳等测量工具对全国的主要山脉、河流做了一番严密地考察。他发现龙门山口过于狭窄，汛期洪水难以通过；他还发现黄河流水不畅。于是，他大刀阔斧，改“堵”为“疏”，就是疏通河道，拓宽峡口，让洪水能更快地通过。

大禹的成功之处在于他采用了“治水须顺水性，水性就下，导之入海。高处就凿通，低处就疏导”的治水思想。他改“堵”为“疏”，终于完成了名垂青史的大业。

美国心理学家亚伯拉罕·马斯洛于1943年在《人类激励理论》中将人的需求分为五种，分别为生理需求、安全需求、社会需求、尊重需求、自我实现需求。这五种需求像阶梯一样从低到高，按层次逐级递升。其实，对大部分学生来说，他们不用操心物质的需求，更渴望得到的是尊重和自我价值的实现。

尊重学生很简单，是食堂相见时的笑容，是学生伤心难过时的宽慰，是学生生病时的亲临，是班规制定时的商讨。这样，学生就会改变思想，在很大程度上认同班级、认可班主任。因为，学生思想的改变，需要的是尊重，是理解，是宽容。

四、“欲无杂草，必种庄稼”

哲学家在草地上给弟子上最后一课，问：“如何除掉这些杂草?”

甲说：“用铲子铲。”乙说：“用火烧。”丙说：“撒上石灰。”丁说：“连根拔去。”

哲学家说：“都试一下。如果没有除掉，一年后再来此相会。”

一年后，甲、乙、丙、丁都来了，哲学家没有来。但他的弟子看到了满地茂盛的庄稼而无一根杂草，终于悟到了一个真理：欲无杂草，必种庄稼。

这个寓言故事表达的道理在教育学生时尤其适用。让学生少犯错甚至不犯错的最好方法，就是用正确的思想引领学生的思想。或许，有些班主任看到这样的言论不以为然，以为就是一种说教。那么，大家在实际工作当中是怎么做的呢?

学生使用手机怎么办？班主任大多分成三步来处理：第一步，宣传。在班上说明不允许带手机。第二步，严查。加大检查力度。第三步，处分。发现问题以后立即处理，或没收学生的手机，或请学生的家长来学校，或有条件地归还学生的手机。很明显，班主任是在铲除手机这个“杂草”，而不是在“种庄稼”。

学生沉迷于网络怎么办？班主任大多还是分成三步来处理：第一步，宣传。在班上说明严禁在校期间外出上网。第二步，严查。加大检查力度。第三步，处分。发现问题以后立即处理，或让学生停课反省，或请学生的家长来学校，或将此事移交给自己的上级进一步处理。很明显，班主任是在铲除上网这个“杂草”，而不是在“种庄稼”。

学生恋爱怎么办?

……

这样一列举，班主任们不妨重新审视一下这句话：欲无杂草，必种庄稼，就会发现我们大多数时候是除杂草多，种庄稼少。

回想我刚当班主任的时候，也是在不断地对学生的违纪行为“围、追、堵、截”：不准学生迟到，不准学生早退，不准学生恋爱……静下心来思考，我们到底需要学生做什么呢？我们为什么不能用正面的期望来引领学生呢？

教书先育人，育人先育心。相较于对学生行为的约束，对其思想的引领更为重要。如果一个学生能够正确地看待发生在他或她周围的事情，以积极、阳光、乐观的心态面对学习和生活，那么学生就已经掌握了学习的精髓和主要目的。这样的学生，心中纵有一些杂草，也会被自己积极、阳光、乐观的心态给湮灭，展现给大家的必然是金黄的稻穗和喜人的麦浪。

五、比约束行为更重要的是思想引领

我是20世纪90年代后期读的高中，那时候的我们基本处于一种“放养”状态。从中午11点半到下午2点半，班主任很少在这段时间进教室，这些时间都是由我们自己自由支配。我们这些学生有的在宿舍午休，有的在教室看书，有的在校园里闲聊，也有少数同学到镇上去打台球。

后来，我回到母校教书，发现学校要求学生中午不准在校园内闲逛。学生要么在寝室午休，要么在教室学习，班主任还得时常到教室、寝室转一转。

现在，学校要求学生中午必须在教室，先学习后午休——就在自己的课桌上午休。很多班级还规定了学生进教室的具体时间，上午11:50放学，学生必须在12:30以前进教室，而班主任一般都在教室等待，更有少数班主任就在教室讲台上午休。

将这些变化总结一下，那就是对学生的行为约束越来越多。其实，对学生行为的约束不仅表现在对中午时间的管理，其他场合也是如此。我们那时候读高中就开始考虑家庭、父母了，我的很多大学同学选择读师范专业的原因都很简单——为了减轻家庭负担。因为师范院校学费少，还有补贴，学生大学毕业后可以就近工作，照顾家庭。

可以肯定的是，班主任一味地去约束学生行为，学生就缺少了独立思考的机会，很多时候就是被班主任推着向前走、逼着做事情。至于为什么这么做，学生缺乏主动地思考，也就谈不上什么品德培养了。

或许有的班主任会说，不这样能行吗？先把高考这道门槛迈过去再说吧。确实如此，高考是一根指挥棒，高考以分数为衡量标准，导致高中班主任追求高分数，而增加学习时间是最有效、最直接的提高分数的方法之一。但是，最直接、最有效的方法可能也是产生副作用最大的方法。

六、我是这样培养孩子的写作兴趣的

我的女儿出生于2010年8月，从她7岁开始，也就是她一年级下学期开始，我就教她写作文，每周一篇，到2018年暑假时，她已经写了60多篇，发表了4篇。

有人说，你的女儿很聪明，是个小才女；也有人说，你是教师，会教育孩子。其实，兴趣才是最好的老师。教孩子写作文并不一定需要你自己多会写文章，培养孩子的写作兴趣才是关键。为此，我做了四点尝试。

第一，我把女儿的每一篇作文都打印出来。女儿每写好一篇作文，我都将作文打印出来，按照课本的样式排版，文章标题之下写上她自己的名字。为了保持连续性，我还给每一篇文章都编了序号，文末写上日期，弄得有模有样。当女儿看到自己写的铅笔字变成了铅字非常高兴，尤其是她第一次看到“文 / 徐思齐”的时候，兴奋地拿起作文就去告诉她妈妈。

第二，我把女儿的每一篇作文都上传到了她的博客上。我为女儿申请了一个新浪博客的账号，将女儿的每一篇作文都及时上传到博客上。当女儿在网上看到自己的文字时，她很高兴。加上博客有互动功能，不少网友还在她的文章下留言。因为写博客的大多是志同道合的人，留言以正面为主，这些留言增强了女儿不断写下去的信心和勇气。女儿经常主动问我她博客的访问量是多少，有多少人留言，留言说了一些什么。有时候她还用我的手机看自己的博客。

第三，鼓励女儿投稿。我把女儿写得比较好的作文挑出来，让她修改完善后投稿。为了慎重起见，我首先选择了他们学校的校报。我认真研读了校报，然后从她所写的作文中找出适合校报的文章，然后让女儿修改、投稿。非常幸运的是，女儿第一次投稿就发表了。她成为她们班第一个在校报上发表文章的学生，当时她才上一年级，自然乐得合不拢嘴。后来，我们又趁热打铁，二年级上学期又在校报上发表了一篇。女儿上二年级下学期我就开始瞄准我们当地的报刊，一听说《潜山报》准备在“六一”推出儿童专版，我就在女儿写的文章里面选了2篇文章投给了报社，没有想到两篇都发表了。就这样，女儿每学期都有文章发表，这让她很自豪，也坚定了她坚持写下去的想法。

第四，我把女儿写的作文编印成“书”。到目前为止，女儿写了60多篇作文，我把这些作文和她的获奖证书、成绩单、考试卷、生活照片等放在一起装订成“书”。这本“书”一共分成三章：一章是档案，包括获奖证书、成绩单、考试卷等；一章是文字，就是女儿写的作文；还有一章是照片，从她上小学以来我每天都给她拍照，我从每个月的照片中选出三五张，按照顺序编好。我把这本“书”编好以后，交给广告公司，请他们用铜版纸打印后胶装。当我把这本“书”发到朋友圈后，好评如潮，收到了几百个赞。女儿自然不用说，对这本“书”爱不释手。

我就是这样不断地激发女儿的写作兴趣的。对于小学低年级的孩子来说，他们不明白写作本身的意义，也不能体会写作本身的乐趣，我们做家长的需要在写作以外想办法，让他们体会到写作的乐趣，这样才能让孩子不断地写下去。

第四节　从他人教育到自我教育

——真正的教育是自我教育

自我教育不仅是教育的手段，而且是教育的最终目的和归宿。教，是为了不教。学，是为了不学。完成这样的转变需要注重培养学生“主动学习”的意识和能力，让学生实现自我教育。

一、教育学生要留有余地

不久前，我们当地的一名初中生在被班主任暂扣手机后，与班主任发生冲突，造成不良影响。听到这样的事情，我心中很不是滋味，希望这样的事情不要再次发生。其实，这样的事情在一定程度上是可以避免的，只要老师给学生留有余地就行。

李镇西老师有一天中午到教室去，刚过楼梯拐角，就看见走廊上有一对男女生拥抱在一起。李老师进退两难，急中生智，将手里抱的一摞作业本“哗”的一声全撒在地上，然后弯腰捡作业本，假装什么也没看见。那两个孩子听到响声，回身看到老师，马上跑来帮老师——他们以为老师什么都没看见。所以，三人都不尴尬，也为学生留了足够的面子。那怎么教育这两个学生呢？李镇西老师接下来趁着几个晚自习的时间，用开班会、开讲座、写信等方式和学生交流关于爱的话题，取得了很好的教育效果。

再如，夏天山区的小道总是杂草丛生，杂草里免不了有蛇虫。经常走山路的人在走山路时，总是要拿一根棍子，看见被杂草淹没的小道，会故意用棍子轻轻敲打小草，目的是“打草惊蛇”。仿佛在告诉这些生物：我要走过去了，你们快躲一躲。我们固然不愿意看见蛇，难道蛇就愿意被我们看见吗？我们都给彼此留下足够的自由空间，这才是对生命的尊重。

班主任在和学生交往时，也是如此，有时候就算双方都心知肚明：的确是学生犯错了，倘若学生不肯承认错误，班主任也不能过分追究，更不要设局“抓现行”。有时候给学生一条退路，就是给自己一个台阶，为我们以后的教育提供可能。

一天下午的课外活动时间，我到教室转了转，发现小汪同学在教室课桌前坐着一动不动。我估计他在看课外书，于是就走近去看个究竟。可能他看得太投入了，以至于当我走近他的时候，他浑然不觉。我仔细看了看，是一本内容不健康的小说。怪不得他会选择在课外活动时间——教室里除了他没有别人的时候来看。

看着他入神的样子，我想我该怎么办呢？如果严厉地批评他，很可能会伤了他的自尊心，让他以后都抬不起头来；如果不处理，就是对他的放纵，他可能会愈演愈烈，最后甚至没有心思学习。我看到自己手上拿着的《青年文摘》，一下子知道该怎么办了。

我假装很随意地说："小汪，怎么不外出活动啊？"小汪同学发现了我，一下子慌了，不知道该说什么。"看书啊？我这里正好有一本书，里面有几篇文章很励志，很适合你们看，我们换着看看怎么样？"说完，我就将手上的《青年文摘》递给他，把他手上的小说换了过来，然后就走了。

一周以后，我给小汪写了一封信，信中道明了事情的原委，表明了我的想法，希望他能理解我的良苦用心，不要再看这些不健康的书籍了，要把注意力转移到学习上来，树立正确的学习观和人生观。第二天，小汪给我回了一封信，对我表示感谢，说要认真学习，不辜负我的信任和期望。小汪这样说，也这样做了。后来，小汪表现很好，还竞选上了生活委员，成了我的得力助手。

现在想来，幸亏我当时采取了这样一种柔性的处理方式，没有当面批评小汪，而是以一种信任来促使小汪自我反思、自我教育。就像一个人生了病一样，只要用对药，也许一两粒就行了，并不一定要住院治疗。其实，教育并不一定需要多么严厉的惩罚，只要能够进入学生心里，也许班主任一两句轻描淡写的话就够了。最好的教育应该是促进学生自我教育。

二、不可忽视的教育细节

一句话——"我到学校去问同学。"

这句话是我女儿上一年级的时候说的。一天，我检查她的作业，发现最后一题没有做。我就问她："你这一题没有做是怎么回事啊？"她说："我到学校去问同学。"

妻子没有什么反应，但是我感觉有些不妙——到学校去问同学？是不是抄作业呢？

"你以前也问过吗？"我试探着问女儿。

“是啊！”女儿回答得很干脆。

原来，她们早上到学校要收作业本，每次老师都在作业本上打分数。她们小组的同学为了能够得到100分，都是先统一了答案再上交。

听完以后，我出了一身冷汗。幸亏我及时发现，不然孩子们一直在学校抄作业我们都不知道。

一张字条——“勿扰”

这张字条是一个叫英子的高一新生写的，我当时是她的班主任。对于高一的新生而言，刚到一个陌生的环境，应该对周围充满了新鲜和好奇，英子却是一副拒人于千里之外的样子，让我颇为不解。

有一次，她爸爸到学校来，我抓住机会向他爸爸了解情况，才知道原来英子一直以来都很少与人交流，性格有些孤僻。他爸爸因为英子成绩不错，也就没有把这件事当成一回事。

知道这些，我意识到了教育英子的长期性和复杂性，也确定了教育英子的基本策略——仅仅靠说教肯定是不行的。

实践证明，我对英子的看法是正确的。当我给她写了一封信以后，她居然说是因为她爸爸到学校来了，我就对她好点。言语之中，好像以为是她爸爸送了礼给我，我才写信给她，对她格外关注的。

对此，我并不生气，因为英子的认识本身就有问题。我不急不躁地教育了她三年。因为我相信，只要心中有学生、在乎学生，学生迟早会感受到的。

毕业那天，我一如既往地站在教室门口，等待学生来教室自习。这时，英子走了过来，她走到我的面前，突然从口袋里掏出一粒糖给我，“请您吃糖”。一下子，我有些受宠若惊，连忙说了声“谢谢”。她腼腆地笑了笑，然后说：“谢谢您才是。”

一个眼神——安静得有些不正常

我工作的学校是寄宿制高中，一个月放一次假，每次放假前后学生们都很兴奋。但是我们班的小静同学这两次放假回来后却很安静，甚至安静得有些不正常。

小静是典型的留守“儿童”，父亲常年在外，小静和奶奶一起生活，性格内向，与我在一起的时候基本都是我说她听。思来想去，我给小静写了一封信，大意是你有什么事情可以说出来，老师会为你分担，请你相信老师。当我把信递给小静时，小静有些惊讶。

当天，小静就给我回信了。她在信中是这样写的：“今天最特别的事就是收到班主任的信，一开始我很奇怪，因为第一次看到班主任以这种方式和学生沟通。信我反复看了很多遍，我很感激您的用心，我知道您很担心我……其实我没有您想象得那么脆弱。”

看到小静的来信，我看有希望了，于是我马上写了第二封信，对小静的回信表示感谢，对小静的坚强表示敬佩，也委婉地表达了对她的担忧，希望她也要为别人着想，不要让同学担心。

第二天，小静再次来信了。小静在信中写道：“我的父母常年在外打工，家里只有我、妹妹和奶奶。我每次受了委屈都不敢告诉爸妈，我觉得自己一定要学会坚强。有时候，我也习惯了这种留守的生活，但是看到别人的爸妈都在他们身边，自己也会有一点点失落。这些事情我一直憋在心里，不想向别人说……”

就这样，我用两封信打开了小静的心扉。原来小静的奶奶有些重男轻女，她对没有孙子这件事情一直耿耿于怀，偶尔还对小静说，你要是没有出生多好。奶奶的思想、言行让小静伤心不已，小静甚至产生过轻生的念头。

看了小静的信，我很后怕，也很庆幸，庆幸的是知道了小静的症结所在，可以对症下药，及时地处理这件事情了。

一个动作——扶爸爸一把

小侯同学考试的时候用手机作弊被监考老师发现，监考老师准备没收他的手机，他不仅不配合，还顶撞监考老师。学校的分管校长认为此事性质恶劣，让我通知其家长来校处理，至少要给小侯同学记过处分。当我到考场去找他来校长办公室的时候，居然发现他仍然在用手机作弊。我当场没收了他的手机，手机上还赫然显示着试题答案。

我该怎么办呢，是交到学校，还是当场砸掉？如果交到学校，这个学生将面临被开除学籍的处分。（如果当场砸掉，也是按照事先的约定来处理的。因为这个手机是三天前他从我手中拿回去的，此前我在上课的时候没收了他的手机。他把手机拿回去的时候，信誓旦旦地说，绝不会再在学校玩手机了，如果被我发现就当场砸掉。没有想到他这么快又把手机带到学校来了。）我一路走，一路想。从管理的角度来看，这样的学生，违规使用手机、作弊、顶撞老师，而且屡教不改，加上上学期还和人打架，完全符合被开除学籍的条件了。但从教育的角度来看，似乎还有可塑的空间。他父亲有一次来学校，因为坐得时间久了，起身时有些摇晃，他马上去扶父亲。他现在被我发现考试作弊，哭着请我不要告诉他妈妈，可见，他还是有基本的道德和良知的。更重要的是，开除学籍这一处分对学生的打击太大了，小侯能够经受得住这样的打击吗？反复思考，我选择有条件地不上报学校，条件就是让他自己把事情的经过告诉父母，他表示同意。

我用手机拍照存据，在其当着我的面向父母说明原委后，我将他的手机给了他的父母，表明了我的态度和要求，希望小侯同学能够从这次事件中吸取教训，对得起大家的信任，认真对待自己的学习和生活。我送给他四个词：一是“守规”，严格遵守学校的规章制度；二是“坦诚”，不能向老师、父母撒谎；三是“规划”，规划自己未来的十年；四是“革命”，洗心革面，重新做人。

小侯后来的表现没有让我失望。他毕业的时候特意找我合影留作纪念，说我是他遇到过的最好的班主任。

学生的一句话、一张字条、一个眼神、一个动作，都是在传达信息，班主任千万不能忽视这些细节。只有这样，才能发现问题、解决问题。

三、静候花自开

张文质先生在《慢教育（第一辑）》中写道：“教育是一个‘慢活’、‘细活’，是生命潜移默化的过程，所谓润物细无声，教育的变化是极其缓慢、细微的，它需要生命的沉潜，需要深耕细作式的关注与规范。”

著名教育家叶圣陶曾说：“教育是农业，不是工业。”意思是说：教育就像农业一样需要一个缓慢的发展过程，需要一个很长的周期，而不能像工业一样批量生产，迅速出炉。农田里的秧苗只有通过培土、浇水、施肥、除草等一系列劳作，才能茁壮成长，最后结出丰硕的果实。如果我们打乱它们的生长规律，为了追求速度而揠苗助长，会破坏它们的生长周期，影响果实的成熟，到最后可能会颗粒无收。

被子植物的个体发育过程大致可以分为种子的形成和萌发、植株的生长和发育等阶段。植株生长发育到一定阶段，才形成花芽，然后开花、结果。在种子生长过程中，种子的胚根首先突破种皮，向下生长，形成主根。与此同时，胚轴的细胞也相应生长和伸长，把胚芽或胚芽连同子叶一起推出土面，胚芽伸出土面，形成茎和叶。倘若在种子形成阶段不断地去翻看土壤，极有可能对种子造成致命的伤害。

我们需要定时给种子松土，让它们的根自由舒展，去寻找属于自己的天地，不要让坚硬的泥土束缚了它们自由的天性。但土壤的养分最终还是需要它们自己去寻找，伸展的空间还是需要它们自己去拓展。我们亦不必施太多的肥料，过多的营养反而会成为它们成长的负担。不要忘了，它们自己也会去寻找让自己更快成长的养分。

做好这些之后，我们就静候花开吧，安静等待，无需喧哗，无需大张旗鼓，因为它们也会怕吵。不需要太多人注视的目光，就让它们低调地绽放吧，太多人的目光会让它们无所适从，会让它们得意忘形，会削减它们为一季花开所蓄积的能量。让它们自由地开放吧，无拘无束，最后繁花似锦。

其实，每一个学生都是一粒茁壮的种子，需要在天地日月之间吸收雨露，摄取阳光，而班主任要做的就是细心看护，静候花开。花朵们不需要班主任焦虑的目光，也不需要快速成长的神奇药剂，只需班主任饱含爱意的期待，期待着一场华丽的邂逅。

对待孩子的成长，来不得半点儿急躁，更不能越俎代庖——教育的成功从等待开始。台湾女作家龙应台在《孩子，你慢慢来》一书中写了这样一段话：“我，坐在斜阳浅照的石阶上，望着这个眼睛清亮的小孩专心地做一件事。是的，我愿意等上一辈子的时间，让她从从容容地把这个蝴蝶结扎好，用她五岁的手指。孩子，你慢慢来，慢慢来。”这是一种何等美丽的场景，这是一种何等美妙的教育艺术。

教育的最高境界是自我教育，主动发展是学生发展的理想状态。等待是一种智慧，是一种信任，也是一种教育。

其实，学生具有自我教育的能力。学生的知识不是通过教师传授得到的，而是学生在一定的情境下，借助他人的帮助，利用必要的学习资料，通过一系列的事件构建而获得的。可以说，学生是学习的主体，学生具有自我改变、自我教育的能力。我们班主任要相信学生，相信每一个学生都有创造能力，并且要像地质勘探队队员一样，细心勘探，才能发现学生身上的“宝藏”。

自我教育不仅是教育的手段，而且是教育的目的和归宿，教是为了不教。叶圣陶先生说过：凡为教者必期于达到不须教。教师所务惟在启发导引，使学生逐步增益其知能，展卷而自能通解，执笔而自能合度。我们班主任要善于创造机会让学生自我教育、自我成长。

四、作业错点又何妨

女儿上一年级了。不要小看这一年级，虽然是女儿一人上学，却是全家总动员。这不，刚放学，妻子就开始陪女儿做作业了。

今天数学学习的是“上下左右”，试题都是与方位有关的。有一道题目是用图画来呈现的：图中有7棵树，从左边往右边数第5棵树前面画了一辆汽车，题目问的是：从右边往左边数第几棵被汽车挡住了？

女儿没有注意看，直接填了一个“5”。妻子看见女儿做错了，马上就有反应，看那架势，似乎要骂女儿了，我赶紧示意她不要言语。

很快，女儿的作业完成了。我提醒女儿说：“你要检查一下作业，小心明天得不到红花哦。”女儿很自信地说：“我检查过了，没问题。”

看着她那自信的样子，妻子恨不得打她，我还是摆摆手。

等女儿转身以后，妻子问我为什么要阻止她订正女儿的作业。我微微一笑："作业错点又何妨？我们现在每次都帮她检查作业，长期下来她容易养成依赖的习惯，她就会想，反正有爸爸、妈妈帮我检查，我才不用检查呢。"

"那刚才她那无所谓的样子，为什么不让我说她呢？"妻子有些不解。

"她已经习惯于我们的说教了，我们老是说，效果就会不明显。还不如让老师去教育她。她做错了，老师改作业的时候自然要指出来。作业本发下来没有得到红花，她自然会重视。"

果然，女儿第二天放学回家，一改往日蹦蹦跳跳的样子，一言不发，自己到书房里默默地做作业。这时候，我说了准备了一天的话："女儿，其实爸爸妈妈昨天就发现你作业做错了。本来妈妈想帮你订正，但是爸爸没有让妈妈这么做。因为爸爸发现你最近做完作业以后很少检查了，就是检查也很随便。爸爸想对你说，做作业是你自己的事情，你不能指望爸爸妈妈帮你做作业。你现在刚开始上一年级，爸爸妈妈要陪你，以后爸爸妈妈陪你做作业的次数会越来越少，你自己要学着检查作业、订正作业，知道吗？"

女儿听完这些话，重重地点了点头。

我们总是希望孩子表现得完美，上交的作业都是100分。实际上，满分的作业未必是好事。相反，偶尔让孩子犯点错误，未尝不是一件好事。

作业错点又何妨？

五、于空白处见真教育

"迟到"，这两个字看似普通，但是当我看见这两个由我自己书写的字时，我有些好奇。这是怎么一回事呢？

话得从去年说起。一天早读时，我到教室巡查，发现小李同学的座位是空的——小李同学没有来。我询问了其他同学，得知小李同学还在宿舍睡觉。哦，原来是睡过了。按照惯例，我应该到宿舍去看一下，但是又了解到小李同学不是生病。我想，也许是因为天冷睡过了，也许是因为昨天回家来回奔波辛苦了，也许是因为心情不好想安静一会。总之，我相信他一定是有理由的，并且这种理由是合理的。小李平时表现得很好，在我心中，他是一个很自觉的学生，也是一个非常优秀的学生，对于这样的学生，我认为是没有必要去宿舍找他的。当然，我也很清楚，如果不处理就是对这种现象的放纵。思来想去，我在小李同学桌上的草稿纸上写下了“迟到”两个字，然后就悄悄地离开了。

这件事情就这样过去了，小李同学一如往常，我也按部就班地开展工作。转眼间，一年过去了，小李同学高三了，参加全市联考，学校要求学生将书本都搬出教室，以便布置考场。我就让同学们把书搬到了离教室比较近的我的办公室。此刻，我闲来无事，翻阅学生的书本，竟然发现小李同学的笔记本中夹着我写的“迟到”两个字。

我连忙找来小李同学了解情况，小李同学说当时的情形他历历在目。因为前一天是星期天，他回家拿钱，但是遇到父母吵架，他心情很差，脑海里总是出现父母吵架的情形，一直持续到深夜，以致很晚才睡着，所以第二天睡过了。当他到教室发现我写的“迟到”二字时，内心充满了羞愧。他想起了鲁迅先生儿时写在课桌上的“早”字，从那以后，他虽然没有在课桌上写下“早”字，但是将我写的“迟到”二字深深地刻在了心里，此后没有再迟到过。

原来事情如此简单，我却真真切切地被这两个字震撼了，因为我没有想到这两个字会产生这么大的影响力，竟能让一个学生长期保留、铭记于心。

一般工件制成以后不是马上出厂，而是在低温环境中放置，等待金属内部自由伸张，这样可以有效减少工件的变形和开裂。这种工艺就是通常所说的冷处理，是材料科学中改善金属工件性能，大幅度提高工件稳定性，降低淬火内应力、提高强度的有效方法之一。

在生活中，我们经常用“冷处理”的方法来处理棘手的事情，尤其是在化解双方冲突时。应当承认，有时候这种方法还是很有效果的。所谓的“冷处理”是指矛盾发生后不急于马上处理，而是放一放再处理。而“热处理”则是在矛盾发生后不拖延立即着手解决。

我想，对于小李迟到这件事，如果当时我选择“热处理”，马上到宿舍去看一下，或者事后把小李同学批评一顿，也许就没有这么好的教育效果了。我当时只是表明了一下态度，小李就自我反省、自我教育，这是我没有想到的。古人说：善画者留白，善乐者希声，善言者忘语，善书者缺笔，大贤者若痴，大智者若愚。其实，善教者留白。如果我们班主任在教育的过程中多一点留白的意识，学生可能就会多一些自我教育、自我反省的机会。

第二章　以生为本，以学定教

观念是行为的先导，有什么样的观念就会有什么样的行为。班主任如果认为教育就是应对考试，学生就是学习机器，学习就是为了考大学，那还谈什么素质教育、以人为本？因此，树立正确的教育观、学生观是班主任开展教育工作的前提。

班主任应该引导学生树立正确的学习观，引导学生正确地看待周围发生的事物，以积极、阳光、乐观的心态面对学习和生活，才是学生学习的主要目的和精髓。

第一节　班主任要树立正确的教育观

教育是农业不是工业，不能批量生产、迅速出炉，而要静候花开；教育是培养公民而不是顺民，不能一味强调规章制度，而要以生为本；教育是用生命栽培生命的过程，教育的成功需要班主任用良好的生命状态带给孩子们良好的文化影响。

教育观，简单地说就是对教育的观点，是指人们对教育这一事物以及教育与其他事物关系的看法。具体地说，就是人们对教育者、教育对象、教育内容、教育方法等教育要素及其属性和相互关系的认识，以及由此派生出的对教育的作用、功能、目的等各方面的看法。

作为班主任，应明确对学生的培养目标，明确自己对学生需要履行的教育责任，了解学生的成长特点、科学施教。

一、考大学就是立志吗

“孩子，你要立志，争取考上一所好大学。”这是很多班主任和家长教育孩子时好说的一句话。但是，想考好大学就是立志吗?

如果按照这样理解，考上好的大学就意味着志向得以实现，人生应该有所作为才是。但是有一个学生让我改变了这种看法。

这个学生第一年高考考了600多分，因为志愿没有填好，被省内一所本科院校录取。但是他不甘心，于是选择再战一年，第二年他如愿被一所当时的“985”高校录取，选择的专业也不错——土木工程专业。

前不久，他主动找我聊天，咨询毕业以后的打算。

我建议他考研。他说，考了，但是没有考上。

我建议他接受调剂去其他学校。他说，被调剂的学校差，不想上。

我建议他找工作。他说，找了，设计单位不要本科生。

我建议他找施工单位。他说，施工单位要与人打交道，不擅长。

我建议他再战一年，继续考研。他说，再战一年，研究生毕业时年龄太大了。

我建议他考公务员，比较稳定。并且我当时就找了一下，合肥市不少单位招录土木工程专业的本科生。他说，公务员工资太低，合肥房价又高……

我有些无语了。我问他，你自己想怎么办呢?他说：“我的数学和物理不错，我想回到中学教书。”

我姑且不论这位学生的想法对错与否，可以肯定的是，这位学生虽然读了一所好大学，但是对自己的未来没有很好的规划，更没有为国家、为社会做贡献的想法，应该算不上是有志青年。

古人有“立德、立功、立言”的说法，这就是所谓的“人生三不朽”。爱因斯坦说过：人只有献身于社会，才能找出那短暂而有风险的生命的意义。古今中外，无不是将个人能力体现在社会发展中作为立志的表现。人活在这个世界上，除了追求穿衣、吃饭等基本的需求之外，叩问生命的价值应当是一辈子的事，而奉献恰恰是衡量生命价值的重要标准之一。

“为天地立心，为生民立命，为往圣继绝学，为万世开太平。”青年学子要志存高远，将个人的命运与国家、社会的命运联系在一起，努力成为国之栋梁，为推动社会发展做出贡献。

二、成绩好就能成才吗

我遇到过这样一名学生，姑且称他为D同学。他是我们学校公认的“好学生”，每次考试都是年级第一，并且比年级第二至少领先40分，这是我们这所省级示范性普通高中近些年都没有出现过的现象。因此，我们都认为D同学是“天才”，笃定他能够考上国内一流高校。

也是因为这个原因，学校委托我辅导D同学参加一项国家级的大赛。他倒也不负众望，按我的指导写了一篇论文，并经过层层选拔，进入了省级比赛，我还带领D同学参加了省级比赛。

第一天是布展，布展就是将介绍自己作品的一张展布（90cm × 120cm）张贴到指定位置。因为展布是由相关部门按照统一格式制作的，所以我们事先并没有见到展布。当我们拿到展布的时候，发现有一个实验照片弄错了。我当即决定重新做实验，然后用手机拍照，再用A4纸打印出来，覆盖弄错的图片。然而根据大赛要求，选手和辅导教师需要分开居住，所以这一切都需要D同学自己完成。晚上9点，我打电话问他图片弄好没有，他说酒店不能打印，准备放弃了。我一听很生气，怎么能够遇到困难就退缩呢。我灵机一动，让他通过QQ将照片传给我，我打印以后第二天带给他。

第二天是答辩。我本来以为答辩环节应该不会出现什么问题了，因为这篇论文前后历时三个月，初稿完成以后还“打磨”了一个月。在来参赛之前，我反复叮嘱了D同学要认真思考评委可能提出的问题，然后有针对性地准备。我正想着，就看见评委乐呵呵地走近了展位：“同学，介绍一下你的作品吧。”正当我满心期待D同学的精彩表现的时候，万万没有想到他居然一脸严肃地问评委：“你有什么问题呢?”我一下子蒙了，不知道D同学为什么会这样说，是不是因为我总是要他想评委可能会问哪些问题，还是他一下子紧张不知道该说什么？我估计评委也蒙了。评委愣了一会儿后问道："这是你做的吧？""是的。""那就好。"评委说完就离开了。期盼已久的答辩就这样草草结束了，结果自然不理想——三等奖，最低等级。

第三天是回程。路上，我问D同学："你这两天感觉怎么样？"没有想到他的回答只有两个字："无聊。"我有些无语，于是我转换话题，问道："你这次参加比赛有什么感觉呢？"D同学的回答更让我闹心："我们学校太不重视了，人家学校校长都来了……"

500多人参加，1500多人观摩的盛事，难道就没有任何引起你关注的事物吗？学校派老师、派专车送你来比赛、接你回去，难道还不是重视吗？再说，学校是否重视是你一个学生应该考虑的问题吗？这些应该是你一个学生参赛以后的第一感觉吗？想到这里，我认为有必要和D同学认真地谈一谈。

"我也很纠结。如果我说你，也许你会不理解，甚至记恨我；但是我不说你，我感觉对你有点不负责任，发现了问题就应该告诉你，更何况，你是大家公认的好学生。从你打印照片遇到困难就"准备放弃"，到答辩时反客为主，再到今天的觉得"无聊"，我认为你要认真反思一下。从表面上看，你是被动应对，不会表达，实际上这些反映出你的综合素质有待提高，除了读书以外，还有很多事情需要学习。希望你以后加强书本以外的知识的学习。"

D同学听完我的一番话，加上我的情绪有些激动，他没有说什么了。我看着车窗外川流不息的人群，有一种强烈的感觉——成绩好算什么！读书并不是学习的全部，成绩好也不代表综合素质就高，我们班主任在努力提升学生文化课成绩的同时，更要注重学生核心素养的提升，为社会主义事业培养合格的建设者和接班人，才是我们的重要使命。

三、一个学生的失望

人都是这样，没有期望也就无所谓失望。但是如果一个人努力12年以后，发现自己得到的与自己之前想象的相去甚远，这是多么痛的一种领悟。

十几年前，我参加工作不久，当时我们高中教师的工资一个月不到一千块钱，但是相比较于当地的房价，我们的工资还是有优越感的，那时的房子一平方米才几百块钱。即便这样，大家仍然不愿意买房子。如果一个人一年的工资能够达到十万，那就很厉害了。我印象深刻的是省内一所本科院校因为评估需要引进研究生，开出了年薪十万的优厚待遇，这在我们老师当中广为流传。一时间，很多老师以此为例教育学生要努力学习。

就有那么一位学生，他把这件事情记在心上了。这位学生出生于农村，家庭条件不好，连读书的钱都是借的。父母对他期望很高，希望他能够通过读书来改变命运、光宗耀祖。这位农村少年就以此为己任，想着如何在大城市立足，如何过上优越的生活。正在此时，听老师在班上说到上好大学、考研能够赚大钱，他的眼睛马上就亮了。

就这样，一个勤奋读书的少年出现了。这个学生每天早上5:00就起床，晚上不到宿舍熄灯不睡觉。高三那年，他为了多一点时间学习，还要求家里为他在学校外面租了房子，每天晚上学习到12:00以后。按理说，天道酬勤，他这样努力成绩自然不差，可是非常遗憾的是，他第一年高考落榜了。

第二年，他到重点中学复读，学习更加努力了，几乎不与人交往，一心一意读书。他父母也是全力为他营造好的学习环境，连春节走亲戚都省了，没有让他去，为的就是让他在高考中考出理想的成绩。这一年，他不负众望，达到了重点一本的分数线。可是他的高考志愿没有填好，又没有考上重点大学。原本可以填报征集志愿，但是他坚持要上当时的“985”高校，于是选择再战一年。然后他就来了我所带的复读班，最终考上一所当时的“985”高校。

按道理说，他考到这么好的学校可以松一口气了，但是这位农村少年仍然想着研究生一年能拿十万块钱的事情，所以他依旧刻苦学习，不仅不谈恋爱，就连学生社团活动都很少参加，他的大学四年基本是在图书馆和自习室度过的。等到他24岁本科毕业后，终于如愿继续读研。

接下来的硕士研究生三年应该是他人生中最快乐的三年，他从来没有这样接近自己的目标，每当想到研究生毕业后，他就可以拿到年薪十万的工资，那是一件多么幸福的事情啊。这样一想，高中3年、复读2年、本科

4年、研究生3年，12年的付出又算得了什么呢？

殊不知12年之后已经沧海桑田，当这位农村少年去大学应聘的时候，大学开出的条件是应聘者要拥有博士学历，更让他难过的是，并没有年薪十万的待遇了，只是二十万块钱的安家费。而此时的房价已经大涨，就是我们当地的房价也是5000多一平方米，更别说省城的房子了。农村少年慌了，不知道该怎么办，是这样仓促地工作，还是继续读博？于是，他向我咨询。

听完这个学生的故事，我觉得他接下来做什么并不重要，重要的是要改变心态，如果按照想做人上人的心态来读书，我认为即使他继续读博也难以如愿。

从我教书这些年的经验来看，教育已经逐渐回归，更加侧重于人本身，而不是学历、学校等外在的事物。现在如果抱着“书中自有黄金屋，书中自有颜如玉”的思想来读书，那恐怕是要失望了。

读书就是读书，我认为读书的目的应该是发展、提升人的素质，而不是看重读书所带来的名利等附加值。班主任要引导学生在学习中磨砺、提升，树立正确的人生观、世界观和价值观。这才是教育的关键。

四、思维才是王牌

“学历是铜牌，能力是银牌，人脉是金牌，思维是王牌。”最早看到这句话时候，我还是有些意外的，因为意外，所以就记住了。随着时间的推移，我对“思维是王牌”这句话的理解越来越深刻。

在驾校学开车时，有位女学员一再问我，要不要给教练送礼。我问她为什么这么问，她说教练对她不好，总是骂她。听了她的话，我有些哭笑不得，因为这个教练也是教我的。我们的教练脾气很好，如果不是学员犯了非常低级的错误，他是不会责骂的。这位女学员不把心思放在学习开车上，而把心思放在送礼上，怎么能学好开车呢？

如果有人喊你吃饭，但是你实在不想去，怎么办呢？是拒绝还是接受？如果别人一再邀请你，你会不会生气，进而埋怨呢？如果是，那就是你的不对了。一般情况下，别人喊你吃饭，是把你当成朋友，能参加还是要参加的，不能参加也要非常礼貌地说清楚，以免产生不必要的误会。当你不想接受别人的邀约时，你需要从别人邀约的出发点来考虑，而不是邀约本身。

朋友与你感情不深，送你东西，并且东西对你的意义不大，你怎么办呢？如果生硬地拒绝也不妥。不妨先接受，以后再说，或者在适当的时候还一个礼品给他，或者做点相应的事情，算是还了人情，但是千万不能有所责怪。

一出现问题，有的人就埋怨，怪社会、怪单位，甚至怪父母，有的人则反求诸已，从现实中汲取力量、迎难而上。思维左右方向，而方向比努力更重要。

五、《何以笙箫默》走红对教育的启示：平平淡淡真教育

有一年放假前，我在学校听到不少老师议论电视剧《何以笙箫默》。闲来无事，我在假期就看了这部电视剧。看完全剧，我在想，是什么样的原因让这部电视剧如此打动人心，受人追捧呢?

主演唐嫣的一席话或许给出了答案：“我非常愿意相信七年之后再相遇的感情，小说和剧情都不狗血、不矫情，表达感情很纯粹。女生希望遇到这样的人和爱情，愿意去相信真爱。”我认为回归写实，回归纯爱，应该是这部剧的成功之处。

教育亦如此。我认为，教育不需要特别宏伟的目标，比如让每一个学生都能够成为英雄人物，为人称颂。当下，不少人倡导以高分、升学、名校为核心元素的“成功教育学”，通过“成功教育学”引导学生勤奋学习、改变命运。其实，平平淡淡才是真，能够成为人上人的毕竟是少数。从教育学生的角度来看，以生为本，以学定教，才是教育的方向。从社会发展的角度来看，社会上更多的是普通人，因此，培养合格的公民才应该是教育的方向。

同时，教育也不需要九曲回肠的复杂过程。一个种子播下去到开花结

果，需要一段较为漫长的时间。如果种子是好的，土壤没有问题，光照也充足，那么我们就不需要多做什么；只需要适时地浇水，待到种子发芽长成树苗，经常看一看，发现树苗长弯了适时扶一下，就可以了。每一个学生就像一粒茁壮的种子，需要在天地日月之间吸取雨露，摄取阳光，而班主任要做的就是细心看护，静候花开。

教育应该是一种平淡的艺术，不必苛求，不必热烈。教育平淡了，班主任才能有好的心态，教育学生才能多些人文的味道，多些生活的味道。平平淡淡才是真正的教育。

六、教育是用生命栽培生命的过程

教育从诞生开始就与人的生命有着紧密的关联，教育的使命在于选取正确的切入点或起点，依据生命的规律或特点促进学生的发展，最终实现学生的发展。

我认为，学校教育应该是“栽培生命”的过程，是用生命影响生命的过程。教育的成功需要班主任用良好的生命状态带给学生良好的文化影响，使学生能够茁壮成长。在某种程度上，班主任的生命状态决定了班主任的教育教学水平和学生发展的水平。

《晏子春秋》中记载，楚王宴请晏子，安排人绑了一名齐国人，说齐国人犯了盗窃罪。楚王瞟着晏子问：“齐国人原本就爱盗窃吗？”晏子回答：“橘生淮南则为橘，橘生淮北则为枳。”

甘甜的橘因生长地的改变成了酸涩的枳，晏子用植物的生长受环境影响这一自然规律揭示出了环境育人的道理。晏子的推导是建立在这样一个前提下——橘和人都是生命体，会与外部环境发生交互影响并因交互影响而改变。

教育的对象是人，教育因人的生命需求而存在，所以我认为学校教育应该是“栽培生命”的过程。学生的成长与其长期接触的人有很大关系。播种罪恶，收获的很可能是仇恨；播下劣质的种子，则很难获得满意的收成。

其实橘生“淮北”也可以生长成为橘，只要给它搭起“大棚”，里面酝酿着像“淮南”那样的小气候就好了。所以，班主任要用良好的生命状态带给学生良好的文化影响，使学生能够健康成长。

七、新时代，教师应该如何作为

习近平总书记在十九大报告中指出：经过长期努力，中国特色社会主义进入了新时代，这是我国发展新的历史方位；中国共产党人的初心和使命，就是为中国人民谋幸福，为中华民族谋复兴。当前的教育形势同样发生了很大的变化，教育的理念、教育的手段、教育的方式都与以前大不相同。

新时代，经济取得了较快发展，意味着学生学习的目的不再是简单的“考大学、跳农门”。以我所在的学校为例，我工作的学校是我们当地最好的高中，招收的多是本地优秀的寒门学子，大多数学生家庭经济状况一般，许多家长和学生都希望通过读书来改变命运。我们学校曾经设了一个“能改”奖学金，寓意“知识能改变命运”。一直以来，我们这些中学教师也是这样努力的，以帮助学生考上大学为己任。但是随着时代的发展，我发现很多家庭的经济状况开始好转，不少家庭夫妻二人在外务工，供一个孩子读书，没有任何经济压力。可以说，农村和城镇在物质上的差别已经不大，甚至有少数农村家长已经在县城买了房子，完成了身份的转变。这种形势之下，学生毫无疑问不会以“考大学、进城”作为学习的唯一目标。

新时代，高等教育也取得了较快发展，能不能考上大学已经不是主要问题，能不能找到合适的工作成了问题，这意味着社会对学生的要求越来越高。当前，我国大学的升学率越来越高，一般来说，高中生只要想上大学都能上，用我自己的话来说，无非是八个字“或好或歹、或迟或早”。大学容易上不一定是好事，高等教育从精英化到大众化，拥有高学历的人才越来越多，同时国家在就业方面不再“包分配”，这就给大学生就业增加了难度。因此，很多学生又开始追逐名牌高校，以此来增加自己的就业“筹码”。

新时代，社会呈现出多元化的发展，很多人不是简单地靠学历生存。说一个很简单的道理，这社会上的成功人士并不都是名校毕业的。

新时代带来的这些变化，简单地说就是教育更加关注学习本身，而不是仅关注学习给人带来的地位、财富的变化；教育更加关注学生本身，以立德树人为根本任务，为中华民族的伟大复兴培养中坚力量。

班主任应该意识到，不是所有的学生都能成为科学家、文学家，但是几乎所有的学生将来会是人妻或人夫，会是母亲或者父亲。因此，我认为让学生成为一个合格的人，扮演好自己的每一个角色，尽到自己的每一份责任，比让他们获得多少知识更重要。

班主任也应该意识到，人活着不能仅仅为了自己。我不反对学生考名校，但是考名校的目的不应该只是找到一份稳定的工作。如果人生仅仅是为了一份稳定、体面的工作，那么人生的意义就太浅薄了。如果一个人的人生目标仅仅是为了自己，那么他的人生也过于狭隘了。古人有云，穷则独善其身，达则兼济天下。一个人，应该不断地充实、完善自己，然后为家国效力。居庙堂之高则忧其民，处江湖之远则忧其君。

新时代，班主任要培养真正意义上大写的人，一个为国家、为社会做贡献的有用之人，换句话说，就是为社会主义现代化事业培养合格的建设者和接班人。

第二节　班主任要树立正确的学生观

学生就是孩子，孩子还不成熟，因此班主任要有足够的爱心，要用呵护的态度对待学生。孩子还在成长，成长就可能会犯错误。因此班主任要学会善待学生的错误，把学生犯错误看成教育学生的机会。孩子还在学习，学习就有一个过程。因此班主任要有足够的耐心等待学生的成长，把学生成长的过程看成成长的需要。孩子还在改变，因此班主任要用发展的眼光看待学生，相信每一个学生都会成人、成才、成功。

一、老师不讲学生就不知道吗

三月是学雷锋月。这不，我们班准备到镇上的敬老院去慰问老人。

以前，我们学雷锋的活动都在校内开展，到敬老院慰问老人还是第一次。因此，我自己先到敬老院去了一趟，向敬老院的院长了解老人需要什么，我们班的学生又能够做什么。经商定，学生的主要任务就是帮助老人搞搞卫生、捶捶背，和老人聊聊天之类的。

我从敬老院回来以后，就将60个学生分成了15个组，每一组对应服务一个老人。为了便于管理，我还让每个组选了一名组长，组长负责本组的协调工作。

周日，我们来到敬老院，一切在我的安排之下有条不紊地进行。这期间，我发现有老人在那里剪指甲，老人的头向一边偏着，手伸得老长，眼睛眯着，明显很费劲。我想：我们给老人剪指甲不是很好吗？

没想到我这随口一说，小虹马上就应上了：“老师，让我给老人剪指甲吧。我初中的时候就到敬老院给老人剪过指甲。老师你看，我还带了指甲钳呢！”没想到学生这么有经验。我笑着鼓励小虹做得好，小虹接着说：“老师，我以为高中和初中不一样，非要分组劳动呢！”

一句话，说得我有些不好意思了。我过细的安排反而阻碍了学生的发挥。于是，我宣布，大家打扫好卫生以后可以自由开展活动。

我这话一说，小念拿起一盒象棋，拼命地摇起来，说：“我和爷爷下象棋。”

“那我给大家唱首歌吧。”小秦说。

……

学生的想象力远比我丰富。在学生的自由发挥中，不仅敬老院的面貌焕然一新，大家的精神也振奋起来。老人说，这是他们最近一段时间以来最开心的一天。我自己的感触也很深，我一直担心自己布置得不周到，实际上，恰恰是因为我布置得太周到了，反而束缚了学生。如果一开始我就放手让学生去做，或者我让学生自己去敬老院和老人商量怎么做，可能会更精彩。由此，我想到了班上的一个学生——小张。

小张是被正式录取到我工作的这所省示范中学的。本来，像他这种“正取生”在学习上是不用班主任操心的，但是高一第一学期两次大型考试的结果让我开始担心小张的学习了。班上60人，他期中考试考了第52名，期末考试考了第54名。为此，我要求小张每周写学习计划给我，我每天检查他学习计划的落实情况。我原以为这样小张的成绩会提高，没想到他的成绩毫无起色。我开始有些情绪了，责怪他不努力，现在看来，是不是我管得太多了？

想着想着，我赶紧找到小张，说出了我的担心。小张的一句话同样引起了我的思考：“我不喜欢有人管我，我认为自己能行。”是啊，有时候班主任过多的干预对学生可能是一种干扰，而不是一种合适的教育。

学生的知识不是完全通过教师传授得到的，而是学生在一定的情境下，借助他人的帮助，利用必要的学习资料，通过一系列事件的构建而获得的。可以说，学生是学习的主体，学生具有自我改变、自我教育的能力。班主任要相信学生，相信每个学生都有创造力。

二、一个礼物与两个故事

礼物其实很常见——一盒蒙古酪丹。蒙古酪丹是一种奶制品，质硬而口感酸甜，是深受内蒙古当地人喜爱的奶制品之一。说通俗一点，就是一盒蒙古奶糖。但是这个小小的礼物隐藏着的两段故事，让我颇受教育。

故事一：我与小叶同学之间的故事

小叶同学是送礼物给我的人。她是一名高三的学生，但小叶同学不是我的学生，仅仅因为我是高三的班主任，经常在高三教学楼巡视，所以我们认识。那么，小叶为什么要送我礼物呢？且听我慢慢说来。

一天，我看到小叶一个人孤独地站在教学楼二楼走廊尽头，我就上前去问她是不是有什么烦恼，需不需要我的帮助。小叶一下子就哭了，她说她很苦恼，她的班主任不理解她，说她成绩下滑幅度大，应该多努力，并且要求她要做班级最用功的学生，不允许她随便进出教室，而小叶恰恰喜欢一个人外出看看教室外面的风景。就这样，小叶与班主任闹僵了。这不，刚才班主任就撂下一句话：你真是无可救药。这让小叶很伤心。

了解到这些，我哈哈一笑。小叶一脸茫然地看着我。“不要烦恼。我告诉你一个可以解决这个问题的办法。”小叶睁大眼睛看着我。我接着说，“以后你就到我们三楼来看风景，不要在二楼看，这样你们班主任不就不知道了吗？你每次来的时候都和同桌说声，说你找我问题目。这样，你们班主任是不是就不会找你麻烦了？”小叶听了，两眼放光，马上破涕为笑，连声称好。

就这样，小叶就经常“光顾”我们三楼。一开始，她还有些拘谨，每次来的时候，都是我主动和她打招呼，我随便说声“来了？”“最近学习怎么样？”“今天心情很好啊！”之类的问候语。慢慢地，她与我也就熟悉了，开始对我聊起她的学习，聊起她的过往，聊起她的家庭。原来，她学习成绩一直很优秀，家里对她的要求也很严格，经常将她与一个表姐做比较，表姐去年考上了中国科学技术大学。她觉得自己无法超越表姐，所以压力很大，一直很郁闷。

我将这些情况反映给了她的父母，她的父母及时与她进行了沟通，后来她的压力减少了许多。出于感谢，她将她最喜欢吃的蒙古酪丹送给我。

小叶的故事让我深切地感受到：走进学生的心灵，了解学生的需要，“对症下药”才是教育学生的关键。

故事二：我与女儿之间的故事

我收到小叶的礼物后非常高兴，觉得自己的工作得到了肯定。看着这样珍贵的礼物，我想到了自己心爱的女儿，我要把最珍贵的礼物送给最心爱的人。

女儿当时才四岁，在县城里幼儿园读中班。平时我在学校工作，而我们学校离我家有10千米左右的距离，因此，我很少有时间陪伴女儿。收到这么珍贵的礼物，我就迫不及待地想送给女儿。

听说学校有一位老师要到县城，我马上就搭上他的顺风车回去了。回家以后，我就卖了个关子，对女儿说，我有个礼物要送给你，女儿问我是什么礼物，我就让她猜，她开始猜是托马斯小火车，我说不是；她猜是蛋糕，我说不是；她说是橡皮泥，我说不是……

她猜了好几次都没有猜中，我看情形不对，就不再让她猜了。我拿出礼物说，这是一位大姐姐送的，是内蒙古的特产，快尝尝。女儿拿起一个尝尝，马上就吐出来了，说一点都不好吃，然后就离开了，剩下我一个人在那里暗自伤神。

想想也是，我之所以看重这盒蒙古酪丹，是因为它对我而言有着特殊的含义，而这些是女儿不能理解的。现在零食的种类很多，一盒蒙古酪丹对她来说并不珍贵。

我们总是喜欢按照自己的经验来判断事物的发展，实际上，我们认为好的东西，孩子不一定喜欢。教育也是这样，我们班主任不能把自己认为好的教育给学生，而是要把学生认为好的教育给学生。没有最好的教育，只有最适合的教育。

三、“爸爸，你不是说我不可以旅游吗？”

“女儿，我们下个周末出去旅游怎么样？”走在路上，我看到旅行社打出的周末亲子游广告，想到下周正好有空，于是就和一起散步的女儿商量。

原本以为她会很高兴，没有想到她却一脸茫然。很长时间后，她冒出了一句话：“爸爸，你不是说我不可以旅游吗？”

不可以旅游？我一下子蒙了。“为什么不可以旅游？”我问女儿。

“领成绩单的时候，你说我考试成绩差，今年暑假不准外出！”女儿一脸委屈地说道。

我一下子想起来了。女儿期末考试成绩大幅下降，期中的时候语文99.5分、数学100分，期末的时候语文99分、数学89分。拿到成绩单的时候我还觉得没有什么，但是当我问女儿怎么看待成绩的时候，她完全是一副毫不在意的样子，还吵着放假要出去玩。一听这话，我当时就生气了——考得这么差，还要外出玩，真是不像话。随口就喊出了一句话：“今年暑假哪儿都不准去，不可以旅游，好好在家学习！”

现在想想，那是我6月底说的话，现在8月初了，已经过去了一个多月，我没有想到女儿还一直记着。看着女儿一脸的无辜，我想起了多年以前在书上看到的一个故事。

一位爸爸躺在病床上急需用血，不巧的是，很多人的血型都不合适。情急之中，有人想到了这位爸爸年幼的孩子，但是有人认为孩子尚小，献血不合适。就在大家争吵时，孩子坚定地说：“我愿意为爸爸献血。”更让我感动的是，他献完血后说的第一句话是：“我还活着吗？”原来，他从众人的口中得出了错误的判断，他以为献完血后自己就会死掉。原来这孩子在这么短的时间经历了这么复杂的情感体验和内心斗争，孩子坚定的眼神和简短的话语表达的是对父亲深沉的爱以及舍我的精神。

现在看来，我的女儿同样经历了一个月的复杂的情感经历，对自己的考试成绩耿耿于怀和对我所说的话念念不忘，都在这一句话中得到了体现。作为父亲，我很自责；作为教师，我很惶恐。

苏霍姆林斯基在《帕夫雷什中学》中说到，每个孩子在思想、观点、情感、感受、快乐、不安、悲伤、忧虑等方面都是一个独特的世界。教师应当认清并熟悉自己学生的这个精神世界，但他绝不能把他们当作研究对象来对待。我们看似不经意的一句话，对于孩子来说，可能就是天大的事情。

因此，苏霍姆林斯基不止一次地叮嘱年轻教师：从你走上教师道路的那一天起，你就应该在心里暗暗发誓：要开发每一个孩子的天赋、才能与智力。而为此就必须了解你所培养的人，了解孩子的健康状况，了解他们的思维特点，了解他们智力发展的优势与不足。

想到这些，我赶紧蹲下来，抱住女儿，向她道歉，随后牵着她一起到旅行社报名参加了周末的亲子游。

四、教室吵闹，不要骂学生

一天晚自习，我走在教学楼走廊上，忽然听见忽高忽低的声音。循着声音，我来到了二班的教室，听清楚了声音，原来是王老师在训斥学生。

“就知道吵！一天到晚就知道吵！我们班级已经被学校通报好几次了！”王老师越说越生气，恨不得拍桌子。与王老师的激动形成鲜明对比的是学生的安静，学生都耷拉着头坐在座位上。由于我是王老师班的授课教师，我就多关注了一下。以我对二班的了解，二班的学生还是很不错的，我在想，是不是王老师误会了？是不是班级刚刚考试结束或者是班委刚刚布置了什么事情，所以班上有些吵闹？带着疑问，我去了解了一下事情的原委。

真实情况比我想象的要复杂，二班这段时间晚自习的确很吵，被学校政教处通报好几回了。为什么这么吵呢？学生说，王老师这段时间很少到教室，一到教室发现有学生说话，就大发雷霆。学生对此非常反感，认为是老师没有尽责。于是，出现了学生与老师相互埋怨的局面。

说到这里，我想起来了，王老师的父亲这段时间生病住院了，我估计王老师是因为这事才比较忙碌，所以到教室的次数减少了，疏于对班级的管理了。不过，王老师教育学生的方法也过于简单了一些。

仔细想来，作为班主任，千万不能一有问题就去埋怨学生，首先要去想一想自己的工作有没有做到位。有些事情，其实是不用强调的。例如，如果老师每天都准时出现在教室门口，即使一开始有学生迟到，随着时间的推移，学生迟到的现象也就慢慢地减少了。

“我说了多少遍了，还犯这样低级的错误?!”这是不少班主任挂在嘴边的一句话。班主任不能有这样的想法，认为学生就应该听话，自己说到了，学生就应该做到。因为犯错误是很普遍的，但并不是所有人都能知错就改，知错不改也很正常。以成年人为例，不少人都有戒烟的想法，然而真正戒掉的人并不多，何况是学生。

学生之所以是学生，就是因为他们还年幼，还需要教育。因此，我们班主任不能把学生当作成年人，不能苛求学生们表现得完美，应该允许学生犯错误。一个从来没有玩过鸡蛋的孩子见到鸡蛋想去玩玩很正常，如果总是一味地去阻止孩子，反而会加重孩子的好奇心；相反，如果让孩子自己摔破一个鸡蛋以后，孩子可能就再也不会随便玩鸡蛋了。因此，对待发生在学生身上的事情，我们要根据学生的不同年龄、不同的心理特征来正确对待。我们要把学生犯错误当成学生成长的需要。

班主任必须清醒地认识到，学生是可以改变的，这也是教育的价值所在。倘若学生是不可以改变的，那就意味着学生是不可教育的，教育就丧失了存在的价值。因此，我们要用发展的眼光看学生，相信所有的学生天天都在成长，日日都在成熟，人人都能成才，个个都能成功。因为学生的可塑性很强，潜力很大，所以我们的教育任务之一，就是要充分发掘学生的潜能，帮助他们成长。

任何教育都要经过学生自身的吸收才能变成学生自己的东西，强迫是不行的，单凭班主任的主观意愿也是不行的，必须符合学生身心发展的规律。学生在受教育的过程中，既是班主任教育的对象，又是班主任服务的对象。班主任和学生都是教育活动的主体，但这是两个不同的主体，发挥着不同的作用。班主任在教育过程中应当充分考虑学生的需要和特点，充分发挥学生的主动性、自主性和能动性。

其实，任何一个有孩子的班主任都可以做两个设想：假如我是孩子，我会怎样？假如我的学生是我的孩子，我会怎样？如果这两个问题想清楚了，那么很多问题就会豁然开朗。

五、按照60分的标准来要求孩子

如果满分是100分的话，我们只能按照60分的标准来要求孩子。这是我自己在与读小学的女儿交往中得出的经验。

我工作的学校离我家有10千米左右的距离，因此，我很少接送女儿。有一天中午，女儿放学我去接她，我发现女儿竟然不背书包回家。我感到诧异，这与我的认知有很大差别。

我读小学的时候，上学、放学都背书包，不管是早上、中午还是下午，生怕别人把我的书包拿走了。现在女儿中午把书包放在教室里难道没有问题吗？书包不会丢吗？想到这里，我还是坚持要女儿中午背书包回家。

但是，第二天中午我去接女儿的时候，我很后悔要求女儿将书包背回家，原来中午真的没有学生背书包回家了。现在的孩子中午回家不用做作业，更不用担心书包会被偷，孩子确实不需要背书包回家。

转念一想，我自己也确实有问题。用老眼光怎么能够解决新问题呢？春节回家，走亲访友，母亲总是担心我花钱花多了。我开玩笑地对母亲说："如果我还在乎这点钱，那还有出息吗？靠物质获取幸福的时代已经一去不复返了！"我在责怪母亲老眼光的同时，自己也在用老眼光做事。

我们总是喜欢这样，当看到别人安排的事情与自己想象的不一样时，就会出于本能地去纠正，尤其是对待自己的孩子。但是这样真的好吗？

简单地分析一下，如果孩子都按照我们家长想象的那样发展，不就变成和我们一样的人了吗？你能够接受孩子变成和自己一样的人这个结果吗？不知道你是怎么认为的，我不愿意接受。正如我的父亲对我说的："我出生于农村，我把你培养到县城，希望你能够把你孩子培养到省城，一代要胜过一代。"

这么一分析，结果自然明了，我们的做法本身也不一定就是最优的做法。因此，我们不能完全按照我们的意愿来要求孩子，最好是按照60分的标准来要求孩子。

按照60分的标准来要求孩子，可以尽量保证孩子不犯错。我们对事情总有一定的认识，也知道做事的底线应该是什么，因此，对孩子提出一定的要求是不过分的。比如说，我应该告诉女儿，中午把书包放在教室存在一定的安全隐患，贵重物品，比如电话手表之类的需要随身携带。

按照60分的标准来要求孩子，也为孩子的发展留有余地。满分100分，60分以外还有40分的空间，允许孩子和你不同。"各美其美，美人之美，美美与共，天下大同。"著名社会学家费孝通先生的十六字箴言，值得我们学习和借鉴。

作为家长如此，作为班主任亦如此。我们既然不愿意让孩子成为和我们一样的人，那么就应该允许孩子有和我们想象的不一样的地方。只要孩子没有偏离轨道、犯一些原则性的错误，都应该是被允许并且支持的。我们应该相信，任何一个方向的生长都会有阳光和雨露的照耀和滋润。

六、正确认识三种关系

一是教育本质与教育现象的关系。爱因斯坦说过：“什么是教育？当你把受过的教育都忘记了，剩下的就是教育。”无独有偶，怀特海也有一段相似的论述，大意是：抛开了教科书和听课笔记，忘记了为考试背的内容，剩下的东西才有价值。假定你把课堂上所学的这些东西全忘记了，如果结果是什么也没有剩下，那就意味着你受到的教育十分有限。

那些剩下的被称为教育的东西，用怀特海的话说，就是完全渗透入你的身心的原理，一种智力活动的习惯，一种充满学问和想象力的生活方式；用爱因斯坦的话说，就是独立思考和判断的总体能力。按照通俗的说法，一个人不管今后从事什么职业，再也改不掉学习、思考、研究的习惯和爱好，就无愧于受了良好的教育。

二是教育目的与教育手段的关系。罗素认为：一个理想教师的必备品质是爱他的学生，而爱的可靠征兆就是具有博大的父母本能，如同父母感觉到自己的孩子是目的一样，教师应感觉到学生是目的。教育是一项公益性的事业，最忌讳急功近利，一旦掺入杂质，那么教育就变味了，学生就不再是学生，学生就变成了班主任获取名利的手段，这样简单、粗暴就随之而来。其实班主任如果追逐名利，就会把自己引向死胡同，因为教育从来就不是赚钱的事业，学校也不是当官的场所。班主任的幸福应该来源于学生的成人、成才、成功。

三是适应教育与人本教育的关系。西塞罗认为，教育的目的是让学生摆脱现实的奴役，而非适应现实。今天的情形恰好相反，教育正在全力做一件事，就是以适应现实为目标塑造学生。人在社会上生活，当然有适应现实的必要，但这不该是教育的主要目的。法国哲学家蒙田说：学习不是为了适应外界，而是为了丰富自己。孔子也主张，学习是“为己”而非“为人”的事情。古往今来的哲人都强调，学习是为了发展个人内在的潜力，从而实现在外部现实面前获得自由。当然，这只是一种内在自由。但是，正是凭借这种内在自由，这种独立人格和独立思考的能力，那些优秀的灵魂对于改变人类社会现实产生了巨大的影响。我认为教育就应该为促进内在自由、产生优秀的灵魂创造条件，而不只是要求教育适应现实。

七、努力掌握三种方法

第一，班主任要加强与学生的沟通交流，努力走进学生的心里。沟通不拘泥于形式，可以是口头的，也可以是书面的。沟通不拘泥于场所，可以在办公室，也可以在花香四溢的大自然之中。我们不一定要做“超级女生”“快乐男生”，但是一定要知道他们；我们不能沉溺于网游，但是一定要知道网游；我们做不了奥尼尔，但是我们可以了解NBA；我们不一定要使用“凉凉”“真香”“佛系”“确认过眼神”等这些在学生中流传的时髦语言，但是我们一定要知道这些词语的意思。

第二，班主任要加强对“真空时间”的管理，防患于未然。所谓“真空时间”，是指学生很少被班主任监管的那段时间。比如：课间时间，早、中、晚吃饭时间，刚上自习的时间，等等。缺少对“真空时间”的管理，势必会造成管理的“真空”。学生在无人监督的情况下，容易滋生各种问题思想和问题行为。我们所需要做的就是要加大巡查力度，预防问题事件的发生。其实，学生在正常上课、自习时，出现问题的概率比较小，容易在“真空时间”出现问题。有班主任坦言，衡量一个班级是否优秀有两个重要的标准：一是课间时教室的喧闹程度；二是晚自习铃响后，学生能否快速安静下来。我认为这种说法不无道理。

第三，班主任要学会利用学生的认知冲突把握教育时机。认知冲突一般是指人已有知识和经验与所面临的情境之间的差异或冲突。一般来说，班主任在教育学生之前，学生往往会按照社会规范、生活经验等对班主任的行为做出判断，倘若此时班主任反其道而行，在应该批评的时候好言相劝，这样也许会使学生感到惊讶，甚至震撼，从而产生巨大的教育力量。

第三节　引导学生树立正确的学习观

如果学生对学习的认识有偏差，例如误认为学习就是考试，那么很可能考试结束以后就不再学习，这样学习的意义就丧失殆尽。班主任应该告诉学生：学习的过程是目标达成的过程，是磨砺人性的过程，学习的经历是人生宝贵的财富，学习中遇到的种种困境在以后的人生中可能也会遇到。因此，我们需要锁定学习目标、坚定不移地去实现。没有发自内心的渴求怎么会有刻骨铭心的记忆呢？

一、当前学生在学习上存在的误区

思想是行动的先导，有什么样的思想就可能会有什么样的行动。树立什么样的学习观可能会直接影响学生的学习动机、学习心态、学习行为和学习成绩等。当下，可能有学生对学习和在学习中遇到的种种现象存在认识上的误区，班主任需要引导学生走出这些误区，从而帮助他们树立正确的学习观。

第一，认为读书就是为了上好大学，找好工作。

如果将考上心中理想的大学作为我们学习的唯一目的，那么大学将成为我们难以承受的“生命之重”，考不上大学就意味着我们浪费了十多年的光阴，这样产生的挫败感是我们常人难以承受的。如果我们将考大学作为学习的唯一目的，那么我们的这种付出就具有很大的风险，即使我们考上了大学，那又怎么样呢？我们未必能找到满意的工作！因此，将考大学作为学习的唯一目的是有失偏颇的，也是不切实际的。

学习的过程可以是一个设立目标、达成目标的过程，在这个过程中我们需要按照自己的实际情况来确定自己的目标，然后按照目标来要求自己、发展自己，最终实现目标、成就自我。

第二，认为读书无用。

持有这种想法的同学或许是片面地认为当前的教育存在很大的问题。的确，我们应该重视素质教育，但是这并不应该完全排斥应试教育。

其实，我们谁也不知道自己的未来会怎样。所以，大家永远不要把自己的未知与其他同学的已知进行比较。如果说，你在读书阶段书读得不好，你却说你以后做别的事情一定会成功，那么这本身就是没有说服力的话语，可能你连你自己都难以说服。

你在学习上可能会遇到各种各样的情况，这些情况本身就是对你的一种很好的磨砺。比如说，有的同学学习成绩不好，那么我们应该怎样去看待这个“成绩”呢？我们是选择迎难而上还是知难而退，这本身就是一个问题。当我们选择迎难而上的时候，应该如何去突出重围，这又是一个问题。孟子说：“天将降大任于斯人也，必先苦其心志，劳其筋骨，饿其体肤，空乏其身，行拂乱其所为，所以动心忍性，增益其所不能。”我们在非常艰难的环境中突出重围，从学习成绩不理想到取得比较理想的成绩，这其中的收获远远不止成绩本身。又比如说，我们学习成绩很好，这种情况下，我们应该怎么让别的学生不嫉妒，从而保持与其他同学之间的良好关系呢？我们应该发挥自己的长处，帮助身边的同学，让他们受益。

第三，认为分数代表一切。

用分数来衡量一切，这非常片面。我们可以举个简单的例子：首先排除考试中的一切不确定因素，假设本学期学习了10个知识点，你掌握了1、3、4、5、6、7、8、10，共8个知识点，你同桌掌握了2、3、4、7、8、9、10，共7个知识点，考试考了2、6、8、9、10这5个知识点。我们可以算一下，你得了60分，你同桌得了80分。我们能根据分数，认为你的同桌比你学得好吗？

由此，当你的成绩忽上忽下时，你要想一想，自己得高分时可能是与自己熟悉的知识点“撞”上了，并不一定是自己的实力真的有那么大的飞跃；得低分时，也许是碰上了自己的薄弱环节，补上就好，不用过于沮丧。

解决这种不确定性的唯一办法就是——你把所有的知识点全部掌握，而这几乎是不可能的。“厚德博学，止于至善。”我们所要做的是，通过考试不断完善自己的知识体系，把这种不确定性发生的概率降到最低。

第四，认为边玩边学也能取得好成绩。

我们只需稍微思考一下，就能发现这个观点的片面性。不学习也会取得好成绩？世上哪有这么简单的事情！但是，有些同学仍然很迷惑——“你看某某同学，上课睡觉，下课打球，寝室聊天，回家空手，但是考试成绩仍然比我好——这可是我亲眼看到的，总不会有假吧?!”

要知道，每个人的情况都不同：或许别人在其他时间很努力，又或许别人确实很聪明，还有可能就是别人的学习基础比较好。

做一个简单的假设：我们每周放假一天，若星期日我们学习7个小时（并不多），就相当于我们把这个星期每一天的学习时间都增加了一个小时。这平均到每天的一个小时，我们完全可以用来劳逸结合——不错，在别人学习的时候，你可以睡觉、打球、聊天、思考……这一切只需要你假期时小小的自觉和行动。

第五，一味追求速度和数量，忽视质量和效率。

有的学生到高三非常用功，早晨5:10就起床，晚上11点多才睡。然而，这么早起床做了些什么呢？去看书，但是脑袋昏昏沉沉，眼睛都睁不开，仍然硬撑着，真正学到了什么呢？这种低效率的状态一直延续到上午，上课一直昏昏欲睡，却又不得不强迫自己睁开酸痛的眼睛。这样的学习效果真的好吗？

学习是一点一滴踏踏实实积累的过程，欲速则不达。我们应该从高一开始，慢慢地学，做题不必太多，但一定要真正理解，明白考核方向、解决问题需要用到哪些知识，并且最重要的是能够做到举一反三。我想说的是，知识的学习是一个量变引起质变的过程。脚踏实地地耐心积累，也许你高一、高二的成绩只是中等偏上，但到高三，到最后冲刺阶段，你可能就会不知不觉地成为班级甚至年级前几名。高中三年保持同样的学习节奏，高三不会太累，踏踏实实、按部就班，并且坚信会有一个量变引起质变的过程，心理压力就不会太大，可以相对轻松地度过这三年。

实际上，一个学生的核心竞争力并不一定是他所拥有的知识，而是在学习知识的过程中形成的能力和品质。知识是可以通过短期的学习获得的，而能力则需要长期的培养才能够提升。

学校本身就是一个社会，我们在学校遇到的各种事情可能以后在现实社会中也会遇到，所不同的是，在学校遇到的是单一的学习上的问题，而在社会上多是复杂的工作、生活上的问题，伴有许多利益的冲突，但是解决问题的方法是类似的。所以，我们需要明确学习目的，掌握学习方法，端正学习态度，按照学习的目标和要求来塑造自己，磨砺自己，让自己成为合格的社会主义建设者和接班人。

二、高考生应该知道的四点

勇者无惧。真正的勇者不是无知无畏的人，而是在看清现实之后仍然坚守内心、全力以赴的人。只有这样的人，才能够更好地实现自己的人生价值。

作为高考生，我们应该知道以下四点。

第一，实力重要，发挥也重要。

同学们对照成绩表，将现在的成绩加上30分，看看自己排在班级什么位置？当你看到加上30分以后的新位置，或许你自己都很惊讶，我怎么会考得这么好？其实，很多同学的理想成绩与现实成绩之间的差距也就30分。提升30分，也许就是我们高中三年为之奋斗的目标。

但是提升这30分真的那么难吗？也许只要高考发挥得好就行了。以理科综合为例，5道选择题就是30分。客观上说，物理考80分的同学与考70分的同学在实力上并没有明显的差别，只是试卷是否对口而已。物理考点有70多个，而试题只有14道，换句话说，考点的覆盖面是有限的。如果运气好，你不会的知识点都不考，考的都是你会的知识点，那你想考差也很难。

所以，你现在要做的事情，就是把全部的精力和时间都投入考试中去，尽量少关注考试以外的东西，比如，住宿环境、考试环境、监考老师等等。这些对考试都有影响，但都是可以克服的、解决的，我们没有必要因小失大。

第二，分数重要，志愿也重要。

同样一所大学，录取的最高分与最低分之间相距二三十分是很正常的，如果再算上国家专项计划、不同校区、中外合作等，那差距就更大了，可能会高达到六七十分。从这个意义上说，高考成绩相差二三十分的两人，很有可能会进入同一所学校。

“七分考，三分填。”我们需要尽量多地收集、对比招生计划、录取分数、录取名次，有效填报志愿，尽量将分数效益最大化。切忌将十几年辛勤奋斗的成绩用十来分钟就打发了。当然，也要防止弄巧成拙，出现“志愿撞车”的现象。

第三，上大学重要，读大学更重要。

对比一下进入高中时的成绩与名次和现在的成绩与名次，不难发现，高中三年的变化是很大的，现在的排序已经不是三年前的排序了。我们在读高中的时候，在这么大的升学压力下全力以赴地学习，还会有这么大的差距。可以想象，在读大学的时候，在没有人督促的情况下，同学之间的差距可能就更大了。

大学四年之后，有的同学获得保研资格，有的同学选择考研，有的同学选择直接工作，也有同学找不到工作，甚至有些同学无法毕业。由此来看，大学期间如何作为是一个十分重要的课题。我的建议是，大一，保持高中的学习劲头、努力学习。有的同学可能会说，那大二就能够上网、谈恋爱、打游戏了吗？不是这个意思，经过大一一年的学习以后，你应该已经在新的老师的指导之下，在与新的同学的交往之中找到了自己人生的定位，知道自己应该做什么事情了。

第四，读不读大学与人生的幸福没有绝对的关系。

这是一个容易引起争议的话题。但是不管怎么说，有两点大家应该承认：一是我国的高等教育已经不再是精英教育，二是社会上的顶尖人才也不都是来自顶尖的高校。

现在不同于20世纪八九十年代，那时人才匮乏，农村孩子考上大学以后，家长能省很多心。现在不一样了，多数单位的重要岗位都不缺人，相反大学生的数量越来越多，导致人才的“高消费现象”特别严重。以前，大学本科生可以留校当老师，现在到大学当教师一般要求具备硕士及以上学历。甚至，有些高中要求新进教师的学历是硕士。说直白一点，现在上大学是很普遍的事情，意味着“革命尚未成功，同志仍需努力”。

如果你对高考认识如此到位，自然会以平和的心态坦然对之——得之不喜，失之不忧。高考考得好，很欣慰，多年的努力没有白费；高考考得不好，也没有关系，人生还长，只要不忘初心，必能方得始终。

三、高考前与学生分享的三句话

第一句话：关键时刻不放弃，绝望可能变希望

这句话大家可能已经听过。我从两个方面解读。

先请大家看这样一道算术题：

荷叶开满荷塘需要30天，每天开出的荷花是前一天的2倍。问：第29天荷塘有多少荷花?

有人知道答案吗？对！是整个荷塘的一半。因为第30天需要开出的荷花是前一天的2倍。

我想，大家应该猜到我接下来要说什么了吧?

用一个成语来形容，就是行百里者半九十。什么意思呢？就是走一百里路，走了九十里才算走了一半。比喻做事愈接近成功愈困难，愈要认真对待。有位名人说过这么一句话，今天很残酷，明天更残酷，后天很美好，但大多数人死在明天晚上。

接下来，我想请大家思考一下，两个人的高考成绩相差60分意味着什么?

按照正常的理解，相差60分，应该是天壤之别。我在我们学校做过一个统计，复读生复读一年，平均涨60分左右。我们有很多同学高一进校的时候是那么多分、那样的名次，高三毕业的时候没有变化，还是那么多分、那样的名次。但是，同学们，我今天要告诉大家的不是这个意思。

2012年，我有两个学生参加高考，一个学生考了480分，另外一个学生考了540分，但是他们两个上了同一所大学，高分的学生曾经瞧不起低分的学生。我当时就对他说，你不要瞧不起人，你高一比别人好，不代表你高

二比别人好；你高二比别人好，不代表你高三比别人好；你学得好，不代表你考得好；你考得好，不代表你上的大学好；你上的大学好，不代表你以后找的工作好。

没有想到，我的话当时就应验了。我不是想说我多么伟大，只是想说，人生有许多不确定的因素，千万不要被眼前的一时所蒙蔽了，更不要因为现在的不如意就放弃了未来可能出现的美好。

同学们不妨回想一下，你们在上小学、初中的时候，或者在刚上高中的时候，也许还是那么优秀，正是意气风发之时。所以，我曾经在和学生探讨高中之“高”的含义时，有的学生就说，“高”首先是“高兴”，但是时隔两年，同学们可能会发现“高兴”不足，相反有一点“高处不胜寒”的感觉。

什么原因？我认为时间是拉开我们差距的主要原因。当我们还在高兴的时候，别人在卧薪尝胆。时间对每个人都是公正的，每个人的一天都是24个小时，但是时间对每个人又是不公正的，又都不是24个小时。在这两年当中，我们每个人的付出都不尽相同，结果自然也不一样。

既然我们在高中前面两年落下来了，为什么不能在最后一年冲上去呢！现在我们来算一笔账。以物理为例，假如一星期5节物理课，那么一个月就是20节课。我们这学期有5个月，也就是100节课，假如我们每节课45分钟，也就是四分之三个小时，那么一个学期实际学习时间是多少呢？75个小时，不过3天多的时间。换句话说，没日没夜学三天多，可能就能够抵得上整个学期的学习了。

有人说，老师，你说得太理想了，我们没有时间了。嘿，还真不一定，不到高考最后一刻绝不要轻言放弃。就是到了收卷子的那一刻，如果你发现自己还有5个选择题没有做，随手写上“BACAD”，5个选择题，每题6分，总分30分，你的命运可能就会改变。

当然了，以上所说过于绝对，但是高考中有许多不确定的因素是事实。不到最后一刻，绝不要放弃。同学们应该一直坚持到最后一场考试结束。

作为高三的学生，我们需要理清以下七对关系。

一是课上与课下。有的同学重视课堂，也重视课下，但是两者没有形成合力。我们学习物理应该知道，只有两个分力在同一个方向的时候，其合力最大。如果课上、课下朝一个方向用力，效果最好；反之，效果会大大减弱。所以，同学们要立足课堂，课下要围绕课堂来展开，只有“吸收”“消化”好在课堂上所学的内容，才能够达成课堂目标。

二是习题与例题。有的同学偏好习题，轻视例题。他们翻开资料，首先翻到习题，马上就做。在他们心目中，习题就成了矿山上那熠熠生辉的金子，例题反而成了金子周围的浮土。其实例题之所以为例题，就是因为相对于习题具有典型性，做好了能够起到举一反三的作用，而习题则是对例题的巩固与提高。所以，认真研读例题应该是我们学习中极其重要的内容。

三是学习与反思。有的同学注重练习，忽视思考。他们看到题目就当宝，拼命地去做，题目要是做对了，就沾沾自喜，这时题目成了自己能力的一种证明；题目要是做错了，就唉声叹气，这时题目成了否定自己能力的工具。结果是一篇练习做下来，往往不是从题目中汲取营养、提高自己，而只是使自己的内心发生了一些振荡。简单地说，是为了做题目而做题目，这种做法显然没有认识到做题目应有的初衷——提高成绩。题目只是学习的手段，提高成绩才是目的。所以，不论题目做对与否，都要思考，都要消化，最终才能达到提高的目的。试想，光吃饭不消化，那会是多么可怕的一件事啊！

四是老师与学科。有的同学喜欢某个老师就喜欢这门课，不喜欢某个老师就不喜欢这门课。如果某个老师抓得紧，他在这门课上花费的时间就比较多；如果某个老师督促的比较少，他在这门课上花费的时间就比较少。这样的学生没有考虑到自己的实际需要，学习秩序很容易被老师左右。作为学生，我们要尽量避免因为讨厌某个老师而讨厌某门课。

五是求知与求智。我们不能用有限的生命去追求无限的知识，关键是要“求智”，也就是说，要在学习中树立正确的人生观、价值观。

六是期望与结果。不是有期望就有结果的，这中间还需要行动，有行动才会有结果。有的同学很努力，但总是停留在思想意识层面上，没有转化为行动。他们一天到晚就是想用功，想得自己都有些抓狂，但是没有真正用功，没有落实到行动上，自然没有结果。

七是量变与质变。有的同学很用功，但是没有见到成绩，有些失落。其实，量变到质变有一个过程。譬如，如果挖一口井要挖十米深才见水，挖9米与挖1米是一样的，都没有见水，但是挖到9米的再挖1米就能见水了，而挖到1米的再挖1米还是没有水。我们要用发展的眼光去看待问题，50分与50分是不一样的——如果是成长过程中的50分，下次就可能变成60分，甚至更多；如果是震荡过程中的50分，那下次可能还是在50分上下波动。我们要立足长远，谁笑到最后，谁笑得最甜。

第二句话：说你行，你就行，不行也行

我总结了一下，考前的不良心态有这么几种：一是急，二是等，三是怕，四是混。

一说“急”，这种心态主要表现在中等生身上。这些学生平时学习还行，但是当发现现实与自己的目标还有一段距离，而且高考就快要来临时，就显得有些手忙脚乱，于是改变策略主攻难题。对这些学生，我想说的是，急没有用，越急越乱。就像毛线缠绕在一起，越是着急，越是拼命地拉，越是不行，弄得不好还有可能会变成死结。欲速则不达，与其着急地乱飞乱撞，不如按部就班，立足中档试题，扎实复习。

二说“等”，这种心态主要表现在优等生身上。这类学生平时学习成绩很好，平时考试也都能达到学校划定的本科分数线，甚至是一本分数线，也得到过老师不同程度的表扬。过往的荣誉让这些同学有些懈怠，滋生了准备歇歇的想法，开始等待高考的来临。他们会想，现在不需要再做什么事情了，只要等着高考就行了。对这些学生，我想说的是，分数越多越好，再多也不过分。高考对分数的要求没有上限，你考多少都不过分。再者，学如逆水行舟，不进则退。你现在不学，别人名次上来了，你的位置相对就靠后了。其实，学习需要遵循过度学习的原则。所谓过度学习，简单地说就是：如果你读10遍就能够背出一篇古诗，那么你需要读15遍，争取能把它默写下来。

三说“怕”，这种心态主要表现在学习成绩较差的学生身上。这类学生

很想考上大学，但是成绩不理想，多次考试都没有达线，瞻前顾后，害怕考试时候题目做不出来，害怕高考成绩不理想；面对高考，他们不知道怎么办才好。对这些学生，我想说的是，关键时刻不放弃，绝望就可能变成希望。行百里者半九十，越是到最后越是关键，如同长跑，领先的往往不是最先冲出去的选手，而是最后能够发力的选手。咬紧牙关，保持良好的节奏，相信天道酬勤，你一定能在高考中考出理想的成绩。

四说“混”，这种心态主要表现在差生身上。这类学生可能升学无望，干脆就做一天和尚撞一天钟。对这些学生，我想说的是，你可以不成功，但是不可以不成长。学习的过程是一个目标达成的过程，也是一个磨砺人性的过程。

那么有的同学可能会问，老师，我应该以一种什么样的心态面对高三后期的学习呢？我在这里与大家分享一个小故事。

时至五月，气温逐渐升高，面对天气变热，你会怎么办呢？我想大致有这样三种不同的心态。

第一种心态是“怨天尤人”：天气怎么变得这么热呢？给我带来了很多麻烦，我要做很多的改变，真是讨厌！不少学生可能会有这种心态，甚至逐渐产生烦躁的心理。毫无疑问，这种心态是不正确的。这种心态不仅不利于事情的解决，而且不利于身心健康、不利于自身的发展。以我们学生为例，整天抱怨天气热，就会看什么事情都不顺眼，哪还有心思读书？天气一热，学习就容易停滞不前。我们应该尽量减少因为天气变热给我们带来的影响。

第二种心态是“熬”。这种学生知道不能把时间花在抱怨上面，但是对天气变热也很反感，并且没有办法，毕竟谁也无法改变天气啊。怎么办呢？自认倒霉。他们心想，好在天气热的时间不长，熬一熬就过去了。这种心态比第一种心态要好一点，知道不能被天气左右，不能因为天气热影响正常学习。但是，这种心态仍然对成长不利，因为他们没有直面天气变热的现实，逃避了问题。

第三种心态是“享受”，这也是真正有益的心态。我们要把天气变热当成一个问题加以思考、积极应对。妥善安排好学习和生活的关系，消除其消极影响，为以后处理类似的问题积累经验。这样，就是在炎热的夏天我们也能享受到春日的温暖、秋日的清凉、冬日的温馨。

因为心态不同，所以做题的思维方式、方法也不尽相同，尤其是做一些比较难的题目的时候。

当成绩差的学生拿到难题目的时候，心中就开始打鼓：这道题目我会做吗？我能够做得出来吗？还没有开始做题目就怀疑自己的能力，以至于做题时，耗在难题上的时间比简单题目的时间还要短，怎么能够做出来呢？看完以后，长叹一口气说：“我果然做不来。”然后他们就开始埋怨，先把自己骂一顿：我怎么这么笨呢？然后把老师骂一顿：老师怎么这么差劲，这么重要的题目怎么不讲呢？最后再把父母骂一顿，我的父母怎么这么差呢？如果我的父母是老师就好了，你看人家老师的孩子就是那么聪明。

要是换了成绩好的学生怎么办呢？成绩好的学生遇到难题目其实也不一定都能做出来，客观上说，就是我们老师遇到难题目也不一定都能做出来，但是成绩好的学生心里可能会想：以我的成绩，我一定能把题目做出来。于是，他们就反复推敲，一遍不行两遍，两遍不行就三遍。题目都是有答案的，只要反复推敲就有做出来的可能。而经历这样艰难的过程把题目做出来，他们就能够获得巨大的成就感，这种成就感会支撑他们以更大的精力投入下一次的挑战中去，进而成绩会越来越好。

同学们，人生不如意之事十有八九，没有几个人的人生是一帆风顺的，关键是我们如何应对。在困难面前敢于迎难而上，本身就是对自我的一种挑战，是对人性的一种磨砺。不管结果怎样，至少我们曾经努力，拥有一个美丽的过程，也可以问心无愧。

大家要知道，高考不允许任性，现实是高考要求我们做什么，不是我们想要做什么。我们是学生，也是考生。

作为高三的学生，我们应该知道下面六句话。

第一句：说你行，你就行，不行也行。先有成功的信念，才有成功的行动，继之成功的结果。墨子说过：志不强者智不达。最后100天，无论你还有多少备考缺陷，都要坚信自己有挑战困难的能力，态度决定一切。

第二句：把所有的鸡蛋都放到一个筐里。全身心投入，别考虑后路。

高考是当前唯一的目标，让所有的爱好、担忧、杂念都暂时靠边站。多得分、得高分是现在唯一的追求。大战在即，只能想成功，不能想失败。

第三句：人生如一杯茶，不能苦一辈子，但总要苦一阵子。苦难对于天才是一块垫脚石，对于能干的人是一笔巨大的财富，对于弱者则是一个万丈深渊。困难是我们的恩人，困难能帮助我们打败我们的竞争对手。穿过风雨，阳光才会格外灿烂。面对高考的重重险阻，要有主动去征服它的勇气，而不是被动地摆出受难者的姿态等待怜悯。

第四句：心无旁骛才能走得更远。天才人物往往在许多方面显得极其无能，但能极其专注地把能量聚焦在一个点上。小偷的成功不在于他有多高明的偷窃技术，而在于他天天惦记着目标，天天琢磨着如何踩点，如何设计下手方案，如何有针对性地练习作案技巧。世界上任何事就怕你天天惦记着，再难的事也经不住你长时间的琢磨。

第五句：谎话重复一千遍可能就会成为真理。如果说谎话重复一千遍可能就会成为真理，那么真话最多重复100遍就会在你头脑中生根发芽。克服学习障碍——特别是知识记忆困难的障碍，关键在于重复。遇到学习障碍和难点千万不能急，也不可硬耗工夫，多学几遍，你和那些知识点就是老朋友了。

第六句：脸皮厚，吃个够；脸皮薄，吃不着。要不耻“上”问。有了问题不能积累，要多向老师和学习好的同学请教，也许他们一句话的启发，就能节约你几天的时间。别怕他们笑话你的问题幼稚无知，只要是有利于高考得分的事就值得去做。脸皮厚，吃个够；脸皮薄，吃不着。这可是你们小时候就知道的生活经验。

第三句话：敢于放弃，善于表现

高三后期复习的时间很短，虽然我们不一定能提高能力，但也许可以提高分数。怎么提高分数呢？这就需要我们会考试。

关于考试，我想大家可能会有一个共同的体会，如果试卷当中能够得到的分数不失去，那就没有什么遗憾了。那么怎样让自己能够得到的分数不失去呢？我要对大家说的就是这最后一句话：敢于放弃，善于表现。

“敢于放弃”，说起来大家都懂，但是有些人不一定能做得到。有的同学做题时容易受外界干扰，看到别人做题目做得快，自己就着急；别人一翻试卷就心痛，别人翻一下他就痛一下。而自身“恋战情结”比较严重，不愿意放弃部分试题。这样导致的结果是什么呢？被动放弃。这在综合学科上的表现尤为突出。一般来说，综合学科的考试时间都比较紧张，如果想要把每一题都做出来，那么可能就会没有时间做某些题目。

实际上大家应该很清楚，就是考上国内顶尖学府的学生，也没有考满分。一般来说，680分就可以上清华大学、北京大学，但是大家要明白，680分不是满分，满分是750分，还有70分可以失去——有些分数就是用来失去的。

比较合理的方法是，变“被动放弃”为“主动放弃”。先将所有试题都看一遍，看了以后，一点感觉都没有的就要果断放弃。有些题目得不到分数还是小事，就怕浪费了时间，以至于没有时间做其他试题了。

有些学生会做题，但是做不对；有的学生能够做对，但是做得不规范，得不到满分。这样就导致自己会的题目得不到满分，不会的题目得不到分数。我的建议是，会做的题目要花时间尽量写得规范一些，不会做的题目可以写一些。以我所教授的物理为例，你一旦看到“弹性碰撞”这几个字，我想你就有分数了。为什么呢？将动量守恒定律和能量守恒定律的表达式写出来，一定有分数；还有带电粒子在电场中运动，将侧移量公式和偏转角公式写出来，同样有分数。

有一位老师这样写道：“如果有那么一天，我们不需要经过努力，每个人都能够轻松地进入自己喜爱的大学；如果有那么一天，我们面前不再有任何困难和障碍；如果有那么一天，不需要再为就业而奋斗，所有人都告诉我们，未来从此一片坦途，你们不需要奋斗了——那么，我们这一代人要干什么呢？”

同学们，没有什么事情比在十八岁时奋斗一场更幸福的了！

最后，祝同学们高考成绩理想，前程似锦！

第四节　引导学生树立正确的价值观

如果一个学生把金钱作为人生的终极追求，那么他的学习可能就会误入歧途。教育的根本任务是培养人，培养“有理想、有道德、有文化、有纪律”的合格的社会主义建设者和接班人。班主任应该把学生的人生观、世界观和价值观教育放在教育的首位，重点培养学生分析问题、辨别是非的能力。

一、当前极个别学生价值观存在的问题

我国当代中学生的主流价值观是正确的、积极向上的。然而，由于我国当前处于社会转型期，市场运作的法规和秩序尚不健全，加之各种不良思潮的冲击，极个别学生的价值观向“自我”倾斜，被“金钱”扭曲，出现了“功利化”“多元化”的倾向，主要表现为：

第一，价值观念趋于功利化，重物质利益轻理想。

极少数学生过分看重金钱的重要性，认为金钱虽不是万能的，但没有钱是万万不能的。做一些家务就向父母要钱，考试成绩好向父母要钱，然后用这些钱买高档的服装、饰品等；甚至有极少数学生为了从父母那得到钱，不惜弄虚作假、欺骗父母、唯利是图；也不排除有学生把“挣很多钱”“升官发财”作为人生幸福的标准，把奢侈、享乐作为人生追求的最大目标。

第二，价值主体倾向自我化，重个人利益轻国家集体。

极少数学生比较自我，一心只为自己着想，不肯为班级做事情，有极少数学生甚至不愿做班干部。例如，如果不是自己值日，就事不关己高高挂起，即使班级再脏，也不去打扫。

第三，价值目标短期化，重知识才能轻道德品质。

目前，少数中学生感到自身的价值开始“掉价”，原来理想的花环似乎

成了瞬间的梦幻，对自己的前途感到困惑，纠缠于“我们是为了生活而学习，还是为了学习而生活”。有的人读书是为了今后能挣很多钱，有高的收入，有高档消费和享受，却没有建设家乡、报效祖国的想法。

二、如何应对以上问题

第一，班主任要培养学生分析问题、辨别是非的能力。

中学生是一个特定的社会群体，由于相似的心理特征、生活方式、活动环境等，他们对某些问题表现出共同的关注和热情，这些问题就是中学生的热点问题。例如：有极少数学生将金钱作为一个人的终极追求而忽视了道德修养，为了改变这些学生的观念，我就将自己的亲身经历和同学们分享，告诉同学们：素养与身份无关。在班会上，我是这样说的：

前段时间，学校组织我们到江苏、浙江等地考察学习“新高考走班教学”。我们学习期间走走看看，没有留下太多印象，倒是有两件小事让我印象深刻。

到浙江长兴中学的时候已经是晚上了，我们原本准备第二天到他们学校考察，但是住下以后发现学校与我们住宿地点不远，于是我们决定晚上到学校去看看，顺便了解一下学校学生上自习的情况。

很快，我们来到了学校门口。忽然，我们意识到此时来到学校有些冒失。如果有人问起，我们应该怎么说呢？如果实话实说，很有可能会惊动他们学校的领导，而我们自己也显得很没有礼貌。如果说谎，似乎与为人师表的要求不符合，第二天见面也尴尬。迟疑之间，我们发现有人进入了学校，我们赶紧跟在那人后面混了进去。

哪知道，门卫大爷朝我们走了过来。我们马上意识到了问题的严重性。按照我们学校门卫的做法，一定会拦住我们厉声喝道：“你们是什么人？！到学校干什么？！”当我们手足无措的时候，那门卫却轻声地问道：“你们是来考察的吧？进去以后小点声。”就这样，我们很轻松地进入了长兴中学的校园。门卫一句轻描淡写的话，既履行了他的岗位职责，又不至于让我们难堪。

无独有偶，我们到江苏天一中学的时候，也有一个人说了一句话让我印象深刻，这个人是他们学校的清洁工。当时，我们到他们学校的科技楼参观，因为人多，加上又是到了一个新的环境，大家难免有些议论。

可能是我们的喧哗影响了这里，一位穿着蓝色工作服，衣服上写着“物业”二字的女士走近了我们。一下子，我们马上意识到了什么，校长还挺认真地清了清嗓子，说：“大家小声点！”

殊不知，那位女士还是坚持走到我们中间，首先向我们鞠了一个躬，然后说：“大家好，我是这里的保洁人员。这里是我们学校的科技馆，一共有5层楼，一楼是……”听了这位保洁阿姨的介绍，我一下子蒙了，这完全是专业的“导游”啊。最后，保洁阿姨回到正题：“各位老师，实在不好意思，今天有学生在这里考试，请大家小点声。”

一个是门卫大爷，一个是保洁阿姨，两个人的表现都突破了我的认知。不是我俗气，而是我见过的很多学校的物业人员处事的方式都很简单，有时甚至有些粗暴，而这两个人处理问题的方式都很有艺术，完全不输给任何一个人。

后来，我去理发，将故事说给洗头的阿姨听，阿姨的回答也很艺术，说：“前几天，我看到一篇文章，说一个开奥迪车的人到加油站加油时偷了加油站一瓶水；一个农民工到银行ATM机取钱，脱掉鞋子以后才进去取。”

原来，仓廪实未必知礼节，知荣辱未必衣食足。素养，与岗位、金钱无关。

第二，班主任要用辩证的观点引导学生走出思维误区。

由于青少年知识的局限性和认识问题的片面性，部分青少年会存在思想认识上的混乱和错觉，班主任应该用纵横两方面的辩证对比，引导学生走出思想认识的误区。

我的一个学生名叫小小，有一次期中考试物理只考了40分，我就将小小同学找到办公室了解情况。没有想到，我还没有说话，小小同学就开始哭泣起来。

小小同学抽抽噎噎地说道：“我就是不服，为什么我那么努力也只考了40分。”

看着小小同学伤心的样子，听着小小同学说的话，我意识到小小同学话中有话。我一查成绩表，班上果然还有一位同学也考了40分，是军军同学。

军军是出了名的懒虫，很少完成老师布置的作业。有一次，我发现他把英语作业本交到我这里来了，我开始还以为是他交错了，就没有追究，随手将他的作业本还给他了。没有想到的是，其他学科的老师也反映军军经常将作业交错。原来，军军是用这种方式来逃避写作业。

对于这样的学生，我只能降低要求，首先要求他品行端正。但是小小同学却不一样，她是一位非常认真的同学，特别是上学期期末考试物理成绩考得不理想以后，她就更加努力了。小小经常追着我问题目，如果我不在办公室，她还会留下一个便条，写上要问的题目，注明自己哪里不懂，搞得我这个老师不认真回答都不好意思。

现在小小同学居然和军军同学考了一样的成绩。说实话，我也为小小同学感到不公平，我马上调来两位同学的试卷进行比较。

物理试卷有三大题型：选择题、实验题和计算题。选择题40分，军军同学得了28分，小小同学得了24分；实验题20分，军军同学得了8分，小小同学得了4分；计算题40分，军军同学得了4分，小小同学得了12分。

再仔细一看，军军同学的计算题只写了一题，列了几个公式，得了4分。小小同学每道题目都写了，但是因为结果不正确，也是得了部分分数，加在一起是12分。

军军同学的40分和小小同学的40分是不一样的，小小同学的40分是成长中的40分，而军军同学的40分是正常发挥的40分；从发展的角度来看，小小同学经过一段时间的努力以后，就会持续上升，而军军同学可能还需要很长一段时间的努力才能够上升，毕竟量变到质变的过程不同。

我将这些告诉小小同学，小小同学马上破涕为笑道：“40分与40分确实是不一样的。老师，我会继续努力的。”

第三，班主任要帮助学生解开疑点，引导学生走好人生之路。

学习—认识—实践，要使学生实现由“知”到“行”的飞跃，一个重要环节就是“信”。有些学生对思想教育内容的科学性持怀疑态度，甚至产生逆反心理，认为班主任举的例子都是唱高调，书中的道理很遥远。这就需要班主任认真分析学生产生这种心理的原因，然后再找出切实可行的解决办法，将话说到学生心里。

有一次，我与小程同学聊天，无意中谈到某某同学成绩提高得很快，小程很不屑地说："当然了，他那么用功。"

"当然了，他那么用功。"简单的8个字表达的含义却很丰富：一方面，成绩与用功相连，学习用功学习成绩自然会提高；另一方面，我不愿意用功，用功不是什么好办法。小程的这种心态反映了相当一部分同学的心态。我们同学们认为最理想的状态是，不需要怎么努力也可以出成绩。简单地说，就是少用功、多得分。

很显然，这是不切实际的。一分耕耘一分收获，只有在学习上投入时间了，才会有回报，没有人可以不用学习就可以直接提高学习成绩。任何知识都需要自己去获取，没有人可以随随便便成功。

说到这里，小程说，我不是不想努力，而是害怕努力以后没有收获。

小程说的是实情。不少同学都有这样的想法，不努力没有取得成绩还不算什么，如果努力以后还没有回报，那就不好了。究其本质，还是面子问题，是学习以外的问题。

作为学生，学习应该是首要任务，是放在第一位的事情。源自学习上的快乐应该是最大的快乐，源自学习上的面子应该是最大的面子，绝不能因为面子而耽误学习。

我要求小程第二天早上六点钟就起床，体验一下早起。小程出于本能地"啊"了一声。言外之意，太早了，怎么受得了。

真的受不了吗？是主观上的还是客观上的？自己早点起来试试。莫道君行早，更有早行人。相比较以后的前途命运，目前吃点苦算什么呢？年轻时候吃点苦不算苦，年纪大了吃苦才是真的苦，年轻人应该以吃苦为荣。

天道酬勤，其实勤奋是最好的办法。突然间，我想到一句话：聪明人之所以聪明，是因为他们总是选择比较笨的办法，笨人之所以笨是因为他们总是试图选择比较聪明的办法。

第四，班主任要学会设计活动，让学生在体验中成长。

说教有时候是苍白的，相较于说教，开展一些主题鲜明的活动对学生的教育意义可能更大。

我工作的学校是一所全寄宿制高中，学生都在学校住宿，一个月才回家一次。因此，班主任每晚都会到学生宿舍检查学生的就寝情况。

一天，刚熄灯不久，我从本班学生的宿舍楼楼道经过，发现一个宿舍有些异常。别的宿舍门缝里都会透出从对面窗户反射过来的月光，而这个宿舍门缝里一点亮光都没有。我贴近门缝仔细看，什么都看不见。根据经验，我猜测是学生用黑布遮住了宿舍门，这些学生十有八九是在宿舍里面做些“小动作”。

果然，过了十多分钟我再回来的时候，这个宿舍炸开了锅。我刚走到走廊就听到了唱歌声、欢笑声，仔细一听，这是他们在为某个同学庆祝生日。

对于晚上熄灯以后还一起过生日的行为，我估计很多班主任都很反感，我的第一反应是要冲进去把这些学生好好地骂一顿。但是转念一想，如果我直接冲进去，也许能够表达我对这件事情的看法，但是学生不一定能够接受，也就谈不上会有什么好的教育效果了。想到这里，我耐着性子，在宿舍门口一边听里面的动静，一边想着怎样妥善处理此事。就这样，我在门外站了一个多小时。到12点半的时候，学生已经闹得差不多准备睡觉了。我敲门进了宿舍，学生们很惊讶，但是我没有骂学生，更没有打学生，而是心平气和地对学生说了下面两段话：

“你们不在父母身边，过生日的时候选择和同学一起庆祝一下也无可厚非，但是不能破坏正常的就寝纪律。如果我像你们一样随心所欲，那我早就进来把你们骂一顿了。我在门外等了一个多小时，就是为了用文明的方式来告诉你们，你们的这种做法是不文明的。

“让我非常难过的是，我在宿舍外面听了一个多小时，没有听到一个同学说到父母。儿的生日娘的难日，你们只想到自己，却没有想到父母。我今天不罚你们，但是我要布置一项作业，你们要认真想想，以后生日怎么过才能更有意义？”

说完这两段话，我就离开了。临走之前，我还不忘祝那位同学生日快乐。

第二天，那位过生日的同学找到我，他说他们认真思考了我昨天晚上说的话，并且准备就如何过生日策划一个活动。活动名字都想好了——“母亲才是生日的主角”，要求每个同学过生日的时候为母亲做一件事情。

听了这位同学的想法，我眼前一亮。以前我们班主任总是强行要求学生不要在学校过生日，但是生日是一个人无法绕过去的时间节点，尤其是对于这些住校的学生。那么问题来了，怎么才能够让学生既不影响正常的教学秩序，又能过一个有意义的生日呢？我一直纠结于这个问题。现在这位同学这么一说，我马上意识到这是一个好主意。

我们以班委会的名义在班上发出倡议，倡议同学们在自己生日的这一天为母亲做一件事。例如，当面问候母亲或给母亲打个电话，说一声“妈妈，我爱你”；或亲手制作一个小礼物，给妈妈一个拥抱……我们还设计了一个表格，每个学生的生日日期由学生自己填写，由班长登记生日这一天你为妈妈做了什么。

原本我还担心学生们不愿意参与这个活动，还要求他们登记了妈妈的电话号码，以便了解具体情况。后来，我发现我的担心是多余的，学生在生日当天都为母亲精心准备了礼物。这些礼物不但有我们倡议的内容，还有给母亲写信，为母亲制作音乐视频，委托他人送上惊喜，等等，更有为父亲等其他亲人送上祝福的。

事后，不少母亲都说，这么多年第一次在孩子生日这天收到了孩子送给她的礼物，孩子真的长大了、懂事了……每当听到这些话，我和家长一样感到很幸福，我为自己的安排感到自豪，更为学生的成长感到欣慰。

总之，班主任要引导学生树立正确的人生观和价值观，必须从学生的认识实际出发，解决好学生的思想疑点、难点，教育学生用辩证的观点看问题，坚定学生的政治立场和方向，提高学生的“免疫能力”，做到知行统一，才能在实际中见成效。

第三章　学高为师，身正为范

教育其实很简单，就是班主任先让自己善良起来、快乐起来、健康起来、阳光起来、高贵起来，然后再去感染学生、带动学生，让学生也善良、快乐、健康、阳光、高贵。现在最大的问题是，班主任缺乏的，却要让学生拥有。这岂非缘木求鱼?

一名班主任必须从自身做起，不断地修炼自我、提升自我，努力使自己成为一棵挺拔的大树，一朵灵动的白云，拥有高尚的灵魂。只有这样，才能撼得动另一棵树，推得动另一朵云，唤得醒另一个灵魂。

第一节　教师崇高的品德是对学生无形的影响

苏联教育家乌申斯基说过："在教育过程中，一切都应当建立在教师的人格基础上，因为只有从教师的人格的活的源泉中才能涌现教育的力量。"因为教师身上体现出来的精神，表现出来的优秀品质，是任何教科书，任何箴言，任何奖励制度都不能代替的教育力量。

一、从班主任收礼说起：有一种财富叫声誉

我刚当班主任的时候，遇到过这样一件事：一位已经毕业的学生，他的家长带孩子专程到学校给孩子曾经的班主任送礼，那位班主任坚决不愿意接受。后来，我和那位班主任聊起这件事时，他是这么说的："我对收礼约法三章：不主动索要；学生家庭经济状况不好，不收其礼；学生因犯错误而送礼，亦不收其礼。"我当时深以为然，但后来发生的两件事情坚定了我不收学生家长礼物的决心。

第一件事情是一个学生的退学。前几年，我教的一个学生要退学，我问他什么原因，他说："我们班班主任德行太差，这样的班主任，不要说把我教好了，还可能会把我带坏。"原来，刚开学的时候，他爸爸从工地上赶到学校来，他爸爸当时衣衫褴褛。班主任看到他的爸爸以后表现得很不屑，甚至将这种不屑直接转移到他的身上，把他的座位安排在教室的角落里。这样的安排原本也没有什么，但是后来，他爸爸换上行头，亮出包工头身份，送上礼，班主任立即把他安排到教室的黄金位置。这一切，学生都看得清清楚楚。那学生对我说："老师，我就觉得你好一点，不是因为你教书好，而是因为你德行好。"

我当时没有引起足够的重视，没有当成反面教材自我教育。但是班主任做得委婉，学生就不知道吗？第二件事情就能够说明这个问题。

前不久，有两个女学生到教师办公室找物理老师问题目，发现自己的老师不在，刚好我又是教物理的，我就替她们解答了。讲解结束后，我们就随便聊了起来。因为我自己喜欢班主任工作，所以就问两个学生："你们认为当班主任应该具备的最重要的品质是什么？""公平！"两位学生脱口而出，并且是不约而同。经过仔细了解，原来是两个学生认为自己的班主任对有些学生关照太多，至于深层次的原因两位学生用了一个流行语"你懂的"来回答我。确实，我应该懂。学生是很聪明的，对"公平"也是很敏感的，班主任的一举一动，学生都看在眼里，记在心里。

很多班主任并没有意识到收礼的危害有多大。从这两件事情来看，班主任是否收礼，成了衡量班主任师德的关键标准之一，成了影响班主任形象好坏的一个极其重要的因素。

从家长的角度来说，家长送礼的初衷未必都是尊重班主任，更多是希望班主任对自己的孩子有所关照。家长当中有些人将社会上的一套用于班主任身上，给钱办事，简单交易。有一个家长就这样说过："如果我的孩子上不了'一本'，那么他们班主任将没办法给我一个交代。"很明显，这是交易，不是尊重。孩子跟你读书，就送礼给你，对你客气一点；孩子不跟你读书了，交易结束，见面遇到，形同陌路。

我一直认为，我所在的小城市和我小时候居住的村子差不多，大家都是乡里乡亲的，低头不见抬头见。我们是在为邻居培养孩子，情感、声誉比金钱更重要，没有必要为了那点礼而跌份，丧失了一个教师应有的尊严。不说别的，就是退休以后走在街上，学生或家长见到你视而不见，我估计你也有点难过。相反，如果学生或家长能够从街对面大声喊一声“老师好”，甚至走过来跟你握握手，那又何尝不是一种幸福？

所以，我想说，有一种财富叫声誉。

二、当班主任的动机需要端正

记得我大学申请入党的时候，党支部书记反复问我入党的动机是什么。很明显，入党动机很重要，不同的动机就会有不一样的行为。其实，当班主任的动机也很重要。

我们不能因为在教书之外闲着没事干而当班主任。前段时间，我与一位50岁左右的班主任聊天，谈到当班主任的事情，我问他：“这一届带结束了，你还当班主任吗？”这位班主任看我问得真诚，回答得也坦然：“不当班主任干什么呢？一天两节课上完了就回家？太闲了。”这位班主任说的是心里话，年纪大一些的班主任，自己的孩子已经上了大学，家里没有多少烦心的事情，上课轻车熟路，备课也不费多少力气。如果没有什么别的爱好，那么在时间上占有绝对的优势，处于一种半退休状态。但是，如果仅仅是为了填满时间、给自己找点事情做而当班主任，就很容易满足于现状，缺少激情，缺少创新，从而有可能影响到所带的学生。

我们也不能因为想得到学校认可而当班主任。有这种想法的，多是一些年轻教师。一些年轻教师刚刚走上工作岗位，希望通过出色的班主任工作而得到学校的认可。以我自己为例，我刚走上工作岗位就申请当班主任，并且很珍惜当班主任的机会，严格按照学校的要求来管理学生。当时我就与一位同事表达了自己的担心：“如果干不好，就是提前证明了我的无能。我一定要干好。”但是这样下来，自己很累，学生也很辛苦。因为我都是按照学校的要求在做，而学校的要求又很多，所有的部门都可以管班主任，哪怕是会计室发一个信息说要收钱，班主任都要不遗余力。而且以学校的要求为中心，可能就容易忽视学生的主观感受，学生的主体性难以得到体现。

我们更不能因为想赚钱而当班主任。人到中年，该认可的也认可了，不能认可的也不在乎了。赚点钱，培养培养自己的孩子吧，这可能是不少中年教师的心态。现在家长对孩子读书比较重视，逢年过节不少家长会给老师送礼，当个班主任总有点“实惠”吧！如果抱着这样的想法去当班主任，那就麻烦了。不仅会害了学生，自己的形象也丢掉了。现在的学生很聪明，也很敏感，班主任的一言一行，学生都看在眼里、记在心里。不要以为自己的一点小聪明能够瞒过学生，学生心里像明镜一样，班主任对哪个同学好，哪个班主任又对他好，他们会有自己的判断。

那么当班主任的动机应该是什么呢？我个人认为，允许有这样或者那样的当班主任的动机，但是最重要的也是必须要有的一个动机，那就是为了学生。希望学生因为我这个班主任的影响，收获更加幸福的人生。

三、很多，与技巧无关

时下，针对班主任的培训有很多：有教育行政部门举办的研讨会，也有民间举办的报告会，还有班主任自发组织的沙龙，等等。走进这些培训，主题大多是如何提高班主任的工作能力。实际上，相较于班主任工作的方式方法，我认为更应该加强班主任的道德素质建设。

必须承认，再发达的科技也不能诠释一切未知之谜，再先进的理论也不能指导一切工作，再科学的方法也不能解决一切问题，唯有良好的精神能够约束人的行为，能够影响人、改变人。教育是什么？教育是影响下一代的精神，是让下一代有善良、勇敢、坚毅的精神品质。班主任的工作就是把自己的所信、所想、所为，不断地身体力行地影响学生。

班主任与学生朝夕相处，如同家人，不能仅靠技巧来与学生交往。学生自从上学以后，在学校的时间就超过在家庭以及其他任何地方的时间。尤其是寄宿制学校，班主任与学生相处的时间远远超过家长与学生相处的时间。人与人长时间地相处，仅仅靠技巧显然是不够的。也许，一开始建立印象需要技巧，写一封信、记住姓名或者是见面第一天开的充满魅力的班会课，都可以为班主任的印象加分，但是时间久了，这些可能会慢慢褪色。短期交往也许需要技巧，而长期交往需要的则是真诚。你对学生好不好，是不是真心，你自己心里明白，学生心里也有数，绝不是一两次的问好、一两次的作秀就能够应付的。

我遇到过这样一个学生，平时成绩很差，临近高考，不想报名考试了。面对这样的学生，班主任应该怎么处理呢？是顺水推舟，还是刻意挽留？如果顺水推舟，好处很明显，顺了学生的意，班级整体的平均分、录取率可能都会上升；如果刻意挽留，坏处也很明显，学生不一定理解，班级整体的平均分、录取率可能还会下降，但是学生却获得人生难得的一次历练，为以后上大学保留可能。在两种不同的处理方式面前，我选择了挽留。结果，学生高考总分考了188分，班级各科成绩也因为他降到全校中等水平，学生自己也很失落，等到填志愿的时候都不愿意到学校来。实际上，他也确实填不了什么学校，那一年专科的最低录取线是200分。等到专科降低20分征集志愿时候，我打电话给他，告诉他可以填专科，他和他的家人都很诧异，也很高兴，于是填了一所专科学校，最终被录取。多年以后，学生找到我说，幸亏当年我坚持让他参加高考，并提供信息让他填报志愿，不然他就和他爸爸一样当瓦匠去了，现在也不会在省城工作、成家了。

回头想来，处理这个学生的问题其实很简单，不需要任何的技巧，关键是要为学生着想。班主任工作是一项培养人的工作，需要有“成人达己”的精神，而不能一味追求个人利益。如果一个班主任工作的出发点是为了自己，那么当自己的利益与学生的利益发生冲突时，就极有可能选择牺牲学生的利益来成全自己。如果一个班主任老是盯着高考成绩，想着高考奖金，很难想象他会去关注那些通过艰苦卓绝的努力都难以达线的学生。这样的班主任心中想的是自己，注重的是学校对自己的考评，究其本质是追求个人利益，纵然有些成绩，也是难以形成穿透岁月的教育力量，历久弥新。

雅斯贝尔斯在《什么是教育》中这样理解教育：“教育的本质意味着：一棵树摇动另一棵树，一朵云推动另一朵云，一个灵魂唤醒另一个灵魂。”

教育应该是“用生命栽培生命”，“用生命影响生命”的过程，班主任应具备崇高的思想道德品质，时时处处为学生着想，用良好的生命状态带给学生积极的影响。

四、老师，你凭什么让学生爱你

到了期末的时候，许多学校会安排学生“评教”，即学生评价自己的各科任课教师。一般都是给每个学生发一张调查表，让学生给老师打分。这样的安排出发点是好的，但是如果运用不当，就容易招致老师的反感。这不，李老师发现学生对他的满意率普遍不高时，就显得很不高兴。

他首先到学校教务处查原始的调查表。经过认真分析，他发现他所带的两个班的学生对他的满意率都比较低，其中一班的满意率最低，50%还不到，然后就到一班大发雷霆，对学生恶语相向，骂学生是“白眼狼”，不知道感恩。最后，还向学校要求下学期不带一班的课了。

对于这样的老师，我有些无语。自己的满意率不高，不从自身出发来寻找问题，反而怪学生。我想问问这位老师，为什么学生对别的老师的满意率比较高，而对你的满意率比较低呢？同一个学生对老师的评价标准应该是相同的，为什么学生对有些老师的满意率高，对有些老师满意率低呢？其中的原因简单得不能再简单。

我更想问问这位老师，你凭什么让学生爱你？姑且不说你教学水平高不高，单是你发现满意率偏低以后的表现也没有办法让学生爱你。

你凭什么骂学生？学生“评教”是学校安排的一项活动，学生参与是必须的，学生说真话也是应该的。如果学生把所有的老师的满意率都写成100%，那“评教”又有什么意义呢？“评教”活动的目的之一就是让老师意识到自己的问题，然后有针对性地加以改正，从而让老师的教学精益求精。从这个意义上说，学生的做法是对的，没有任何问题。

再者，你凭什么说不带他们班的课了？教书不好还有资格说不带课吗？说得不客气一点，教书不好，应该停课反省。作为一个老师，因为学生对自己的满意度不高，就记恨学生，甚至在行动上采取措施，师德何在？如果这样的人在古代当了皇帝，岂不是要把像魏征那样的忠臣杀个精光？

最后，我想问问，你把学生放在哪里？作为一个教师，教书育人是根本职责。老师应该以培养人为根本目标，如果将学生培养成才就感到高兴，如果误人子弟就应该感到伤悲。可是你呢？还在维护自己那最后的尊严。殊不知，越是这样越丢掉了教师的尊严。教师的尊严从来不是一种自我感觉，更多的应该是学生对老师的认可。

学高为师，身正为范。作为一个老师，只有自己学高识广、品行高尚，才能赢得学生的认可与满意，而不是简单地引导甚至打压，那样只会适得其反。

五、信息化时代，我们拿什么影响学生

现在到了信息化时代，许多问题只要上网百度一下就有答案了。说得不客气一点，老师知道的，学生一般都知道；学生知道的，老师不一定知道。在传统的知识权威被瓦解的形势下，今天的班主任应该靠什么来影响学生呢？

我认为，靠的是在对学生无私奉献的过程中表现出来的无功利色彩，能够打动人心的情感。作为班主任，要把以学生为中心作为教育行为的出发点和落脚点，切忌从自身利益出发，应该时刻把学生放在心上，时时、处处都为学生着想，纵然在表达的方式上有所欠缺，学生也应该能够理解和接受。

我认为，要想影响学生，靠的是在对教育规律不断探索的过程中形成的独有的具有发现、预见、改变学生的技能。教育的根本任务是培养人、发展人，班主任作为专业技术人员，必然要具有判断、识别人的能力。班主任要能够发现学生的个性、兴趣、需求，通过初步预见学生的未来发展趋势，设计适合学生的发展路线，进而帮助学生成长、成人、成才。

我认为，要想影响学生，靠的是在对教育事业执着追求的过程中所表现出来的主流的、被广泛认可的人格魅力。班主任个人的身体力行就是一门隐形的课程，会时刻影响、感染、陶冶学生的情感和心智。一名班主任

必须从自身做起，不断地修炼自我、提升自我。

为师者，只有做好人师，才能让教育具有穿透岁月的力量，才能赢得学生历久弥新的尊敬。无论学生当下的表现多么不尽如人意，无论他将来走哪条路，能够在他的心里种下一颗希望的种子的人，都是伟大而可敬的。

第二节 规范的言行，是有形的影响

当下由于行政班级的管理体制，班主任对班级的管理权限很大。班级的事务很多都是班主任说了算，如果班主任不谨言慎行，有可能导致班主任工作的随意性很大。其实，任何行业都有属于自己的职业规范，教师行业也不例外，作为班主任也需要规范自己的言行。

一、别让相遇尴尬

如果有学生迎面走来，非常热情地喊您一声“老师好！”，我想您一定会很高兴。但是，有一次，我遇到这样的情形却高兴不起来，因为我不记得这位学生了。

事情就发生在暑假，地点在我们当地驾校的训练场上。早上，我刚将摩托车停稳，转身用目光环视全场，找平常训练我们的教练。正当我张望的时候，我的眼前突然出现了一个人，很年轻、很阳光。应该是新学员，这是我的第一感觉。但是马上就发现这种感觉不对，因为他径直朝我走来，还不断地挥手，口里似乎还在喊：“徐老师好，徐老师好……”我一下子有些恍惚了。这是我的学生吗？我教过这样的学生吗？出于职业习惯，我回应了一句：“你好。”并走上前去和他握手。

“老师，您还认识我吗？”这位学生一下子就戳到了我的痛处。我想了很长时间也没有想出来，不好意思地抓抓头，说了一声抱歉。

“我是2015届的，您当时还教导我说，你可以不成功，但是不可以不成长。”这位学生一脸兴奋，看样子他对我的印象还不错，还记得我当年说过的话。但是，我对他没有印象。于是我弱弱地问了一句：“你是2015届哪个班的呢?”

“文科班啊！您那一届就带我们一个文科班!”原来是文科班的，怪不得没有印象。我是教物理的，理科班的物理是主课，文科班物理只是副课，一个文科班一个星期只有一节物理课，难怪我对他没有印象。

当学生知道这一切的时候，我发现他明显有些失望，原本掏出手机准备留下联系方式，后来只好将手机放回口袋。

看着学生远去的身影，我陷入了沉思。对于我来说，不记得一个学生似乎很正常，不记得交往的细节更是没有任何错误。但是，学生不一样，他仰视着老师，将老师的话当作座右铭来指导人生。这样的相遇，对学生来说，就是伤害。

想到这里，我赶紧跑上前去，追上那位同学，诚恳地向他道歉，并和他交换了手机号码。我想，也许我以前做得不够好，但是接下来的时间，我要化解这种尴尬，至少不能再因为我而在这位学生的脑海里留下不良的印象。

二、老师，请优化你的表达

“不行，你这检讨写得太简单了，回去重写!”

中午，我在被屏风隔断的教师办公室睡午觉，忽然被一个声音给惊醒了。睁眼一看，发现是陈老师和一个学生站在办公室门口，陈老师手中拿着一张纸，不断地用这张纸敲打学生的头。

相较于老师强大的气场，学生显得很怯懦，弱弱地问：“老师，那检讨该怎么写呢?”

“写到我满意为止!”陈老师厉声喝道。

听完这些，我睡意全无，起身坐起。可能是我起身发出的声音被陈老师察觉，陈老师才知道还有一个人在办公室睡午觉，一下子有点不自在。陈老师对那个学生说：“你快回去重写，过会交给我!”

毫无疑问，陈老师对自己的处理方式有些不满意，我也没有必要以师者的口吻去评判或者指责，只是淡淡地笑了笑。实际上，这也不是我第一次在学校碰到类似的事情了。

有一次，我值夜班，晚自习在教学楼巡查，发现一个学生在教室外面站着。我就问他是怎么回事，学生回答说是班主任罚的。而被罚的原因也很简单，就是他们班主任发试卷的时候，他表现出了厌烦的情绪。当我劝他们班主任让学生回去的时候，班主任竟然说："不急，等我气消了，自然让他进去。"

我们常说要以生为本，这两位老师的做法明显是以师为本，以班主任的心情舒畅为标准。如果我不熟悉这两位班主任，我一定会指责他们，指责他们连基本的以生为本的准则都不知道，但是作为与他们相处多年的同事，我很了解这两位班主任。两位教师都很负责任，业绩也很突出，别的不说，单就是中午不休息、晚自习来考试，就不得不说他们很敬业了。他们需要改进的就是优化自己的言行，学会更好地表达。

人际交往的过程中往往呈现出这样一个特点：越陌生，越客气、礼貌；越亲密，反而越肆无忌惮，越随心所欲，常常不自觉地语气不好，因为知道对方永远都不会责怪自己。我们班主任可能就是这样，长时间与学生在一起，往往忽视了表达爱的方式。

当我把这些想法告诉陈老师的时候，陈老师有些惊讶，我的言语似乎也说到了他的心坎上。他说班主任工作太烦琐了，现在他已经没有太多的精力想着如何去表达更为合适，更多的是采取目标管理法，只要学生能够达到目标就可以了。

等到那个学生再次送来检讨的时候，陈老师请那位学生坐了下来，并且给他倒了一杯水，原原本本地说出了自己这样做的意图，目的很简单，就是要学生能够长记性。毕竟是优秀的教师，陈老师转变得很快，最后还不忘提醒学生理解、配合。或许是陈老师的做法与以往不同，或许是那位学生真的理解了老师的苦心，那位同学离开时，可以明显地看到眼泪在他眼睛里打转。

三、家长与孩子应该聊什么

我的女儿读小学的时候，上学放学需要接送，所以我能够看到各种不同的接送场景，其中一对母女的对话给我留下了深刻的印象：

妈妈：“今天在学校怎么样？”

孩子：“没怎么样！”

妈妈：“老师有没有表扬你啊？”

孩子：“没有。”

妈妈：“那表扬谁了？”

孩子：“表扬班长了。”

妈妈：“为什么表扬班长啊？”

孩子：“因为班长的作业全对了。”

妈妈：“那你的作业为什么没有全对啊？”

孩子无语了。

有人说，不谈学习，母慈子孝，连搂带抱；一谈学习，鸡飞狗跳，呜嗷喊叫，路人耻笑，邻居不能睡觉。家长与孩子之间到底应该聊一些什么呢？难道除了成绩以外就没有别的可以聊了吗？

我查阅相关教育资料后发现，美国加州的家长一般不辅导孩子功课，而是和孩子聊四个问题：一是学校有什么好事发生，主要是为了了解孩子的价值观；二是孩子自己有什么好的表现，主要是做一种正面的引导；三是孩子今天有什么收获，主要是为了巩固所学；四是需要爸爸妈妈做什么，利于分清楚责任。

从美国的家长和孩子所聊的内容来看，美国家长关注更多的不是孩子的学习，而是孩子的思想状况，他们会问学校发生的好事，以此来了解孩子的思想状况；同时，美国家长不仅关注孩子本身，也关注自己的责任，他们会问孩子需要自己做什么，以此确定如何作为。我倒不是崇洋媚外，但是看到美国家长的四个问题，我认为我们有些家长在思想观念上可能需要做一些改变。

我作为一个教师，也在不断追求有效地教育孩子。我自己在放学的时候和孩子聊什么呢？聊钱。我和孩子有个约定，就是每次她的作业得到一朵红花或者测验得了100分的时候，就给她支配5块钱的权利。所以，每当我接孩子的时候，我就和她聊钱，问她得了多少钱，怎么得的，打算怎么花？一直以来，我还沾沾自喜，觉得自己发明了一个好方法。认真反思，我仍然只是关注孩子的学习，只不过是换了一种方式，较为隐蔽一点而已。客观上说，家长是不应该将学习作为与孩子交流的唯一内容的，因为极端的重视可能会产生极端的后果。

我自己有一个学生，看起来文文静静、瘦瘦弱弱的，有点林黛玉的感觉。但就是这样一个女生，竟然有一天把家里砸得一团糟。原因也很简单，她每天回家后，她妈妈都问她的成绩。而那一阶段她的成绩直线下降。据她自己说，她当时已经很痛苦了，而她妈妈还要在伤口上撒盐，叫她情何以堪。

想到这些，我不禁有些发颤。可是另外一对母子的对话又让我找到了答案。

妈妈：你爸晚上不在家，我们去外面吃饭怎么样？

孩子：爸爸又不在家啊？

妈妈：你爸出差很辛苦，晚上你给他打个电话吧？

孩子：好。

妈妈：你想到哪里吃饭？

孩子：我要吃西餐。

妈妈：好啊。西餐不错。你打算点一些什么？

孩子：不能点多了，上次就点多了没有吃完。

……

孩子也是独立的个体，家长与孩子之间的聊天其实就是两个人之间的聊天。

四、有些话换个场合说更好

只有走进学生的心里，才有可能解决学生的心理问题。想要走进学生心里，便少不了与学生沟通、交流。班主任一般都选择办公室作为与学生谈话的地点。其实，有些话换个场合说更好。

有些话在宿舍说更好。学校通报我班的宿舍纪律不好，我没有按照大多数班主任的做法，到班上狠狠地教训学生，而是到政教处查清楚是哪个宿舍什么时间段做了什么事情。后来，我了解到是男生宿舍某寝室晚上熄灯后还在讲话。于是，我利用晚上就寝前的一段时间到该寝室开了一个简短的会。既没有耽误其他同学的时间，也没有狠狠地批评学生，取得了良好的教育效果。

有些话在路上说更好。小操同学学习一直很用功，但是成绩不理想，属于那种付出很多却收获很少的同学。我一直想找个机会和小操同学聊一聊，但是又怕在办公室聊天会让小操同学有心理负担。于是，我就安排了一次“美丽的邂逅”。一天，我故意延迟了去吃饭的时间，待小操拿饭缸到食堂打饭时，我就从后面跟上，和他一起边走边聊，不经意间解开了小操的心结。后来，小操对我一直很信任，我们成了无话不谈的好朋友。

有些话写信说更好。小李同学是个女生，平时穿衣服不太注意，身体裸露的部分较多。我作为一名男班主任，与她当面交流显得有些尴尬，于是，我选择了书信交流。我递给她一封信，信上主要写了这些内容：天气热，解开一粒扣子，是美；解开两粒扣子，可以理解；但是解开三粒扣子，在男生看来就有些奇怪，至于女生……我想你应该懂的。后来，如我所愿，小李同学穿衣得体许多。

有些话在电话中说更好。小为同学的学习自觉性较差，我担心他放寒假回家以后不能完成寒假作业。怎么办呢？我几经考虑，选择在他放假回家后给他打电话表达我的担心与期望。放假两天后的一个晚上，我打电话给小为，问他在干什么，小为有些支支吾吾，我很平静地告诉他：老师已经料到你可能不会做作业，你在老师心中是一个很好的学生，老师相信你会安排好你寒假的生活，认真完成作业的，希望你度过一个充实而有意义的寒假。后来，我通过小为父母的反馈了解到，小为像变了一个人似的，努力地完成了寒假作业。

有些话到学生家里说更好。小许上网成瘾，最后发展到晚上翻墙外出上网。一次，小许又翻墙外出上网，被学校政教处老师发现，要求小许停课反省。其间，我主动到小许家中与小许交流。小许见我来到他的家中，有些意外。就在小许的这种感动中，我与小许进行了长时间的交谈。小许回校后，上网次数明显减少。

有些话在操场上说更好。小涛同学的父母闹离婚，他的情绪很低落。于是，我把谈话的地点选在操场，时间选在晚自习下课以后。我和小涛一边散步一边聊天，在昏暗的灯光下，在朦胧的夜色中，小涛将自己的烦恼和盘托出，我也说出了自己的看法。真诚的交流让小涛放下了包袱，再次阳光地面对生活。

有些话在病房里说更好。学生生病住院，班主任一般都是电话慰问。但是，常规的做法未必就是最好的做法，有时亲自到病房去探望学生效果可能更好。有一次，小鹏同学生病住院了，很巧的是，我的姑姑当时也生病住院了，并且他们俩住在一个医院里，我去看姑姑的时候，顺便看了一下小鹏，小鹏和小鹏的父母都很感动。

其实，与学生谈话是一种很重要的教育形式，我们班主任要注意的是，任何事物的形式都不是目的，有效地解决问题才是我们最终的目的。我们要立足于学生的实际需要，巧妙地选择谈话的地点，采用学生喜闻乐见的方式开展谈心活动，引导学生正确地认识发生在他们周围的事情，帮助学生树立正确的人生观、价值观，促进学生健康、快乐成长。

五、好班主任不抱怨

抱怨，往往会成为一个班主任二次成长的致命杀手。很多班主任都是这样，刚开始走上工作岗位时，一切都是新鲜的，没有抱怨，只有梦想与激情，容易出成绩。可是工作上三至五年，班主任能够站稳讲台，管理好班级，对教学环境和教学业务已经基本熟悉之后，其注意力就容易转移到工作以外的地方，可能会发现自己的付出与收获往往不成正比，此时就容易心里不平衡，抱怨就由此而来，精力也因此分散，专业发展开始停滞。

抱怨从来不是解决问题的好方法，除了能够表达自己的态度以外，没有任何积极意义，对于解决问题更是不利。姑且不说抱怨的内容，单就抱怨这种方式而论，就容易招人反感，从情感上容易站到问题的对立面，丧失对问题基本的理性判断。客观上说，反映问题的方法有很多种，比起抱怨，选择一个大家都乐于接受的方式可能更有利于问题的解决。毕竟，很少有人会喜欢一个经常抱怨的人。

班主任的本职就是教书育人，应该是以培养人、教育人为人生目标和人生乐趣，不应该过多地关注学生以外的财富、地位和荣誉。相较于学生的肯定和赞美，这些可能真的没有那么重要。更重要的是，教师作为人类灵魂的工程师，承担着教书育人的使命，需要帮助学生树立正确的人生观、世界观和价值观。如果班主任自己都不能正确看待周围发生的一切，又怎么去引导学生呢？要教书育人，也要教书育己。

抱怨，人人都会，却无法改变现实。共勉之所以好过抱怨，在于它既鼓励了自己，又勉励了大家。与其抱怨，不如共勉。

六、让大美教师从“心”生长

各美其美，美美与共。大美教师在不同时代的表现不尽相同。新时代的大美教师“美”在哪里呢？

大美教师，美在理想信念。经师易得，人师难求。大美教师需要引导学生正确地看待周围发生的一切，从而帮助学生树立正确的人生观、价值观和世界观，帮助学生筑梦、追梦、圆梦，让一代又一代年轻人都能为实现中华民族伟大复兴的中国梦做出贡献。

大美教师，美在道德情操。学高为师，身正为范。教师的人格力量和人格魅力是成功教育的重要条件。如果一个教师淡泊名利、爱生如子，全心全意扑在教学上，一心一意帮助学生成长，那么他做任何事情学生都容易理解和接受；如果一个教师爱岗敬业、精研教艺，讲课深入浅出，教学通俗易懂，他必定是深受学生喜爱的人。

大美教师，美在扎实学识。毫无疑问，当前已经进入了信息时代，许多知识只需要上网搜索一下即可知道，这就对教师的学识提出了更高的要求。教师不仅要有胜任教学的专业知识，还要有广博的学识和宽阔的视野，能够在各个方面给学生以帮助和指导。

大美教师，美在仁爱之心。爱是教育的灵魂，没有爱就没有教育。你可以用自己不喜欢的方式赚到金钱，也可以用自己不相信的药治好疾病，但你无法从自己不爱的人身上获得幸福。大美老师应该懂得，选择当老师就选择了责任，就要尽到教书育人、立德树人的责任，并把这种责任体现到平凡、普通、细微的教学管理之中。

有美才能育美。大美教师不仅需要教书育人，更要教书育己。随着“大数据时代”的到来，我们的教育对象——学生，能够接触并且获得的信息越来越广泛，有些学生的知识面甚至远远超过了我们。如果我们一味地固守传授知识这一单一职责，似乎就有些与时代对抗的味道。现如今，“人性解放”早已不是什么新鲜的口号，这不仅因为在《世界人权宣言》中第一条就是：“人人生而自由，在尊严和权利上一律平等。他们赋有理性和良心，并应以兄弟关系的精神相对待”；更在于社会发展过程中“人”的价值和作用的日益凸显。值得注意的是，“人的价值和作用”的体现不是凭空实现的，同样需要遵循事物发展的规律。作为教师，这个“过程”就体现在我们“教书”这一行为活动中。俗话说，“金无足赤，人无完人”，但这并不排除我们可以向着“没有最好，只有更好”的方向行进。敢于以“更好”为目标，本就是我们突破自我、发现自我、完善自我的体现，也是我们实现自我批判、自我重构的起点，而这需要“育己”。

大美教师需要从“心”生长，就是先让自己善良起来、快乐起来、健康起来、阳光起来、高贵起来，然后去感染学生、带动学生，让学生也善良、快乐、健康、阳光、高贵。

第三节　真心的付出，是最好的表达

情绪是可以互相影响的，成功也可以相互传递。班主任的成功与学生的成功虽然内容不尽相同，但是情感的体验和积极的心理是相同的。班主任应该有自己的职业理想，而在追求职业理想的过程中表现出来的行为和精神就是一笔宝贵的财富，成就自己，也影响学生。

一、防止教育形式单一而让学生“免疫”

最近的两段对话，让我深思。

第一段对话是在办公室里，一位班主任与一名学生的交谈。确切地说，是班主任教导学生。

班主任：你入学时总分是班级第一名，这次考试总分是班级倒数第五，你要好好反省一下。别的不说，就是我教的物理这门课，你只考了40分——我把你的试卷单独调出来认真改了一遍，这是我第一次将一个学生的答题卷单独调出来重新改。倒不是我对你多重视，而是因为你太需要改变现状了。

从试卷来看，你有两个特色，一是“抓大放小”，二是“抓难放易”，导致的结果是难题没有写到位无法得分，容易的题目没有写也是无法得分。这表明你努力的方向出了问题。

下一步，我认为你应该先学好基础知识，做好基本题型。具体来说，一是将物理课本上的题目仔仔细细地做一遍，二是将常考题型反复做几遍。只要你能够突出重围，就一定有收获。到时候，你不仅仅是收获一个好大学，还有一份成长。

学生：好，那我走了啊。

第二段对话是在教室走廊，是那位被班主任教导的学生与同学之间的对话。

同学：班主任又找你啦？

学生：对哦，烦死了！

当我听到第二段对话时，瞬间恍惚了。为什么班主任的苦口婆心得不到学生的理解呢？回想这位班主任的言语，我认为没有任何不妥，相反我感觉这位班主任非常用心：事先做好准备，认真分析学生的试卷，并提出有建设性的意见。为什么学生不肯接受呢？我百思不得其解，但是又不好意思找这位班主任询问，就把这件事一直放在心里。

后来，我的孩子生病了，去医院治疗。医生看后说："不严重，小感冒。回家多喝开水，泡泡脚就行了。"我问要不要开点药，医生说："药吃多了对身体不好。一般来说，我们能吃药治好的，就不打针；能打针，就不吊水；能吊水，就不开刀。人体有自我调节功能，能不吃药尽量不吃药。"

医生的一席话让我茅塞顿开——上面说到的这位班主任很有可能是因为找学生的次数过多，而学生对此产生了"免疫"。

后来，我与这位班主任聊天，有意说到那位学生。这位班主任一谈到那位学生，话语就像开了闸的水一样滔滔不绝。用他自己的话说：就是三天三夜也说不完。原来，因为那位学生成绩下降得特别厉害，班主任每周都要找他谈话，还让他写周记。当时，开学才三周，班主任已经找了他八次了。

原来如此。谈话多了，教育效果可能就会大打折扣了。可能你还没有找学生，学生就已经知道了谈话的内容，这种谈话有什么意义呢？教育形式的单一恐怕是这位班主任教育效果大打折扣的主要原因。

没有体验的说教是苍白的。顾城在《我是一个任性的孩子》中写道："我想在大地上画满窗子，让所有习惯黑暗的眼睛都习惯光明。"有些学生之所以"屡教不改"，可能因为他们已经习惯了"黑暗"，而我们也已经习惯了说教。作为班主任，我们需要改变单一的说教方式，为学生多画几扇窗子，多采取一些学生喜闻乐见的方式来教育他们。

二、比说教更重要的是行动

“我得好好说说这位爷爷，现在是什么年代了，还这样重男轻女?!”坐在我旁边的余老师突然喊起来。

余老师和我是朋友，原本在县城的小学教书，今年到农村的小学支教。余老师一直是一位很温和的老师，现在怎么这么激动呢？原来他收到学生发来的微信，学生在微信中说她爷爷骂她，说她是女孩，他们家没有后人了。微信的语音消息中还有她爷爷的声音。

“你准备怎么做呢?”我问余老师。

“我肯定要说说她爷爷。现在什么年代了……”余老师还是那话。

随着经济的发展，现在很多人的儿女观都发生了改变，就是在农村，孩子长大了，大多都通过上大学到城市工作和生活，不能陪在父母身边，也就谈不上养老了。至于所谓后人，就更不是问题了。现在女孩同样参加工作、做事创业。如果女孩很优秀，家族自然引以为豪；如果家里的男孩很差劲，家族脸上也无光。

道理很简单，但是要老人接受并转化为行动是一件很难的事情，需要一个漫长的、不断改变和磨砺的过程，这对一个农村老人可不是一件简单的事情。

“那我就多找一些人去说。”可能是长期在城里教书，对农村的情况不了解，余老师还是坚持通过说教来改变老人。

有人说，这世上有两种人很难：一种是老板，他要把别人的钱弄到自己的口袋里；还有一种人就是老师，他要把自己的思想装到别人的脑袋里。相较于前者，后者更难。我很认同这种说法，我知道我很难说服余老师。于是就反问余老师：“你都难以接受我的想法，你认为老人会接受你的想法吗?”余老师听后似有所悟。

我问余老师，你相信下一个到这茶座的人是一个品德好的人吗？余老师有些蒙了。

我将一张餐巾纸在桌面擦拭，然后捏成团，扔到这个茶座的地面上。

余老师一下子懂了。

我和余老师静静观察，第一个人来了，走了；第二个人看见了，也走了；第三个人走过来，顺脚踢了一下。

我和余老师都有些失望，但是我的目的已经达到了。我和余老师会心一笑，这个时代，并不缺少道理。现在的微信朋友圈，每天都会有各种各样的“心灵鸡汤”，看了这些文章，不代表就能解决问题。真正地接受这些道理，需要的是行动，而不只是简单地说。道理其实很简单，难的是很多人不能真正接受道理，并用来指导行动。

我想，这位爷爷的儿女观虽然很难改变，但是并不影响他对孙女的爱。这位孙女虽然受了些委屈，但是也不会因此影响她对爷爷的爱，因为尽孝不仅是美德，也是义务。他们之间的问题是观念的问题，并不一定会影响彼此的爱，没有必要急着去化解。当达到一定温度，冰自然就能够化为水，我们需要做的就是不断增加温度，用行动去焐热爷爷内心深处那块冰。

三、也许，不说更好

“哦——哦——哦……”

在教师办公楼上都能听见从教学楼方向传来的学生的起哄声。声音很大，老师们都能够清楚地听见，以至于老师打趣说：“某老师，是你班上的学生吧？快去看看啊。”

学生出现这种情况确实有些反常。现在正在上晚自习，并且是高三学生，怎么能够这样呢？就是高一、高二的学生也很少出现这样吵闹的行为啊！

想到这里，我这个值班班主任责无旁贷地要去看看。越走近教学楼声音越明显，我已经能够清晰地分辨出是哪个班了。301班！没错，就是301班！

此时，301班教室里像炸开了锅，一片沸腾。有人拍桌子，有人尖叫，大家都将目光集中到教室的后面。原来是两个男生在那里飙歌，一个拿着扫帚当吉他，一个拿着荧光笔当麦克风，“在你的心上，自由地飞翔……”

唱歌的学生自我陶醉地把眼睛都闭上了。喝彩声、起哄声此起彼伏，“谢谢大家……”唱歌的学生像获胜的将军走过凯旋门一样。呵，还真是神气十足，美中不足的是没有音响设备，场地也很简陋。

我不知道是什么样的事情让这两个男生如此兴奋，更不知道这群辛苦备考的学生为什么会有这么大的激情。我知道的是，我应该制止这样的现象，因为这是晚自习时间。而且，我不能发火，因为我的语言是压不住这样的场面的。

想到这里，我轻轻地在黑板上写下了两个字“形象”，然后就离开了。班上的同学看到后哄堂大笑，继而两位男生也停止了飙歌，抢着把黑板上的两个字擦掉了。

有些事情，也许，不说更好。

四、发自内心的感动是最好的教育

学校分年级组织元旦汇演，我们高二年级有16个班，一个班级需要报送一个节目。我们班最近两次的考试成绩都不是很理想，加上学生不太愿意参加文艺汇演，于是我就安排了两个学生唱歌，也算是完成了学校分配的任务。

实际上，由于种种原因，很多班级都不是特别重视这次文艺汇演，大多数班级都把文艺汇演当成一种任务，安排的都是唱歌或者拉二胡之类的比较容易操作、不费时、不费事的节目。

演出那天去看表演，各班级的准备情况基本一致，汇演的节目质量整体不高，但是有一个节目让我刮目相看，是一个手语节目《感恩的心》。节目开始时，舞台上出现了整个班的同学，穿着同样的衣服，一个女孩儿站在一旁，安静地拉着小提琴，小提琴拉的就是《感恩的心》。伴着音乐，班上所有的同学手牵手，身体左右摆动，跟着节奏，右手食指比1，由左向右平伸，动作整齐划一，赢得了全场的热烈掌声。接下来，我们完全陶醉在这场美妙绝伦的表演当中。很明显，这是一场经过精心排练的节目。毫无疑问，这场节目赢得了大家的一致好评。

我曾感叹，人们都愿意享受成功带来的喜悦，而不愿意付出成功所需要的艰辛。对于文艺汇演，我们大多数班级都是抱着试试看的心理，没有把获奖作为目标，因此并没有全力以赴，自然也就难以获得成功。其实，如果我们把拿第一作为追求，然后按照第一的要求来精心安排，我相信付出终有回报，结果反而不是那么重要。

我也曾担心，文艺汇演会耽误学习。但同学们成功表演的时候，现场的同学完全沉浸在这场表演当中，台下同学的强烈反应也感染了台上的表演者。表演结束之后，表演的学生异常兴奋，完全陶醉在表演成功的喜悦之中。我想，这样的表演也许会浪费一些时间，但是对学生来说，是一种更好的教育，在追求完美的舞台表演的过程中所形成的行为习惯以及所获得的情感体验都是宝贵的财富。

表演结束以后，学生们欢呼雀跃，我想这场表演将永远铭刻在他们的内心。教育需要来自心灵的震撼，只有打动人心的教育才是真正的教育。

这，就是最好的教育。

五、为谁办艺术节

最近一段时间以来，每天中午十二点半，学校操场上的大喇叭就会响起音乐，随后会传出“一大大、二大大……”的声音，声音大小如同学生早上做操一般，所不同的是，这是学校音乐老师带领数百名学生为艺术节开幕式表演在训练，加上又是中午休息时间，师生对此意见很大。

老师们怨声载道，有的老师甚至直接打电话给负责训练的音乐老师，让她不要在中午训练了，实在太吵了——老师中午要休息。

班主任也有怨言，因为训练需要上百名学生，每个班级都抽了十几个学生，被抽到的这十几个学生因为中午训练，下午学习的效率大大降低，而班级其他同学也因为这些学生不在教室而受到影响，如果中午再没有班主任在教室，教室的学习秩序就难以维持。

参加训练的学生也有想法，他们觉得辛苦、浪费时间，中午得不到休息，影响了下午的学习。

当然，最辛苦的是负责训练的老师，一个人带领数百名学生训练本来就很辛苦，更让她感到委屈的是，很多人不理解她，怪她打扰了大家。甚至还有班主任打电话给她，让她停止训练。

没有调查就没有发言权。我详细了解了一下学校开幕式的表演，艺术节开幕式有两项表演，一项是武术表演，另一项是集体舞表演。武术表演在高二每班抽了十多名学生，集体舞表演在高一每班抽了十多名学生，每个表演都有近200名学生参加。大约训练半个月，每天中午训练一小时，每个学生的服装费用在50块钱左右，所有学生的服装费用要上万元。

一个校内的表演，动用数百名学生，训练半个月，花费上万元，就为了开幕式那十几分钟，有必要吗?

一个校内的表演，班主任有意见，学生有意见，学校花钱，我们到底是为了什么?

有校领导指示那位音乐老师，不要顾及班主任的说法，把节目搞好。对此，我有些想法：一个节目，师生都有看法，那么它的意义在哪里？学校的行为指向难道不应该是以师生满意为标准吗?

2018年全国教育大会提出，培养什么样的人、怎样培养人、为谁培养人，这是教育首先需要解决的问题。同样，办什么样的艺术节、如何办艺术节、为谁办艺术节是办艺术节首先需要解决的问题。

可以肯定的是，艺术节是学校自己的行为，不是别人强加的、非办不可的活动；办艺术节可以，不办也可以，纯粹是学校的行为；无论哪所学校都应该是自己为自己办艺术节，办自己的艺术节。

因此，我认为学校办艺术节应该遵循以下原则：

第一，务实管用的原则。对学校和师生发展有利的事情就做，对学校和师生发展不利的事情就不做，剔除浮华，求真务实。

第二，量力而行的原则。能做的事情就做，做不了的事情就不做，争取做一件事成一件事，力求件件有实效。

第三，融合结合的原则。能融合的事情就融合，能结合的事情就结合，充分考虑班级、年级、处室的工作实际，尽量减少其对教学的影响，力求“两不误、两促进”。以艺术节开幕式表演为例，完全可以与平时的教学相结合。

艺术节只是手段、载体，不能为了办艺术节而办艺术节。我认为通过艺术节这个载体展现积极、健康的校园文化，培养具有学校特质的莘莘学子，从而进一步落实立德树人的根本任务，才是办艺术节的最终目的。

六、教育，需要发自内心的认同

有人说，如果一个人忘掉了他在学校里所学到的每一样东西，那么留下来的就是教育。也有人说，教育是体验，没有体验的教育是苍白的。作为一线教育工作者，我认为，教育需要发自内心的认同。只有内心认同，才会在心中留下美好的种子，进而开花结果，形成教育。

以我们学校近期举办的运动会为例，这项工作由于场面大、综合性强，涉及的人员比较多，因此抽调了许多学生当志愿者。那么，是不是参与的学生都会正确看待自己的工作，并且将之成功转化为教育的力量呢？答案无疑是否定的，姑且不说人有百名，形形色色，单就是工作本身也容易让学生心生倦意。

我作为学校新任的团委书记，仔细统计了一下，开幕式表演涉及的学生有342人，抽调学生担任裁判的有38人，担任安保志愿者的有92人，学校广播站所有学生40人全部参与了本次运动会的播音报道，加上参与其他临时安排的学生，涉及的学生共有500多人，这是一个非常庞大的学生阵容。

不但抽调的学生很多，而且每个学生的事务都不少。参与开幕式表演的342个学生需要连续训练半个月，每天1至2个小时；担任裁判的学生也是大意不得，尤其是计时裁判，关键时刻要是大意了就前功尽弃；广播站的播音工作连续三天不间断，并且要比别人早到晚走，如果出现播出错误，还有可能惹来麻烦。

我问了这些学生当志愿者有什么感受，他们的普遍感觉只有一个字——累。我问他们还有别的感受吗？他们大多说了两个字——辛苦。

“累”是事实，“辛苦”也是实际。但是如果我们运动会的志愿者最后只收获了“累”和“辛苦”两种感受，那么我们选派志愿者的教育意义就大大缩水了。我一直认为，学校所有工作的指向都应该是培养学生，对学生发展有利的事情就要去做，对学生发展不利的事情就不能做。想到这里，我觉得有必要从正面引导一下我们的学生。

我通过多种方式肯定、表扬、激励志愿者。首先，我给每一个参与开幕式表演的志愿者发一张表演证书，开幕式结束之后趁着他们还没有散去，赶紧集合他们，简单表扬几句后，给他们发放证书，并合影留念。紧接着，我在学校内部简报《团学信息》上将所有志愿者的名字都打出来，以示鼓励，并将《团学信息》发到每一个班级和班主任手中。最后，我给每一个志愿者都发放志愿者证书。学生看到自己的工作得到了肯定，一下子就高兴起来，少数学生的姓名写错了还要求调换，表明学生很重视这些证书。

其实，不仅是学生，老师也需要鼓励。运动会之后，我请两位负责开幕式表演的老师吃了一顿饭，请校长作陪。大家一起吃顿饭原本挺正常，但是两位老师格外高兴，当他们被邀请坐到校长旁边时更是受宠若惊，纷纷惊叹：“这怎么吃得下去哦！”她俩说，之前很多人都不理解她们的工作，认为她们训练是在做闲事、杂事、坏事，影响了老师休息，影响了学生学习。因为这样说的人越来越多，她们有时候也会怀疑自己搞这种大场面的节目是不是合适，但今天校长作陪，她们也就知道以后应该怎么做了。

我很庆幸，表扬了志愿者，也请了老师吃饭，不仅是让学生和老师在心理上有所平衡，更重要的是让他们能够正确地看待自己曾经做过的工作——不是学校利用他们，更不是他们在做坏事，他们是在做好事，是在做实事。

任何事情发生了就发生了，事件本身没有太多的含义。如果有，那是我们自己赋予的。我们可以在失败的废墟上赋予希望的种子，让它长出新芽，继而长成参天大树，我们也有可能在成功的城堡中安放定时炸弹，为自己的生命设定时间。这一切，完全取决于我们对事件的认识和基于这种认识做出的行为。

班主任组织学生活动同样如此，活动不能一办了之。真正的教育应该是活动之后在学生心中留下痕迹，不论是一帆风顺，还是一败涂地，只要处理得当，都有可能是人生中一笔宝贵的财富。

七、只是，表达不同而已

小齐，一个曾经让我又“爱”又“恨”的学生。

“爱”小齐，是因为小齐家境特别困难。他的入学档案显示，他们家地处山区，母亲精神异常，父亲无固定职业，在家照顾生病的妻子。家里唯一的生活来源就是父亲打零工所赚的钱。对这样的学生，作为班主任的我自然要多加关注。

虽然有心理准备，但是当我第一次到他家去的时候，还是被吓住了，他家的经济情况比我想象得还要糟糕。从县城驱车，需要两个半小时才能到达他家所在的村子，到达村子以后还需要步行半个小时左右才能到他家。三间墙体斑驳的土坯房，与周边人家的青砖黛瓦相比，显得十分寒酸。走进堂屋，是光秃秃的土地面，因为前几天下雨，地面还是潮湿的，人走在上面，都会留下鞋印。我小心地来到房间，想找一块干点的地方站着，哪知道房间比堂屋更差，地上还放着两个脸盆用来接房顶上的雨水。家里唯一的亮点在于墙上所贴的奖状，记录着小齐的优秀。

看到这样的家庭，我的心情很沉重。回校以后，我积极为他申请国家贫困生资助，经过审定，小齐每年可获得3000元的国家助学金，基本解决了学杂费。考虑到小齐的生活费没有着落，我找到一位在上海工作的同学，请他每个月资助小齐200元，一年2000元，三年一共需要资助6000元。我的同学倒也爽快，当时就答应了。

说老实话，做完这些，我还是很有成就感的。我认为我在做一件很有意义的事情，帮助了需要帮助的人。但是，“恨”小齐也是来源于我所做的这些事情，因为接下来小齐的反应让我始料未及。

首先，小齐对我的行为没有任何的回应，甚至连一句“谢谢”都没有。在接下来的考试中，小齐的表现也不理想，成绩处在中等偏下的水平。让我更不能理解的是，他好像没有任何负担一样，一有时间就和其他同学去操场打篮球，完全没有要抓紧学习、奋起直追的意思。

小齐这样的表现，我是看在眼里、急在心里，有一种“恨铁不成钢”的感觉，心想：“大家都这么帮助你，你还不用功学习，你对得起关心你的人吗？再说，你现在不就是应该好好读书，考一个好大学，然后撑起家庭的一片天吗？”当我把这些告诉小齐以后，他就回应了我三个字——“我知道”，然后依旧我行我素。

对于学生，我虽然不能将他们是否感恩作为关爱他们的标准，但是每每看到小齐那些“不争气”的行为，我还是有些恍惚的，甚至怀疑这样的学生是不是值得同情？我的做法是不是正确？理智让我坚持完成了对小齐的承诺，帮助他完成了高中三年的学业，他最终被省内一所本科院校录取。

我原本以为与小齐同学的故事就这样结束了，没有想到小齐上大学之前居然到学校来向我告别，并表示感谢。此后，他逢年过节都会给我发问候的短信。这不，今天是中秋节，他又发来了这样一条短信：

老师，好久不见了，不知道您最近忙不忙？好久都没和老师联系了，还请老师见谅，不是忘了老师，只是有时候比较忙，就没时间联系老师了，请老师切勿放在心上。今天是中秋节，学生想好好地说声：老师，中秋节快乐，希望老师的家人每天都快快乐乐、身体健康，也祝妹妹学习更上一层楼。哦，不对，她应该喊我叔叔了吧，哈哈。最后还是要感谢老师这么多年来对我的照顾。谢谢老师！您永远的学生——小齐。

读着小齐的短信，我想到了小时候经历的一件事情。我读小学的时候，有一次放学回家，看到家里来了一位客人，高高兴兴地上前喊了声“叔叔好！”，但是这位叔叔没有反应，当时我不太开心，妈妈告诉我：“你这位叔叔就是那样，别人喊他，他还骂别人呢！你喊他，他不理你并不代表他不喜欢你，只是他不会表达罢了。”经过这些年，我发现妈妈的话是对的，那位叔叔其实是一位心地很善良的人。

人上一百，形形色色。每个学生表达情感的方式不同：有的比较直接，有的比较含蓄；有的当场表现，有的放在心里。我相信，我们只要对学生好，学生就能够感受得到。只是，每个学生的表达方式不同而已。

第四节　师生之间的信任，是最好的教育

亲其师，信其道。只要信任，嬉笑怒骂皆教育。可是，信任不是一件简单的事情：班主任需要树立生本教育的理念，要为学生谋发展，不为自己谋利益；需要坚持坦诚相见，信任学生，用信任才能换来信任；需要采用民主的工作作风，要为学生多考虑，不为管理图方便。

一、师生信任，嬉笑怒骂皆教育

我的两位同事和学生都进行了谈话，但结果很不一样。这在我心头萦绕，久久挥之不去。

第一位班主任是王老师，他说教的学生是奇奇，说教的地点在教师办公室。他与学生的对话是这样的：

王老师：你现在成绩下降严重，而且离学校划定的一本分数线相差很远，是要采取行动的时候了。就像下棋一样，现在被别人“将军”了，你就要移动一下“老帅”，或者用别的什么棋子挡一下。

作为班主任，我必须和你交流，并且次数还不会少。你现在就像进入重症监护室的病人，而我就像医生。作为医生，我必须要经常看看、查查房。希望你能够理解，也希望你早日“康复”。

奇奇：好，那我走了啊。

第二位班主任是吴老师，他说教的对象是丹丹，说教的地点是在去操场的路上。他与学生的对话是这样的：

吴老师：“你今天怎么穿成这样，太丑了！”

“怎么丑了?!”丹丹立马反击，“你自己老土，还说我丑！”

旁边的老师哈哈大笑。

吴老师趁机对丹丹说：“你看，别人都笑你了！”

“才不是呢！人家是笑你品位差。”

……

“好了，跑操了，这次考试你的成绩不是很理想，最近学习要下点功夫哦！”吴老师最后说。

显然，两位班主任的说教都是精心准备的。第一位班主任王老师，先是以下棋被“将军”作为比喻，希望学生有所觉醒、有所行动；紧接着以医生查房为比喻，表示将经常关注学生，希望学生理解，巧妙地化解了以后多次找学生的尴尬，希望学生能够乐于接受教育。第二位班主任吴老师，以学生的衣服为突破口打开话匣子，表面上看是偶然，实际上是必然；最后轻描淡写的一句话才是重点，表明吴老师对学生寄予了很大的期望。两位老师对学生都很用心，我为遇到这样的好同事而感到自豪。如果不是我在教室走廊听到下面这段对话，我可能永远崇拜这两位班主任。

同学：班主任找你做什么？

奇奇：还有什么，不就是那点破事吗?!

同学：好好学习，天天向上吧？

奇奇：对哦。天天讲，烦死了。

我瞬间恍惚了：为什么王老师挺有艺术的教育到奇奇这里成了一种无聊的唠叨，得不到他的理解呢？奇奇是故意的吗？还是奇奇无药可救呢？为了便于比较，我准备了解一下另一个学生丹丹的教育效果。

为了真实地了解，我并没有找丹丹本人，而是利用丹丹的几个同学来问我题目的机会去了解丹丹的情况。当我为丹丹的几个同学解答完所有试题后，我假装随意地问：“丹丹同学最近怎么样？”

“她最近很用功哦！她说她不用功学习都对不起班主任！”同学们不约而同地说。

“为什么呢？”她们的话让我一下子来了兴致。

“因为班主任对她好呗！”

原来，有一次丹丹因为没有规范佩戴胸卡与值班老师发生了冲突，正当学校准备处理她时，丹丹被班主任吴老师“救”了下来。同时，吴老师还邀请丹丹一起去吃饭，耐心地教育她，最后丹丹认识到自己的错误，以自己的行为争取到了学校的“宽大处理”。此后，吴老师与丹丹就像父女一样。

我也趁机了解了奇奇为什么不听王老师的话。据学生们反映，主要是因为王老师在学生心目中的形象很差，学生认为他比较自私，什么事情都为自己着想而不为学生考虑。最近，王老师还在班上装了监控，以至于现在学生看到他就像看到“仇人”一样。

到这里，萦绕在我心头数月的谜团似乎解开了。“因为信任，所以简单。”马云在介绍阿里巴巴团队建设成功的经验时这样说。不少班主任有这样的困惑：魏书生、李镇西等教育专家的许多教育策略听起来很有效，但是移植到自己班级时行不通，这主要是因为师生之间缺少足够的信任。

只要信任，嬉笑怒骂皆教育。

二、信任，不是件简单的事情

信任，不是件简单的事情。师生之间要想建立信任，我认为班主任需要做到以下几点：

第一，树立生本教育的理念，要为学生谋发展，不为自己谋利益。

我曾听说过这样一件事。班主任王老师班上有一名叫小夏的学生，成绩很差，是以绝对优势稳居倒数第一的那种。更令人头痛的是，小夏的行为习惯也很差，总是违反学校的规章制度。但是非常奇怪的是，王老师对这位学生“非常好”，从来不说他什么，就连小夏旷课也是轻描淡写地说他几句就算了。一天，小夏因为晚上翻墙外出上网被政教处的老师抓住了，而王老师这时拿出了小夏进校以来所有的违纪纪录。在事实面前，小夏退学了。

很显然，王老师与小夏同学之间不可能建立良好的信任关系，即便建立了信任关系，也会在小夏离校的那一刻崩塌。实际上，王老师对小夏同学的教育是有问题的。认真分析后不难发现，王老师把问题学生当成了包袱。这样怎么可能与学生之间建立良好的信任关系呢?!

班主任总希望遇到理想的学生。我经常听到班主任们这样说：我们班如有没有这几个学生就好了。其实，班主任应该树立正确的学生观。学生就是孩子，孩子还不成熟，因此班主任要有足够的爱心，要用呵护的态度对待学生。孩子还在成长，成长就可能会犯错误。因此，班主任要学会善待学生的错误，把学生犯错误看成教育学生的机会。孩子还在学习，学习就有一个过程。因此，班主任要有足够的耐心等待学生成长，把成长的过程看成成长的需要。孩子还在改变，因此班主任要用发展的眼光看待学生，相信每一个学生都会成人、成才、成功。

第二，坚持信任学生，用信任才能换来信任。

寄宿制学校一般都需要班主任住校。班主任程老师很聪明，每次回家都把房间的灯亮着，把摩托车留在学校，给学生制造一种假象，让学生误以为班主任没有回家，从而不敢轻举妄动。

毫无疑问，程老师的想法是好的，不想因为自己的离开而影响学生。但是程老师的这种做法不坦诚，程老师不信任学生也是显而易见的，这对建立师生之间良好的信任关系是无益的。

有位哲学家说过：“上帝对他的女儿说道：‘我传给你我唯一的知识，那就是真诚。你无论在什么情况下都要做到对自己真诚。你对自己万万不能撒谎，那会玷污你纯洁的灵魂。’”如果我们不对自己坦诚，我们就不可能对学生坦诚。莎士比亚在《哈姆雷特》中说：“最重要的是：对你自己坦诚。这一条必须遵守，无论在白天或黑夜，你都不能虚伪地对待任何人。”坦诚往往会散发出令人难以置信的巨大威力。

班主任在一些关键事件上要相信学生，用信任才能换来信任。经常会见到这样的场景：班主任不能确定学生是否有违规违纪的行为，例如抽烟、上网等，那么怎么办呢？就与学生展开一场心理战，俨然是公安审问犯人一般。其实，不用多说，学生和犯人的本质是不同的，我们不能把学生当成犯人，进而丧失教育的本质。我要是回家就会非常坦然地回家，不需要打招呼，如果出差时间稍长一点就和学生说清楚原因以及要求。也许一两次不奏效，但是长期下来形成的信任的力量会使班级即便在我离开的情况下也一如往常。

第三，采用民主的工作作风，要为学生多考虑，不为管理图方便。

学生小李和小程是同桌，他们经常在上课时讲话，被班主任朱老师发现好几次了。现在又到了重新排座位的时候了，朱老师充分利用这次排座位的机会，把小李和小程两位同学分开了。但是小李和小程不领情，到班主任办公室质问朱老师，希望朱老师继续让他们做同桌。在朱老师的一再坚持之下，小李和小程道出了事件的原委，原来小李父母正在闹离婚，而小程的父母已经离异，小李和小程惺惺相惜。一番交流之后，朱老师也感到自己的做法有些欠妥。

朱老师的失误在于没有事先和两位同学沟通，缺少民主。如果朱老师事先了解小李和小程讲话的原因，或者在排座位的时候征询一下小李和小程的意见，就不会这么被动了。民主的作风才能够让学生感受到班主任对他们的关爱。我在排座位的时候就让学生先填写“志愿”，“志愿”可以有三个：一是最希望坐的位置，二是最希望和谁同桌，三是最不想要的位置或者同桌（即保底“志愿”）。我一般至少满足学生的一个志愿，这样，学生就会感到自己受到了尊重，从而拉近了与班主任的距离，彼此容易建立起信任关系。

班主任与学生建立良好的信任关系，是一项基础性的工作，也是做好教育工作的前提。我们广大班主任要树立正确的学生观，事事、时时、处处为学生着想，让学生感受到班主任对学生的关爱、信任，对其成长的付出。只有将教育做到学生的心坎上，才能够赢得学生的信任。

三、便条，跨越时空的沟通

我所在的学校是一所寄宿制的普通高中，学生和班主任住校，任课教师住在城里。这样一来，任课教师与学生的交往就比较少，与学生的距离也比较远。如果哪个老师带的班级比较多，可能连所教的学生的姓名都记不清楚，更不要说为学生课下辅导、答疑解惑了。

为了解决这个问题，我和学生约定，他们中午可以到我的办公室问题目。一段时间后，我发现了一个问题：我带了4个班，有200多个学生，但每次来问题的就那么几个学生，90%以上的学生从来没有来过。我有些纳闷，经了解，原因大致有以下几个：一是中午时间太短，学生想休息；二是学生中午没有问题，因为都是晚自习做作业，白天上课以后所剩的问题不多了；三是主要原因，即许多同学不主动，有点害羞，不好意思到教师办公室问问题。于是，我又想了一个办法：我和学生在班上约定，如果有问题可以写在便条上，放在我办公桌的抽屉里面，在便条上注明班级、姓名，然后我去找学生。

与学生约定后的第二天，我收到了3张便条，都是从来没有问过我题目的同学写的。我在便条上写出了这些题目的详细答案，然后顺便又写了一些“字很工整”，“问题很有价值”，“上课很认真”之类鼓励的话。

没有想到，这些便条发回去以后反响强烈。学生们争着看，有些同学还在我解答的基础上继续研究试题。紧接着便条的数量越来越多，第三天，就有10多张了，我花了一个多小时才将这些问题全部解答。解答完题目后，我不忘在便条上与学生进行一些简单的交流，诸如：“你很聪明，上次上讲台那么难的题目都会做”，“你QQ上‘说说’的内容不够积极”，“这道试题你看错了吧，并不难啊”，等等。

不少学生收到便条以后，立马就给我写了第二张便条，不仅是问题目，还跟我来了一场跨越时空的对话：他们向我说明自己如何喜欢物理，自己为什么在QQ空间上说那些话，自己为什么没有完成昨天的试题，等等。学生虽是三言两语，但可以看得出来，他们和老师交流的愿望是多么强烈。想到这里，我也对学生敞开心扉，用文字来表达情感。

就这样，便条上学生的问题开始升级，除了我所教授的物理学科的问题，还有学生在生活、学习中遇到的麻烦事，还有一些学生不愿意和其他人说的心里话，学生俨然把我当成了“知心哥哥”。我感到高兴、幸福，更加认真地回复学生们的每一个问题。现在，我每天上班的第一件事情就是打开抽屉，与学生进行心与心的交流。

一张小小的便条，有效地解决了教师与学生因为时间、空间交集少而交流难的窘境，实现了跨越时空的交流。亲其师，信其道。班主任工作亦是如此，老师只有走近学生，才有可能了解学生，与学生建立良好的信任关系，继而实施有效的教育教学。

四、爱，是一种能力

春节回家，我无意中发现自己刚进大学那年的元旦寄给父母的一张贺卡。

那时候，我刚从紧张的高中生活中走出来，有一种被释放的感觉，一心就想着做一些自己想做的事情。我当时对文学比较偏爱，于是就加入了大学生通讯社。

大学生通讯社每年有一个活动，叫作“新年邮局”，就是在元旦之前给人代送新年贺卡。我当时就是一个“邮递员”，给人送贺卡，并且乐此不疲。

在给许多人送完贺卡以后，我就开始自己写贺卡，送给自己想送的人，这有点类似现在用短信、微信等送上节日祝福。编辑好内容以后，我打开通讯录，思考着给谁发过去呢？我当时就想到了父母，于是就给他们寄了一张贺卡，没有想到他们现在还留着。

一张贺卡其实真的没有什么，至少没有父母认为得那么重要，却被父母珍藏了18年。我当年收到的那些贺卡早已不知所踪，而我第二年因为在学生会工作而没有参加“新年邮局”的活动，渐渐地也就将这件事淡忘了。但就是这样一张贺卡，足以让父母宽心——他们没有白养我这个儿子。

人际关系往往呈现出这样一个特点：越陌生，越客气、礼貌；越亲密，反而越无所顾忌，常常不自觉地语气不好，因为知道对方永远都不会怪自己。实际上，表达爱是生活的必需。

最近一则央视公益广告引发了热议。大致说的是，一个父亲得了老年痴呆症，儿子带他外出吃饭，盘子里面剩下了两只饺子，父亲就直接用手抓起饺子放进口袋，儿子愣住了。儿子正要阻止，却听到父亲说，我儿子最爱吃这个了。最后广告打出一行字：他忘记了一切，但从未忘记爱你。

这则广告触动了亿万观众的心。央视主持人的评论让人再次动容：“好好爱我们的父母吧，我们总是忙着赶紧长大，却常常忘了他们也在匆匆地变老……”爱是一种能力，表达爱则是一种艺术。

还是春节，有一年一个家长说要到我家拜年。对于这样的拜年，我是很反感的，但是有一个家长我一定要见。这个家长是孩子的外公，他的女儿当年在家招亲，小两口有了孩子后，孩子还没有上学，父亲便离家出走了，一直都是外公和妈妈在拉扯孩子。这个孩子的家庭经济情况很糟糕，因为家里没有劳动力，所以家里在经济上没有稳定的来源。家里把希望都寄托在这个孩子身上，希望他好好努力，将来有个好前途。孩子也不负所望，考到了全县最好的高中。

无论我有什么样的心理准备，家长的表现还是让我大吃一惊——他用扁担挑了两个蛇皮袋，一个蛇皮袋里装了一条猪腿，另外一个蛇皮袋里装了一些糯米。我小心地将这些东西接下来，然后留他在家里吃饭。饭后，我送了他两瓶酒，配上一些过年的干货，放到蛇皮袋里。我知道他可能不收，就开车将他送上回家的中巴，临出发前将东西悄悄地放到了中巴上，之后发信息告诉了他。

我不是想说我有多伟大，只是希望能够对得起自己的良心。当别人传递了一份强烈的爱意，不管是对我还是对他的外孙，我都有义务做出正面的回应。接受爱，也是一种责任。

下篇：如何成为影响一方的名师

本篇三章主要介绍了我是如何从一名普通教师成长为一名有影响的教师的。第四章重点介绍了班主任成长的一般规律——主动规划，坚持不懈，努力养成好的工作习惯，以好的工作习惯促进个人的快速成长。第五章重点介绍了班主任成才的必然之路——“阅读—实践—反思—写作”，具体介绍我个人学习、反思、写作的经验，供读者参考。第六章介绍了成为名师的常见方法——在关键的评选中脱颖而出是教师成名的重要途径之一，如何应对各级各类的评选是教师需要直面的重要问题之一。

第四章　主动规划，坚持不懈

人生的两端是生死，生死之间的全部内涵是成长。成长，是一个永恒的人生话题，也应该是教师的不懈追求。

一名教师，从站上讲台，到站稳讲台，再到展现风采于讲台，需要经历一个漫长而艰辛的过程。如果想要缩短这一过程、少走弯路，就需要借鉴和参考他人的成长经历。见贤思齐，见不贤而内省。本章提供了我个人专业成长的经验和班主任工作的一些体会，供读者参考。

第一节　主动、坚持、规划

——专业成长的三点体会

我是2004年从师范学院毕业之后到现在的学校工作的。刚开始的时候，我和大多数参加工作的青年教师一样，满怀激情与梦想，全身心地投入教学和班级管理之中。但是很快，梦想在现实面前变得很脆弱。我所在的学校虽然是省级示范性普通高中，但是由于所处地区偏僻，交通、医疗、娱乐、休闲等都没有城区便捷，生活的不便让我开始怀疑自己的选择。更重要的是，“人比人气死人”，我的一些高中同学也与我同期参加工作，他们在其他行业的充分发展，物质上的富有渐渐让我在心理上失去了平衡。于是，我在教学上开始满足于一种按部就班地程序化操作。彷徨成了我在这一阶段的主题。

非常幸运的是，当时适逢新课程改革，学校大量组织教师学习，我有幸听了不少专家的报告，专家的成长经历让我开始思考自己的教学、自己的人生。我们与专家相比，缺少的就是教研这个环节，此后，我将教学、教育、教研结合在一起，坚持用文字记录成长，努力从成长走向成功。

至今，我在《物理教学探讨》《教师月刊》《班主任之友》《德育报》

《教育文汇》《安徽教育》《安庆教育》等报刊发表教育教学文章30余篇，出版23万字教育专著《班主任工作100问》，辅导学生参加省市科技创新比赛获奖10余人次。被评为“安庆市教科研先进个人”“安庆市优秀科技辅导员”“安庆市首届班主任工作研究带头人”，同时，还被聘为“安庆市中小学教育质量综合评估改革实验专家”“安庆师范大学国培专家”。2015年元月，我被授予“江淮好班主任”的荣誉称号。

人都是这样，当自己的付出得不到回报时就会感到伤心与失望；相反，当自己的思想和意愿得到表达与实现时，就会感到满足与幸福。我自己也在写作过程中不断地总结、反思、提升，课堂实践越来越丰富，与学生相处越来越融洽，自己也越来越受学生欢迎。个人的意愿得到表达，行为得到肯定，价值得到实现，我开始体验作为一名教师的幸福。

回顾我的成长历程，有三点深刻的体会。一是主动，二是坚持，三是规划。

一、主　动

任何事情要想取得成功，首先需要主动，班主任的成长也不例外。主动才有创新，投入才有回报。我认为主动有两层含义：一是把任务当机会，二是别人不说你也干。

首先说一说第一层含义，把任务当机会。没有规矩，不成方圆。学校一般都有很多规章制度，越是好学校，管理越精细，制度越多，尤其对年轻班主任，因为大多数学校都重视青年班主任培养。有的学校甚至提出老人老办法，新人新路子，对年轻班主任要求很高。年轻班主任备课笔记要求写详案、班主任日志要求天天写，每周都有听课任务。

我不知道现在年轻的班主任面对这些任务的时候会是怎样的心态，反正我当时是不太喜欢这些做法的。好不容易熬过了学生时代，当上了班主任，“翻身做主”了，怎么能由别人管着呢？我很反感学校的这些做法，甚至产生了“仇官”的心态，差点丧失理智。

当时，有两句话对我影响很大。一句话是我们学校的一位老教师对我说的——把校长当好同事。当时校长生病住院了，不少人去看望校长，我其实比较矛盾，从我当时的认知来说，我不想去，但是又担心别人都去了，我不去，校长会对我产生什么不好的看法，继而给我“穿小鞋”。正好，我隔壁住着一位德高望重的老教师，他说：“同事生病住院你都去看，校长也是同事，你把校长当成好同事就行了。”他简单的一句话让我醒悟，知道了很多事情只需要用平常心去判断就可以了。

还有一句话是魏书生老师说的——用公家的时间锻炼自己身体。魏老师有过人的精力和体力，被称为“超人”。1991年，孔繁森任拉萨市副市长时曾惊奇地问他：“你在拉萨这样的高原地方，连讲三天的课，这么繁重的劳动，西藏当地人也讲不了，你能承受得了，有什么秘诀吗?”魏书生回答说：“要说有秘诀就只有一个，那就是平时多抢挑重担，少推卸责任，多干活，少闲着。这样体力就好，适应能力就强。”生命在于运动，多锻炼，才能有较强的体质。他领着学生跑进快乐的天地，从严冬跑到盛夏，几十年来都在坚持着5000米的长跑，人也因此变得坚强起来，在帮助学生锻炼身体的时候，也提高了自己的身体素质，现在他在机关上班，领着工作人员锻炼身体，还调侃说是用公家的时间锻炼自己私人的身体。

人生在成长的关键时刻可能只需要两句话就够了，这两句话让我明白了工作是自己的事情，与别人无关。备课笔记本来就是要写的，工作日志原本也是自己的事情，认真写也是写，不认真写也是写，那么不如认真一些。于是，我就按照学校的要求写备课笔记、坚持听课，写班主任工作日志。

接下来说一说第二层含义，别人不说你也干。德国一个工厂有这样一幅标语：如果你只想做一个普通的员工，下班铃响了就可以结束工作了；如果你想做一名优秀的员工，下班铃响了应该是一项新的工作的开始。其实，班主任是一种自主性很强的职业，关键看你想成为什么样的班主任。

有人说，时间是公平的，给每个人的一天都是24个小时；时间又是不公平的，给每个人的一天都不是24个小时。其实，时间的意义在于人的使用。当别人都很嫉妒李明博那么年轻就当上韩国总统的时候，李明博说：我每天工作的时间是常人的2倍，如果按照工作时间来计算的话，我这个总统已经不年轻了。

这里有一点值得强调，心态很重要，个人以不同的心态工作，收获的成长完全不同，心态来源于认识。这里和大家分享一组个人的人生感悟。

理想与现实

理想与现实之间的矛盾恐怕是大多数人成长过程中都会遇到的。我也不例外，前几年一直耿耿于自己到了相应的年纪还没有取得想象中的成绩，于是不断反思、梳理。上小学的时候老师说上了初中就好了，上初中的时候老师说上了高中就好了，上高中的时候老师说上了大学就好了，上大学的时候认为找到工作就好了，工作以后发现仍然有很多烦恼。原来，人生就没有“好”的时候，梦想与追逐梦想总是同时存在的，痛苦与快乐总是并存的。痛并快乐着，应该是人生的一种常态。

正是存在理想与现实这样一组矛盾，才能推动人的不断成长，我们永远是青春路上的行者。我们需要做的就是清楚自己想要什么，能要什么，应该要什么，并将三者有效妥协、有机统一。

能力与位置

人们都是希望先有位置，再有能力。而现实中毫无疑问是需要先有能力后有位置。道理说起来都懂，但是很少有人去思考这个问题，大多数人都是囿于名利场中而不能自拔，忽略了一些简单的道理。

有形与无形

天下熙熙皆为利来，天下攘攘皆为利往。名利的牵引容易让人忽视路边的风景，蓦然回首，你可能会发现原来精彩就在身边。

旅行的意义不在于目的地，而在于沿途的风景以及欣赏风景的心情，偶有迷途，倒可能为旅行增添几分别致。“无形”莫被“有形”伤，值得我们珍惜的还有很多。

成长与成功

古人强调精神境界，“朝闻道，夕死可矣”。早上听到道理，晚上死去都没有遗憾。对真理的崇拜，对个人成长的追求是一种终极追求。人的最终实现应该是自我价值的实现，而不应该是观念层面的实现。追求成长，从成长走向成功。

明白了这些人生道理，我开始意识到只有理想的班主任才能实现班主任的理想，只有成功的教育才能催生教育的成功。我之所以没有实现自我的理想，是因为我没有做到理想的自我。明白了这一点，我豁然开朗。此后，我只管付出，不管回报；只管过程，不问结果。我开始走上阅读—思考—实践—写作的教育科研之路。坚持用文字记录成长，从成长走向成功。

二、坚　持

坚持就是胜利，守望成就人生。关于坚持的重要性不用我多说，任何事物只有经历量变以后才会产生质变。我在这里和大家分享一下我的工作感悟——从来没有一种坚持会被辜负。

如果一个地方挖井10米可以见水的话，那么挖井人挖到11米还没有见水，他可能就有些犯嘀咕，想想是不是还要继续挖下去，要是继续挖的话还要挖多深？如果继续挖一两米还不见水，我估计挖井人可能就会放弃了。但是，如果明确地告诉挖井人，这口井所在地需要挖15米才能见水，我想他一定会以15米作为目标而坚持不懈。

人，往往就是这样，并不是害怕付出，而是害怕付出以后得不到回报；不是不想坚持，而是害怕坚持以后仍然不能如愿。坚持，不仅需要毅力，还需要信仰。我们应该相信，从来没有一种坚持会被辜负。

因为，坚持就是积累，而成长需要积累。积土成山，风雨兴焉；积水成渊，蛟龙生焉；积善成德，而神明自得，圣心备焉。故不积跬步，无以至千里，不积小流，无以成江海。齐骥一跃，不能十步，驽马十驾，功不在舍。任何事物的变化都需要经历量变到质变的过程，花朵瞬间的绽放是长期孕育的结果。台上一分钟，台下十年功。没有人能够随随便便成功。

因为，坚持就是选择，而成功需要选择。选择，说起来很简单，只有两个字，做起来却很难。人的一生似乎总是在选择中度过的，有时候甚至到超市买一个小东西都要选来选去选个半天。这时，与其说选择是机遇，还不如说选择是诱惑。面对诱惑，如何坚守初心是一个人成长过程中必须面临的难题。坚持就意味着专一，专一就要学会选择放弃。有志者立长志，无志者常立志。不忘初心，方得始终。

因为，坚持就是修行，而成才需要修行。天将降大任于是人也，必先苦其心志，劳其筋骨，饿其体肤，空乏其身，行拂乱其所为，所以动心忍性，曾益其所不能。一个人，如果为了一个目标坚持一天、两天、三天也许没有什么，但是坚持一年、两年、三年肯定会有困难：坚持到别人嘲笑了怎么办？坚持到自己有些恐慌了怎么办？坚持到不能坚持了怎么办？坚持到成功了又怎样才能摆正心态？人生只有经历这样的守望才会变得丰盈起来。

如果一个人在全力以赴、长期坚持以后能够如愿以偿，他很有可能会不断地复制自己的成功经验，从一个成功走向另一个成功。

如果一个人在全力以赴、长期坚持以后虽然不能如愿，但失之东隅收之桑榆，他在坚持中也会有属于自己的收获。

如果一个人在全力以赴、长期坚持以后仍然一败涂地，这种痛彻心扉的感悟自然是奋起再战最有力的杠杆，会助力他跳得更高。

我们应该相信没有一种努力会白费，没有一种坚持会被辜负，努力就有回报，坚持就会成功。

更何况，坚持本身就是财富。人生的两端是生死，生死之间的全部内涵即成长。在坚持中沉淀下来的感悟是人生最大的收益。至于结果是心想事成，还是出乎意料，其实都已经不重要了。

关于坚持，还需要明白两个问题：一是坚持什么，二是如何坚持。

首先说坚持什么。从一般意义上来看，优秀的班主任应满足三个条件：课上得好，班带得好，学生考试考得好；名师还要加上两个条件：能说、会写。简单地说，班主任需要提升自我的教育教学水平和教育教学业绩。那么如何成为一个名师呢？李镇西老师在《做最好的老师》的讲座中介绍了自己的成长历程，非常坦然地说到自己的成长、成功得益于自己每天坚持的“五个一工程”，即每天阅读一万字书报，上好一节课，找一位学生谈心或做书面交流，思考一个教育问题或社会问题，写一篇文章。

我认为最核心的是写作，写作需要思考，思考来源于实践与阅读。正如华东师范大学叶澜教授所说，一个教师写一辈子教案不一定成为名师，如果一个教师写三年的反思，则有可能成为名师。

再说如何坚持。我认为兴趣很重要。打麻将可以打通宵，也不感觉疲惫，什么原因，兴趣使然。一个人干自己感兴趣的事，当然会其乐无穷。有的人喜欢钓鱼，早上天不亮就起来，但是他不会以此为苦，相反还很快乐。

兴趣是可以培养的。坚持写作也是可以培养的。建议班主任们可以开通博客。博客是“blog”的音译，是网络日志的意思。具体来说，博客就是以网络作为载体，简易、迅速、便捷地发布自己的心得，及时、有效、轻松地与他人交流，再集丰富多彩的个性化展示于一体的综合性平台。毫无疑问，博客的首要功能是用文字、图片等来记录自己的见闻和思考。这实际上可以看作教育反思和教育写作的集合。

博客上的文章一经发布就刊登在网页上，能够被浏览该网页的人看见，也就是相当于“发表”了。而这种“发表”对教师是一种很好的激励与鞭策。班主任们经过反思、总结、梳理以后，写到博客上的文章虽然不同于杂志上的文章有分量、有影响，但是起到的促进班主任成长的作用是一样的。对于班主任本人来说，仍然能够在心里留下痕迹，尤其当博客打理到一定程度，点击率比较高、关注度比较高的时候，会使班主任自觉地关注所写的内容和承载的思想，注意反思自己的认知与大众的认知是否一致，慢慢就会形成自己的观点，当正确的观点连成片以后就会形成思想，就能够帮助班主任把握教育教学的规律，触及教育教学的本质，进而成为一名优秀的班主任。

点击就是行动，关注增添力量，围观可能改变习惯。网友的点击与关注很有可能会改变一个班主任的教育行为。在一种相对较高的曝光率之下，一个班主任的思维模式、思维角度和说话方式就需要考虑大众的评价，久而久之就会影响自己的观点和思维，不断向一个传统意义上的优秀班主任靠近。

此外，班主任结识的对象多是本校的老师，这些老师因为相似的文化背景和生活习惯走到一起，人生观和世界观在一定程度上也趋向一致，容易产生交集，每天在一起讨论的内容也大致相同，这就需要班主任去结识更多的人。实际上，班主任的成长不仅需要自我研修，还需要同伴互助和专家引领。如果说写博客是自我研修的话，那么结识大量的优秀班主任则属于同伴互助。现在许多的优秀班主任，包括一些杂志社，如《班主任》《班主之友》《中学物理教学参考》等都已经开通博客，我们可以通过访问别人的博客，在别人的博客上留言、评论来获得学习的机会，也可以通过别人在自己的博客上的评论、留言来相互认识。

班主任在博客上结识的人，谈论的内容一般比较集中，大多涉及教育教学，而不是生活的琐碎，所展现的观点一般也是以正面为主，传递的是正能量。有些班主任本身就是一本活的教科书，其奋斗历程就可以教育人、感染人，长期与这些班主任交流，就能够适时地梳理与调整职业价值取向，树立正确的价值观和世界观，知道关心工作本身比关注工作所带来的荣誉和地位更重要，从而获得充实感和安全感。

三、规　划

如果第一颗纽扣就扣错了，可你扣到最后一颗才发现，那么全部都是错的。有些事也许一开始就是错的，可只有到最后才不得不承认。我认为方向比努力更重要，科学合理的规划才能赢得成功。

有这样一则故事，长安城西的一家磨坊里，有一匹马和一头驴子，它们是好朋友，马在外面拉东西，驴子在屋里推磨。后来，这匹马被玄奘大师选中，前往印度取经。

17年后，这匹马驼着佛经回到长安，它重回磨坊会见朋友驴子。老马向驴子谈起这次旅行的经历：浩瀚无边的沙漠，高入云霄的山峰，凌峰的冰雪，热海的波澜……驴子听了大为惊叹道：“你有这么多丰富的见闻啊！

那么遥远的道路，我连想都不敢想。”老马说：“其实，我们走过的路程大致相等，你一步也没有停止，不同的是，我同玄奘大师有一个遥远的目标，按照始终如一的方向前进，所以我们看见了一个广阔的世界。而你被蒙住了眼睛，一生就围着磨盘打转，所以永远也走不出这个狭隘的天地。”

卡耐基对世界上一万个不同种族、年龄与性别的人进行过一次关于人生目标的调查。他发现，只有3%的人能够明确目标，并知道怎样落实目标；而另外97%的人，要么根本没有目标，要么目标不明确，要么不知道如何去实现目标。10年之后，他对上述对象再进行一次调查：属于原来97%范围的人，在生活、工作、个人成就上几乎没有太大的起色；而原来与众不同的3%，却在各自的领域取得了相对的成功，他们10年前提出的目标，都不同程度地得以实现，并正在按原定的人生目标继续走下去。心有多大，舞台就有多大！

教师的成长过程一般可分为三大阶段共六个时期，即发展基础阶段（适应期、巩固期和成长期）；主动发展阶段（熟练期、高峰期）；发展成熟阶段（成熟期）。适应期一般为1年，目标是站稳讲台；巩固期一般也为1年，目标是站好讲台；成长期为1至3年，目标是成为合格的教师。以上3个时期总称为发展基础阶段，此阶段是教师成长发展的关键阶段。进入熟练期一般需6至8年，目标是成为骨干教师；高峰期是教师成长发展的黄金时期，年龄一般在35至45岁。这一时期的人精力旺盛，经验丰富，创造欲望强烈，目标是成为一名“名师”。熟练期和高峰期合称为教师成长的主动发展阶段，这个阶段是教师培训工作的重点。最后进入发展成熟阶段，教师的目标则是不断完善自己。

我们要根据自身的成长规律，关注班主任在不同职业生涯阶段的特征，有针对性地提升自己，从而享受班主任这一职业的乐趣，体味班主任这一职业的价值，实现班主任自身的生命意义。

有人曾问3个砌砖工人：“你们在做什么？”第一个工人说：“砌砖。”第二个工人说：“我正在赚钱。”第三个工人说：“我正在建造世界上最富有特色的房子。”据说到了后来，前两人一生都是普普通通的砌砖工人，而第三个工人却成了有名的建筑师，我认为他的成功在于他为自己树立了崇高的理想。班主任的职业道德发展也有三个境界：职业、事业和乐业。一个班主任如果仅仅把教育当成职业，那么他获得的自然只是谋生的工具；如果把教育当事业，他就有可能收获工作带来的丰硕成果；如果以教育为乐，他就会享受教育带来的幸福，并沉浸其中，乐此不疲，最终赢得别人的尊敬和爱戴。

一位作家说过：“一个人一辈子可以不登山，但心中一定要有一座山。”这座山就是我们的奋斗方向和人生梦想。班主任只有适当梳理与调整自己的职业价值取向，关心工作本身而不是关注工作所带来的荣誉和地位，才会让自己更有充实感和幸福感。对中小学班主任来说，我们不能也不应该与别人比较物质财富，而应该把成为最好的班主任作为自己的人生追求，这样才能够享受教育的幸福与快乐。

第二节　学校、个人、学生

——班主任工作三部曲

本节展现的班主任工作三部曲是很多班主任都走过的路。首先，班主任以学校考核为导向，特别注重学校领导、同事的评价，努力提高班级整体成绩，确保班级安全、有序；然后，班主任听了不少专家报告，加上个人的实践，对教育有了自己的思考，总是希望把最好的教育给学生，偏重学生的品行教育；最后，班主任以生为本，以学定教，全面提高学生以学习成绩为核心的综合素质。

一、关注学校的考核

我当班主任第一阶段的关键词是学校，以学校考核为导向，特别注重学校领导、同事对我的评价，努力提高班级整体成绩，确保班级安全、有序。

我是大学刚毕业就当班主任的，由于我所在的学校是安徽省较早授牌的省级示范性普通高中之一，所以对班主任的选拔比较严格。老师想当班主任首先要向政教处递交申请，然后集中竞聘演讲，由学校行政人员打分，最后按照分数的高低来确定班主任人选。当年，有31位老师递交申请，而班主任名额只有16个。我因为是党员，有担任学生会主席的经历，演讲也比较精彩，加上学校有意在刚毕业的青年教师中选一位老师担任班主任，所以我很荣幸地走上了班主任这一工作岗位。

责、权、利是一致的。我通过激烈的竞争走上了班主任的岗位，除了荣耀，更多的是压力。正如当时的政教主任对我说的那样："这是机遇，更是挑战。"我就这样战战兢兢地开始了我的班主任工作。

为了尽快熟悉业务，我找当时的政教主任要了一本学校的管理手册，认真学习、研究学校对班级、班主任工作的要求。我理解的学校对班级的评估大致有这样四个方面：一是学习成绩，二是纪律，三是卫生，四是早操；对班主任的评估除了这四个方面还要加上出勤，学校规定班主任在学生早操和晚上就寝时都要出勤，并且学校组织考勤，要求班主任一学期的出勤总数不得低于应到次数的三分之二。

了解了学校的要求就好办了，我严格地按照学校对班主任的要求来做。勤字当头，勤出操，勤到教室，勤到寝室，多找学生谈心，多记录，努力当一个学校信任的好班主任。这期间，我长期坚持的有两件事情。

一是我每节晚自习上课铃响之前都要到教室去看一下，以便学生快速安静下来。有一次，我因为在宿舍看书，忘记了去教室，等到自习课铃响的时候，我才想起来，就跑到教室。结果到教室一看，发现除了自己急促的呼吸声，没有任何声音。原来学生已经被我"驯服"了。在我的严格要求下，班级秩序非常好。有个班主任就在下课的时候把他们班调皮的学生带到我班教室门口来参观。我当时的理解是，一个班级的好坏可以通过下课时教室走廊的喧闹程度和晚自习铃响时教室能否快速安静下来等这些小事看出来。"听话"，是我这个阶段对学生的核心要求。

二是我每天都记录。学校给每个班主任发了一本"班主任工作日志"。自己每天做了什么事情，还要做什么事情，有哪些问题，如何改进……我都认真地记录。但是到了期末，学校要求上交"班主任工作日志"的时候，我却找不到这本工作日志。原来其他班主任都没有写，拿我的工作日志抄去了。

就这样，我坚持了三年。三年下来，我对结果还是比较满意的。但是现在回想，过程却很辛苦。我很累，每天紧盯着学生，学生也很累，每天紧绷着一根弦。于是我开始反思，思考我以后应该如何当班主任。

二、关注个人的喜好

我当班主任第二阶段的关键词是自我。听了不少专家报告后，加上个人的实践，我对教育有了自己的思考，总是希望把最好的教育给学生，偏重学生品行教育，筑造成人教育梦想。

我在学校完整地带了一届学生后，备课量大大减少，班级管理也轻车熟路，于是有了时间来学习。这段时间我先后看了魏书生老师的《班主任工作漫谈》，李镇西老师的《做最好的班主任》，苏霍姆林斯基的《给教师的建议》，陶行知的《陶行知文集》等书，有机会听了魏书生、李镇西、任小艾等知名班主任的讲座。

学然后知不足，教然后知困。我开始反思自己的教育行为，认为自己还有很多值得改进的地方。有两点必须要纠正，一是不能从自己的利益出发，要多考虑学生的感受，要积极地采用学生喜闻乐见的方式传递教育信息；二是不能过于注重学生的成绩。作为班主任，应该注重学生的品行教育，为学生终身发展奠基。想到这些，我有些惶惶不可终日，开始检讨自己的教育行为并大量学习，逐步走上了“阅读—实践—反思—写作”的教研道路，总是希望把最好的教育给学生。这阶段有两件事情让我印象深刻。

一是我在班级开展了大量的活动，先后策划并举办了“为他人鼓掌”系列班会，“奇文共欣赏”系列班会，生日班会，等等。

“为他人鼓掌”系列班会主要引导学生用欣赏眼光看待他人，积极地发现同学的优点并说出同学的优点，目的在于使同学关系更加融洽。每星期天由各寝室轮流承办班会，承办寝室成员分别说出下一个寝室成员的优点，即1号寝室承办时说出2号寝室成员的优点，2号寝室承办时说出3号寝室成员的优点……如此循环，待一轮结束时，开始新的一轮，每隔一个寝室说下一个寝室成员的优点，即1号寝室承办时说出3号寝室成员的优点，2号寝室承办时说出4号寝室成员的优点……如此循环。待第二轮结束，可以每隔两个寝室，以此类推下去。这样一来，这种班会可以长期举办，有利于融洽学生之间的关系。

“奇文共欣赏”系列班会也是由各寝室轮流承办。承办寝室需要确定一个主题，寝室成员围绕这个主题交流自己感触较深的文章。如，1号寝室围绕亲情展开交流，交流的内容是一篇篇感人至深、引人深思的文章，好多同学在现场就悄悄地流泪了。

“生日班会”就是利用班会的时间给同学过生日。同学们简单的礼物、纯朴的语言、自编自演的节目让过生日的同学倍感温馨，也让全班同学共同度过了一段美妙的时光。

二是我很少使用惩罚这一手段，对学生充分信任。记得有一个学生在教室里发火，大吵大闹，还将书抛到空中，我不仅没有骂她，还摸着她的头对她说：“像你这样温柔、善良的好女孩，怎么能够做出这样野蛮的事情呢？实在有损你在大家心目中的形象。”这个阶段，由于我的理念发生了改变，学生对我的满意度非常高，在每学期期末的测评中，我的得分在全校50多个班主任中都位于前五名。但是这个阶段造成的负面作用是学生的学习成绩不够理想，尤其是有少数同学，成绩长期靠后，于是我又开始检讨了。

三、关注学生的成长

我当班主任第三阶段的关键词是学生。我开始以生为本，以学定教，全面提高学生以学习成绩为核心的综合素质。

痛定思痛。我对教育的主体性有了新的认识，我认为最好的教育并不一定是学生认可的教育。我对应试教育与素质教育也有了新的理解。其实，帮助学生考上理想的大学也是一种教育。我对人本教育与规范教育有了更深层次的理解，教育需要以人为本，但是也要恪守底线，强调《中小学生日常行为规范》在德育中的作用。在这一阶段，我处理学生问题，尤其是问题学生的问题显得非常成熟了。

我认识到要想解决高中生违规违纪问题的复杂性、艰巨性，必须做好长期的教育准备。具体来说，有以下几种措施。

用书面交流代替口头说教。小洪同学因为没有佩戴胸卡与值班老师发生冲突，我没有干预，因为我很清楚，如果小洪当时就认识到自己的错误就不会与老师发生冲突了。于是，我利用本该处理问题的时间写了一封信，在信中向小洪表达了这样三点意见：

第一，错在前因和后果上。

对问题的归因不正确。总是想着别人应该怎样，而不去想自己应该怎样，应该承担什么样的责任。试想：如果这不是一卡通，而是准考证，你会在参加考试的那一天和老师理论吗？你自己没有承担相应的责任是事实，这毋庸置疑。我要告诉你的第一个关键词是：责任。

对结果的预计不足。你仅仅表达了自己的想法，但是你没有想过以这种形式表达这样的想法会造成什么样的结果。你处理问题的态度在一定程度上决定了问题的结果。因此，我要告诉你的第二个关键词是：态度。

第二，你当前要做的事情有：一是深刻认识自己的错误，二是积极采取合理的措施减少不良影响，挽回损失。

第三，牢记今天这个日子：2010年10月18日。把这个作为自己人生的转折点，认真反思自己的过失，促进自己的成长，努力把坏事变成好事。

这封信突破了小洪同学对班主任处理此类问题的认知，小洪反复咀嚼我所写的内容，仔细思量。我事后观察，发现教育效果良好。

用特殊环境代替一般环境。小许同学上课时因为与英语老师发生冲突而跑出教室，我为了让小许对这件事情有更为清晰的认识，特意设计在最后一节晚自习快要下课的时候找他了解情况。我先是了解了事件的经过以及他自己对这个问题的认识，然后我谈了对这个问题的认识，最后让小许写一些心得体会，而我也陪在一旁若无其事地备课。这样几个轮回下来，已经到了晚上12点多了。当小许走出我的办公室时，已经是夜深人静了，可以设想他回到宿舍、躺在床上，一定会不断地反思这件事情发生的过程以及我与他交流的情景。我认为这样做能够给学生留下深刻的印象。事后，我从小许的父母那里得知，小许对此事印象深刻，引以为戒。

用集体谈话代替个人交流。学生小蒋夜间外出上网，被学校巡查抓住，第二天上午政教处处理以后，为了教育这位学生，我当时就利用中午时间与其交流，让其写材料，有意识地拖到吃饭时间，很自然地喊上班级几位威望较高的授课教师和几位同学一起到饭店吃饭，继续我的教育计划。在吃饭的过程中，老师们各抒己见，开诚布公地和他交流，让小蒋非常感动。小蒋毕业后的很多年还经常提起那天我们一起吃饭的情景，认为那是他人生的一个转折点。

在这一阶段，我认识到班主任工作同其他管理工作一样，究其本质就是服务。服务性工作的特点是以服务对象为中心，而不是以自身为中心。在实际工作中，我对学生的管理少了一点，教育多了一点；怨言少了一点，行动多了一点；教育挫败少了一点，教育成功多了一点……我开始体会到作为一名班主任的幸福。2012届学生陶炎森写了一篇题为《可以不成功，但不可以不成长》的文章，让我非常感动。文章全文如下：

可以不成功，但不可以不成长

至今，我读书已有十二年了。回想十多年的求学历程，在潜山野寨中学读书的这三年收益最多。这得益于潜山野寨中学优秀的教师群体。其中，我的班主任徐维老师尤为突出。

徐老师对我的关爱令我终生难忘。高一刚进校不久，我生病住院了。学生生病，这对老师来说应该是司空见惯的事情。但是，我没有想到的是，徐老师居然带领几个学生代表，带着鲜花和水果来病房看我。当我在病房看到徐老师的那一刻，我激动极了。接下来，徐老师的一言一行都触及我心中最柔软的部分。对于农村的孩子来说，我从来没有感受过这样的关爱，从来没有谁在我生病的时候送我鲜花，更没有哪个老师从山里来到城里看望一个生病的学生。我后来了解到，所有的开支都是徐老师自己掏的钱，这件事以后，我就暗暗下定决心，一定要好好学习，绝不辜负徐老师对我的期望。

鲁迅先生说得好："……但愿不如所料，以为未必竟如所料的事，却每每恰如所料起来。"当我一心发奋学习，提高学习成绩的时候，我的成绩还是不理想。高一第一学期期末考试，我的成绩下降到班上30多名，当我在家里接到成绩单的时候，我羞愧万分，恨不得找个地洞钻进去。就在这时，家里的电话铃响了，徐老师来电话了，他还是以一贯的平和的语气对我说：“看到成绩了吗？有点难受吧？不要着急，考差一点不是坏事，考试就是为了发现问题，只要把发现的问题解决了，老师相信你的成绩一定会提高的。要知道，你在老师心中是一位非常优秀的学生。”寥寥数语，让我泣不成声。徐老师，你的每一句话都说到我的心坎上了。

徐老师不仅对我如此关爱，对其他同学亦是如此。烧开水是很多老师在办公室的经常做的事情，当遇到水壶里的水倒满水瓶以后还多出一些的情况，你会怎么办呢？可能有的老师想都没有想过这个问题。但是，徐老师却想了。他想到的是我们学生，好几次，我看见徐老师将剩余的开水倒进放在教室走廊上学生的空水瓶里，然后默默走开。

徐老师不仅关注我们的生活、学习，还关注我们的成长。徐老师经常在班上说：你可以不成功，但不可以不成长。班上小洪同学因为没有规范佩戴一卡通而与值班老师发生了冲突，徐老师没有像其他老师那样，简单地批评小洪，而是邀请包括我在内的几个同学、老师一起请小洪到饭店吃饭，边吃边聊。如此真心的教育让小洪感动不已，小洪现在还经常回忆起徐老师那天说的一句话：成长没有失败，现在的失败可能是以后成功的基石，现在的成功也许来源于过往的失败。

徐老师就是这样一位真心为学生着想，真诚为学生付出的好老师。在徐老师的教育下，我们班级的同学把校园当成家园，当成精神乐园，享受着教育的快乐。

第三节　专心、专注、专业、专家
——获得职业成就的四段论

专心才能专注，专注才能专业，专业才能成就专家。从事教研科研工作，一定要做到专心、专注、专业、专家。所谓专心，就是要能定下心来，认真做事；所谓专注，就是要明确自己的人生目标，不为外界因素所影响；

所谓专业，就是要具备扎实的专业知识，要在自己的科研领域做到知己知彼，并有自己的想法和见解。所谓专家，就是要以一个专家应具备的尊重科学、实事求是的态度来严格要求自己。

一、专心：不忘初心，方得始终

在庆祝中国共产党成立95周年的大会上，习近平总书记指出："面向未来，面对挑战，全党同志一定要不忘初心、继续前进。"作为一名班主任，我们的初心在哪里？

以我为例，我来自农村，当初报考师范专业就是希望减轻家庭负担，同时希望通过自己辛勤工作来改变像自己一样需要改变的孩子。若干年以后的现在，我有了一份稳定的工作，在城里也买了房子，建立了家庭，现在的生活比起当初在农村的生活已经好了很多，我的孩子可以在宽敞、明亮的教室里上课，不用像我一样"搞双抢""放牛"，我的父母也有机会到城里来看看。但是，生活条件的改善给我带来的不全是快乐，因为与其他班主任相比，我在物质上还是相形见绌。因此，我也曾迷茫，甚至忘记了初心。

可能很多班主任和我一样，随着从教时间的增长，从关注学生转向关注自己。思考一些很现实的问题：我的付出为什么得不到相应的回报？我为什么不能带重点班？我为什么评不上优秀班主任？我为什么当不了校长？这些教育学生以外的问题开始困扰我们。于是，我们会想：与其全心全意工作，还不如花点精力"搞关系"。

可能很多班主任和我一样，随着从教时间的增长，从关注学生转向关注家庭。感觉到世界很大，与我的幸福相关的人很少。于是，我们会想：与其教育别人的孩子，还不如把自己的孩子教好。

可能很多班主任和我一样，随着从教时间的增长，从关注学生转向关注同事。看到有些同事教书并不出色，但很会赚钱。看到某某老师最近又在省城买了一套房子，转手以后赚了几十万。于是，我们会想：与其一心一意教书，还不如"炒"一套房子。

不忘初心，方得始终。回想我们初上讲台，想法其实很简单：把书教好，把学生带好。

天长地久，天地为什么能够长久，就是因为天地孕育万物，没有考虑自己的利益。作为班主任，要把以学生为中心作为教育行为的出发点和落脚点，切忌从自身利益出发，应该时刻把学生放在心上，时时、处处为学生着想，纵然在表达的方式上有所欠缺，学生也应该都能够理解和接受。学高为师，身正为范。班主任的职业特性决定了班主任必须是道德高尚的人。只有做好人师，才能让教育具有穿透岁月的力量，才能赢得学生历久弥新的尊敬。无论学生当下多么不尽如人意，无论他将来走哪条路，能够在他的心里种下一颗希望的种子的人，都是伟大而可敬的。

班主任只有不忘初心，适当梳理与调整自己的职业价值取向，关心工作本身而不是关注工作所带来的荣誉和地位，才会让自己更有充实感和幸福感。对中小学班主任来说，我们不能也不应该与别人比较物质财富，而应该坚定“教好学生，带好班级”的初心，这样才能够享受教育的幸福与快乐。

二、专注：最好的表现是工作

工作的时间久了，见过的人和事多了，我发现很多人把工作当成“人学”，而不是科学，经常琢磨的事情是如何表现自己，在领导和同事面前表现自己，以期达到某种目的。对此，我并不认同，我认为不能把心思放在如何表现上。

一方面，长期表现有风险，一旦被识破，后果不堪设想。按照常规理解，与你在同一平台的人与你的智商、情商应该大致在同一个层次。既然你有这样的智商想到表现，估计别人也有这样的智商能够识别。也许在少数问题上，由于你先入为主能够蒙蔽一时，但是如果你长期这样，别人自然会意识到你是在表现。一旦别人发现你的刻意表现，你所有的努力都是白费，只会贻笑大方。

另一方面，刻意表现有成本，与其表现，不如踏实工作。表现虽说是一条捷径，但是同样需要付出。就像走路，大路虽然有些远，但是只要一直走总会到达；你若是选择小路，由于走的人少，还真不知道能不能行得通；如果发现小路行不通的时候，再返回就得不偿失了。

更重要的是，刻意表现不利于自己的身心健康。表现的对象是人，而人是反复无常的，就是同样一个人，可能由于心情的不同对同一件事情的认识也会不同。这时候你该如何表现呢？表现不好自然难以释怀。

其实，最好的表现就是好好工作。相较于把工作当“人学”，把工作当科学更为合适。外表美只能取悦人一时，内心美才能长久。表现只能是建立一时的印象，树立长期形象还要靠踏实工作。

见面时，你主动对领导嘘寒问暖、适时的端茶递水能够为你在领导眼中的形象加分，但是这些并没有触及个人素质的核心，也不是用人的关键，充其量只是享有同等情况下的优先权利。

在其位谋其政。既然有幸走到相应的工作岗位，就要发挥出你在这个职位上的作用，利用职位为别人做一点有意义的事情，千万不能整天想着以权谋私。公益心是衡量一个人品质高下的重要标准，一个人是为己还是为人在一定程度上决定了一个人品质的高下。群众的眼睛是雪亮的，时间长了，你是一个什么样人，大家心知肚明，领导也是如此。

试想，如果你因为表现而获得重用，那么用你的领导恐怕也不是什么好领导，和这样的领导在一起也就谈不上干事创业，做出一些有意义的事情。

相反，如果你努力工作，业绩突出，却得不到重用，你也应该感到庆幸，这样的领导还是远离他为好，不然自己都被“带”进去了。

正确的做法是，你只管做，评判交给别人、交给历史，只要有利于工作的都大胆去做，即使大家一时不能接受，时间长了，大家也能够理解；并且当大家理解的时候，也会产生强大的精神力量，发自内心地佩服你。要记住：最好的表现是好好工作，最好的姿态是认真负责。

三、专业：班主任的专业性体现在哪里

随着2009年8月教育部《中小学班主任工作规定》的颁布，班主任的专业地位已经从行政层面得到了承认。但是实际上，班主任仍然作为一种兼职而存在。这主要表现为，班主任待遇低、责任大、杂事多，甚至有的学校出现了没有人愿意当班主任的局面。

所谓专业，就是一般人不可替代的，简单地说，就是这件事情只有你能干，别人干不了。那么班主任的专业性体现在哪些方面呢？

班主任的专业性应该体现在专业知识上。专业素养的主要体现就是专业知识，任何专业技术人员都需要经过专门的培训才能上岗。班主任作为专业技术人员，自然要具有专业知识。目前来看，班主任应该是班级的管理者、学生学习的促进者、学生心理的疏导者和学生成长的引路人。因此，班主任需要了解班级管理的基本内容，什么时候应该做什么事情，怎么去做这些事情都应该了然于胸；班主任需要知道如何促进学生学习，具有一套分析和促进学生学习成绩的方法；班主任应该熟悉学生身心发展的规律，对学生的发展具有一定的预测能力，能够有效防控学生的心理问题，能够为学生未来的发展指明方向。

班主任的专业性应该体现在专业技能上。除专业知识以外，班主任作为专业技术人员，还应该有专业技能。专业知识也许可以通过书本的学习而获得，但是专业技能需要在实践中摸索。班主任应该有组织召开班会的能力，通过有序、有效的班会课，来为学生的人生启航；班主任应该有与学生沟通的技能，善于同不同类型的学生交流，从而有针对性地开展教育工作；班主任应具备转化问题的能力，善于从学生的违规违纪中寻找教育契机。

班主任的专业性应该体现在专业精神上。衡量专业性最重要的标志应该是专业精神。爱与责任是师德的核心要求，班主任作为学校德育工作的主要实施者，不仅要爱学生，更要提高爱的层次和表达爱的能力。区别职业者与专业者的关键在于是为己还是为人。职业者，通过职业来谋生，根

本目的是为了自己；专业者，通过职业来实现人生价值，根本目的是为了成就别人，对于班主任来说，就是成就学生。

人们常说，有为才有位。班主任要增强专业意识、提升专业技能，千万不能小看自己。只有将自己的工作变成别人不可替代的，这样才会赢得尊重和财富。

四、专家：教育的智慧源自哪里

在班主任的教育实践中，教育智慧是一种善于根据情况变化创造性地进行教育的才能，表现为班主任在教育教学的工作中能随机应变，具有敏捷、果断、灵活地处理问题的能力，能够巧妙、精准、发人深省地给学生以引导、启示和教育的智慧。

而分析教育智慧的本质，毫无疑问应该是智慧的一种，而智慧不可能像知识一样传授，智慧是一种境界、一种状态。教育智慧是一种内在的品质，表现为教育的一种自由、和谐、开放和创造的状态，表现为真正意义上的尊重生命、关注个体、崇尚智慧，追求人生幸福的教育境界。因此，教育智慧是教育科学与艺术高度融合的产物，是教师在探求教学规律基础上长期实践、感悟、反思的结果。

教育的智慧来源于学习。也许你辛辛苦苦琢磨了好几天还没有想好怎么解决某一个学生的问题，而别人早已有成熟的、行之有效的方法了。“他山之石可以攻玉”，专家引领、同伴互助是促进班主任成长的非常重要的两条途径。牛顿说：“我之所以看得远，是因为我站在巨人的肩上。”向名师学习，向同事学习，变“文人相轻”为“文人相亲”，照着他们的样子，搬着他们的“妙招”，慢慢地就能够把自己的工作做得井井有条。任何一个班主任都有从模仿到创新的过程。初当班主任，学习优秀班主任的先进教学方式和工作方法极为重要，这是积累教育智慧的重要途径之一。

教育的智慧来源于阅读。托尔斯泰说：“理想的书籍是智慧的钥匙。”班主任生成教育智慧同样离不开阅读。首先，阅读本身使班主任获得人文精神，这种精神影响着班主任的一言一行，使班主任成了一个真正意义上的“文明人”。读书可以使班主任“义理交于胸中”、面目可亲、言语生动，而教育智慧就蕴于这举手投足之中。其次，专业阅读使班主任进入了一种研究的状态，对于班主任来说，阅读即研究，阅读不是一本接着一本无目的地读，而是如蜜蜂采蜜般的，根据自己的研究方向，博采众家观点；在研究中进行阅读，其行动也就带有研究性，而带有研究性的教育行动，是一种避免无效劳动的智慧实践。再次，班主任的专业实践需要阅读的支撑，如果拿起课本、教学参考书就奔向教室上课，而从不参考各家的观点；管理班级从不搜集各家的方法，从不借鉴各家的实践，这样的教学很难“有智慧”。诚如陶行知先生所说“先有学而不厌的先生，才有学而不厌的学生”，班主任阅读的专业价值在对其专业对象（学生）的“影响力”上是其他专业无法比拟的。

教育智慧来源于实践。纸上得来终觉浅，绝知此事要躬行。教育需要实践，在实践中前进，在实践中发展，只有在教育实践中才能迸发出教育智慧的火花。如果离开了长期的实践探索，离开了对教育实践的研究，那么教育智慧势必成为无源之水、无本之木。读书学习是为了实践得更好，积极投身教育实践又为学习提供了更多的素材和机会。学习—实践—再学习—再实践，长此以往，班主任才能真正拥有符合时代要求的学生观和教学观，才能炼成自我独特的洞察力和出奇的创造力，才能炼成风趣、幽默的教学语言和个性化的教育风格，最终真正拥有自身的巨大财富——教育智慧。

教育智慧来源于反思。学而不思则罔，思而不学则殆。没有思考就没有发现，也就不会有所创造。一名班主任如果经常观察学生、了解学生、研究学生，并寻根究底地思考，就会不断产生新的思想，这些新思想会点燃学生心中求知的火焰，吸引着学生，影响着学生。只有深入的思考才能够形成自己独特的认识，产生新方法、新理论，积累新智慧。

教育智慧来源于写作。写作是一种自我释放，也是一种自我倾诉；是心灵舒展，也是灵魂的升华。作为班主任，用得最多的是笔，写教案、写板书、写班级日志、写反思。这一系列的写作成为我们工作和生活中必不可少的组成部分，也记载了我们成长和进步的过程。写作的过程也是班主任读书、学习、思考、提炼和升华的过程，是对教育活动的总结与反思，它会让我们变得睿智和深邃。

班主任的教育智慧仅凭个人之力积沙成塔过于缓慢，也没有必要。班主任的智慧可以是从他人身上学出来的，可以是从书中读出来的，可以是从反思中悟出来的，也可以是从写作中释放出来的。只要一个班主任热爱自己所从事的教育事业，并保持对教育梦想不断追求，就会有源源不断的智慧。

第四节　教学、教研、学生辅导

——教师发展的三条途径

中小学教师中存在一种倾向，重教学轻教研，教研工作一般都是“说起来重要，做起来次要，忙起来不要”。教师在日常工作中也是将主要精力放在教学上，千方百计提高学生成绩，而忽视了教研等其他方面的工作，以至于经过若干年都没有获得较好的发展。

教师应该坚持教研与教学有机结合，以教研指导教学，以教学推动教研，使教研与教学形成相互促进的良性互动，从而更好地提高教育教学质量。客观地说，教师发展的途径除了教学，还有教研和学生辅导。

一、生活如科研

科研，从表面上看是一件深奥、神秘的事情；而生活，从表面上看则是一件简单、易行的事情。但是世间万物其理是相通的，我从做教育科研的经历来看，生活与科研有很多相似的地方。

科研需要方向，生活需要动力。如果想要科研有实际价值的话，必须有一个好的方向。首先，科研不能是一个简单的、泛泛而谈的话题，如果是这样，写出来的文章充其量只能是交流。其次，科研需要有一定的创新。如果你的研究内容在N年前就已经有人研究过了，那么你现在去研究就没有太大价值了。我曾经写过一篇题为《中学物理教师语言的研究》的论文，客观地说，写得还不错，文章指出了物理教师的语言应该具有科学性和艺术性，并且结合实例说明如何实现。文章写出来以后，我投到《物理通报》，却没有被采用，杂志社给出的意见很简单，已经有人探讨过这个问题了。在科技创新比赛中有这样一个环节，叫查新报告。简单地说，就是搜索一下你做的东西别人有没有做过，做得怎么样；如果别人已经做过了，甚至做得比你还要好，那就没有多少意义了。生活也是这样，需要有一个明确的、不落俗套的目标。如果目标过于简单，生活势必简简单单、平平常常。如果目标是某一个人，可能也难以超越，会停留在学习、模仿的阶段。我们经常强调要树立目标，其实就是为生活注入动力。

科研需要规范，生活需要规则。我们强调家风、家训、家规，其实就是强调规范在家庭教育中的作用。没有规矩，不成方圆，任何的自由都是规则之内的自由，没有规则的自由很有可能会导致人性的扭曲，非常危险。

科研需要厚积薄发，生活需要学会隐忍。一篇文章的发表，一部作品的面世，其间需要经历太多的艰辛。所谓台上一分钟，台下十年功。同样，要想生活顺顺当当，绝对不是简单的一句话。俗话说：不当家不知柴米贵，不养儿不报父母恩。别人的事情看起来都简单，但是自己的事情，哪怕再简单，都不是一句话的事情。有的人家夫妻关系不和谐，家务事互相推诿，这怎么会有一个干净的家？如果想家庭兴旺，那就要付出更多的努力，夫妻之间相互妥协，寻求最佳生活方式。

科研要突出专业，生活要有所侧重。科研需要研究方向，生活中的人们也是这样，需要有所侧重。有人说，一个人不能仅仅考虑工作，还要考虑家庭，考虑生活。我认为很有道理。我放弃了学校的一些工作，回归家庭以后发现，家庭与工作是密不可分的，父母的成功是对孩子最好的教育。也有人说，一个人在人生的每个阶段侧重的事情都不一样，二十爱人妻，三十爱人钱，四十爱人子，就是说人在二十多岁的时候希望有个好老婆，三十多岁的时候希望有很多钱，四十多岁的时候希望孩子好。说一千道一万，一个人不能什么都想着成功，只要能够达成其中最主要的部分就行了。

我曾经和学生开玩笑说，我经常看书、写文章，气质与杀猪佬是不一样的吧？因为长期从事教育科研，我逐渐养成了从科研的视角来审视周围的事物的习惯，包括生活。不敢说我的生活多么美好，但是我知道方向在哪里，并且一直行走在美好生活的路上。

二、中小学教师如何开展课题研究

中小学教师对课题研究存在误区，有的人认为课题研究是一件很专业的事情，中小学教师没有必要开展课题研究，只要把书教好就行了；也有的人认为课题就是一个大箩筐，什么都可以往里面装。那么，中小学教师究竟应该如何开展课题研究呢？

第一，开展课题研究的目的应该侧重于培养学生、发展教师，而不是侧重于发展教育科学，更不是沽名钓誉。

做任何事情的动机都很重要。就像入党，首先需要做的事情就是端正入党动机，做到思想上先入党。那么课题研究的动机应该是什么呢？

教育的根本任务是培养什么样的人和如何培养人。作为一名教师，应该时刻将如何培养人作为自己的首要任务，开展课题研究同样如此。课题研究的目标指向应该是学生，如何更好地培养和发展学生，这是课题研究的最根本的目的。

开展课题研究的目的应该是发展教师。百年大计，教育为本；教育大计，教师为本。学校的发展离不开教师，课题的研究也离不开教师。一个课题顺利结题，应该能带动相关教师快速成长。教师的成长应该是课题研究的成果之一。

如果能够推动教育科学的发展最好，但是作为从事教育实践的中小学教师来说，没有产生高端的教育理论大可不必引以为耻。中小学教师能够产生高端的教育理论的可能性并不大，中小学教师在课题研究的过程中不必过多地在意如何创新教学理论，那样就会本末倒置，丧失了中小学教师的优势，而暴露了中小学教师的缺点。

特别需要强调的是，课题研究绝对不是沽名钓誉，如果企图以课题来谋取教学资本，这是完全错误的。课题研究是一门科学，是科学就要求真，绝不能弄虚作假。

第二，课题研究应该以行动研究为主，在行动中反思，在反思中成长。

既然注重实践，必然会有行动，行动研究自然成为中小学教师课题研究的方法之一。行动研究是针对教育实践中的某一问题展开的，并在行动中有针对性地加以改进。它的基本模式是计划—行动—考察—反思。

客观地说，当前教育并不缺少理论，而是缺少实践。中小学教师在开展课题研究的时候，更多需要思考的是如何将理论落实到实践中去，并产生效益。但是通常的教学行为是不能够完成这些的。课题研究可以就某一个具体问题展开探索。例如，课题“辅导农村中学生撰写科技小论文的实践与探索”，就可以通过开展科技小论文比赛来开展课题研究，在开展活动的过程中总结得失，从而得出一些有价值的东西。当前，学校所开展的学生活动大都是文体活动，其目的是丰富学生课余活动，促进学生身心健康发展。开展学生科技论文创作大赛之类的活动，可以丰富学生的科技知识，让他们初步了解学术类活动，这对于营造科技氛围，培养学生科技意识具有重要的意义。

在实践的基础上如果有所反思，课题研究就能够从一般意义上的活动上升到科学研究，通过不断地丰富和完善活动的内容和形式从而达到育人的目的，这不仅为课题顺利结题奠定基础，而且为其他教师提供借鉴。

第三，课题研究成果的呈现形式可以多样，不一定拘泥于论文。

说到课题，大家就会想到论文。因为课题结题需要论文，而论文写作是中小学教师很头疼的事情之一。当前职称改革淡化论文写作要求，也是从中小学教师的实际写作水平出发的。其实，论文只是课题研究的形式之一，不同的课题可以采取不同的形式来展现研究成果。

例如，“农村中小学德育特色活动设计与实践研究”这一课题，针对当前有极少数农村中小学学生安全意识和法制观念淡薄、自信心不足、集体荣誉感不强、行为习惯不良等问题，通过课题的实施、活动的开展，加强学生社会主义核心价值观教育，这对于落实立德树人的根本任务具有积极的促进作用。以活动为研究内容，那么课题研究成果的呈现形式就可以是多样的，除了文字，还可以有德育活动校本教材，视频、音像等多媒体资料。

第四，课题组成员可以实行动态管理，可进可出。

对课题管理也存在误区，有的学校比较死板，申请书上写了多少人就是多少人；有的学校一味求多，恨不得全校教师都参加。这两种模式，不论是哪一种都不够灵活。在实际开展课题的过程中，有的老师因为种种原因，刚开始会参加课题研究，后来又要退出；相反，有的老师刚开始没有参加课题研究，后来又希望加入。为了满足不同人员的需求，建议对课题组成员实行动态管理。只要积极参与课题研究、有研究成果的都有机会成为课题组成员；如果没有参加课题研究、没有研究成果的，即使申报书上写有姓名，结题的时候也不算。这样，就可以将课题做实，避免“伪科研”出现。

总之，中小学教师开展课题研究应该把握中小学教师的自身特征和优势，注重终端实践的操作探索，而不是高端理论探讨；注重培养和发展学生，而不是丰富和发展教育理论。

三、如何辅导学生参加科技创新大赛

我从2009年开始辅导学生参加科技创新大赛，在省市科技创新大赛中获奖20多次，被评为市级优秀科技辅导员，参加省级科技辅导员培训。长期的实践让我对科技创新大赛有了一些认识和体会。

如何认识科技创新大赛

第一，科技创新大赛是素质教育的重要载体，应试教育也特别关注。

科技、文化、体育作为素质教育的三大阵地，科技创新大赛无疑是素质教育的重要载体。正如江泽民同志所说的：“创新是一个民族进步的灵魂。”没有创新，就没有进步。实际上，各级领导、社会各界以及相关新闻媒体都给予科技创新大赛高度的重视与关注。从中小学教育教学的实际来看，青少年科技创新大赛是与奥林匹克数学、物理、化学、生物竞赛同等级别的国家级赛事。

其实，教育需要来自心灵的震撼。在参加科技创新大赛，尤其是参加省市级决赛的时候，参赛同学会有机会大量地接触一些知名专家和高层领导，这本身就是一种很好的教育。再者，在老师平常的教学中，也可以以此作为素材来鼓励同学，引导学生相信自己，从而自信地面对文化课的学习。培训时，有一位专家说了一句很有哲理、发人深省的话，他说：如果说传统教育走的是一条直线的话，那么创新教育走的就是一条曲线，但是从长度上来看，曲线要长于直线。

第二，科技创新大赛不仅是城市学校的优势，农村学校同样大有可为。

不少人有这样一种误区，认为科技创新是高科技的代名词，是大学、中专院校、科研院所的事情，与我们农村中小学没有关系。实则不然！据了解，创新分为原发性创新和集成性创新。原发性创新简单地说就是从无到有，这种创新的确很难，但是大多数创新是集成性创新，就是从有到有，在原有的基础上再前进一步。例如，有一个学生发现他每次到医院吊水的时候，护士都用手弹输液管里的空气，学生觉得这样很麻烦。于是，他制作了一个输液管内空气排出器，说来有些好笑，他就是用手机开启震动状态，通过手机的震动来排除输液管里的空气，更让人惊讶的是，该作品居然获得全国二等奖。按照目前的招生文件规定，这位同学高考成绩可以加10分。其实，来源于生活中的创新是创新大赛的主流，可以负责任地说，对于农村学校而言，辅导学生在科技创新比赛中获奖，比辅导学生参加奥林匹克数学、物理、化学、生物竞赛获奖更容易。

第三，科技创新大赛不仅是理科老师的事情，文科老师也可一展风采。

创新大赛涉及文、理两个领域，作品的呈现形式不仅仅拘泥于小制作、小发明，还包括调查报告、小论文等。有一年，太湖中学获省赛二等奖的作品就是《太湖县文明县城创建调查报告》。我们学校以前参评的作品大多也是以论文的形式呈现的，如《未开设课程书籍调查报告》《源潭镇刷业发展状况调查》《痘姆乡山包新村村庄整治调查》等。

如何开展科技创新大赛

第一，加强教师的主导性。中国青少年活动中心的老师向我们介绍说：只有提高数量，才能提高质量。教师需要加大宣传力度，让学生了解科技创新活动，学生只有了解了，才能参与。千万不能因为我们没有宣传或宣传不到位而耽误学生的发展。

第二，发挥学生的主体性。科技创大赛新强调学生“自主选题、自主参与、自主撰写报告”。每年到国家级决赛的时候，组委会会安排一天的封闭性的答辩来对学生作品的真实性进行甄别。以科技DV为例，评委会首先根据参赛选手报送的DV进行评选，但是在揭晓结果之前，会安排一天时间让学生自己现场拍摄、制作，然后当场展示，目的就是防止造假，避免他人包办。

第三，科技创新大赛要强调作品的原创性。参赛选手递交材料时，需要提交作品的查新报告，即对所研究的问题现状进行调查，通过网络检索，确定选题是否值得研究。

第四，突出作品的地方特色。基于科技创新大赛对原创性的要求较高，不少专家都建议参赛选手结合本地资源开展科技创新。全国科技创新大赛评委、北京师范大学的刘英健教授在参观马鞍山的李白墓时就指出，研究李白诗中出现的植物就是一个很好的选题，很容易获奖。

第五章　勤于反思，善于写作

人们常说：千里马常有，而伯乐不常有。古往今来，怀才不遇者大有人在。也正因如此，很多人把注意力都放在“不遇”上，而忽视了“怀才”。其实，“怀才”与怀孕一样，时间久了总会显现出来，关键是你有没有“怀才”。

一般来说，“人才”是指在某一方面具有才能或本领的人，要想成才，必须苦练“内功”，使自己成为无可替代的那一个。

第一节　在学习中进步

专家引领、同伴互助、自我研修，是班主任成长的三个有效途径。我通过拜著名的教育家蒋自立老师为师，通过参加民间研修团体和坚持反思等方式提升自我，最终成长起来。本节分别通过三篇文章展现我在这三个方面的成长历程，供读者参考。

有人说，你是谁不重要，重要的是你和谁在一起，所谓“近朱者赤，近墨者黑”，环境对一个人的影响是巨大的。

环顾周围，大多如此。同一所师范院校的毕业生，到两所不同的学校教书，若干年以后，他们会成为两个完全不同的教师。就是作家，这样能够超越时空的职业，也难以免俗。有的人原本很有才华，但是因为囿于生活的圈子，没有新的经历和思想，写出的文字立意不高，终难成大器；相反，有的人原本是一个普通人，但是走出自己狭窄的生活圈，创出一番新天地，最终自己的文字也随之丰富和深刻。

仔细想来，这种现象也正常。一个人如果不断地重复单调的生活，怎么会有新的观点和思想产生，这就好像一个人永远生活在一个圆圈里面，即使付出再多的努力，花费再长的时间，也很难看见新的事物。如果想看见新的风景，就必须要走出圆圈。

一个人如果想走出生活的圈子，谋求思想的解放，需要策略。恰如火山喷发一般会选择在地壳较薄并有裂缝的地方，一个人要想突破自己生活的圈子，获得更多与外界交往的机会，需要从自己擅长的事情入手。因为一个人对事物的认识程度在一定程度上决定了他与别人交往的深度，你了解得越多，别人就越愿意与你交流。慢慢地，你就能够超脱原来生活的圈子，建立自己的新天地。

一、专家引领：我与蒋自立老师之间的故事

蒋自立，男，1945年出生，湖南衡南人，全国优秀教师，先后担任武汉中学等学校的班主任、政教主任、副校长、校长和总支书记，倡导“真正的教育是他我教育和自我教育的和谐统一”的教育理念，著有《班会艺术尝试录》《班主任工作实用手册》《班主任工作指导》等10本书，2012年创立李镇西教育思想研究所。

蒋自立老师70多岁了，我才30多岁；蒋老师是湖北人，我是安徽人；蒋老师是著名教育家，我是普通的教师；蒋老师是教语文的，我是教物理的。我们两个有着天壤之别的人怎么会走到一起呢？蒋老师的一句话让我找到了答案。

蒋老师2013年7月在李镇西教育思想研究所年会上说：我只有一个孩子，希望大家都能成为我的孩子。其实，蒋老师这句话的前半句是个引子，一家只有一个孩子很正常；关键是后半句，他希望有更多的“孩子”。蒋老师为教育奉献了几十年，以教育为乐，退休后还有一桩心愿未了，那就是推行自我教育。为了让更多的孩子学会自我教育，享受自我教育，他创办了李镇西教育思想研究所，广收门徒。我就是在这种背景下结识了蒋自立老师。

2012年元月，蒋老师发出倡议，成立李镇西教育思想研究所，努力培养李镇西式的好老师。我积极响应并正式提出申请，严格按照研究所的要

求加强学习、坚持写作，取得了较大的进步。2013年3月20日，我向蒋老师发出了拜师信，正式请求拜师学艺。信的全部内容如下：

尊敬的蒋老师：

您好！

我是安徽省潜山野寨中学教师徐维。我这次写信给您是恳求您的指导，想拜您为师。

首先，请允许我介绍一下自己的情况。我于1982年4月出生，安徽潜山人，安徽省潜山野寨中学一级教师，从事高中物理教学和班主任工作。至今，发表教育教学论文20余篇，主持市级课题1项，参与省市级课题4项，参编教材教辅多本，教育专著《班主任工作100问》即将出版。我获得过安庆市第三届教科研先进个人称号。

我想拜您为师是敬佩您的教育理念和基于这种理念的教育行为。您长期从事教育工作，在我尚未出生的时候就开始奋斗在教育战线上，几十年的教育经历，育人无数；数十载的教育成果，美名远扬。然而，“退休后一桩心愿未了——自我教育思想未被普及，因而想广交自我教育研究者一同宣传自我教育”，您在本可以安享天伦之乐的年纪，创办李镇西教育思想研究所，宣传自我教育，让我钦佩万分。这不仅是教育家的责任，而且是教育家的情怀。

我想拜您为师也是基于对自我教育的认同。自我教育是最好的教育。我认为自我教育不仅是一种教育手段，而且是一种教育的目的。从某种程度上来说，自我教育是教育的终极目的之一。教育的目的应该是为了人的发展。教，是为了不教。让学生学会自我教育，授之以渔，是作为教师的目标。我现在农村从事教育工作，深感农村中小学教育理念、教育资源、教育手段都有待进一步提升，而农村孩子对优质教育资源的需求也很强烈。为此，在农村中小学实施自我教育显得尤为迫切。上学期，我已经在班级施行了一学期自我教育，初见成效。《在农村中小学实施自我教育的审视与思考》就是我的一些心得体会。

我想拜您为师，还是基于自我成长的需要。我在一所省级示范性普通高中工作，现在已经取得了一定的教育教学成绩，完成了由一名合格教师向成熟教师的转变，现在需要实现教师专业的二次成长。我打算以五年为一个阶梯，不断往上攀登，积极探索教育规律，把握教育本质教书育人，成为受人尊敬的好老师。当前五年，我想努力做个“五好老师”：上好课、带好班、读好书、写好文、做好事。我深知，教师的成长不仅需要自我研修、同伴互助，更需要名师引领。

请求您收我为徒。

祝您身体健康、家庭幸福。

徐 维

2013年3月20日

信发出后不久，我便收到了蒋老师的回信，并很快收到了“蒋老师的第一个建议”，蒋老师还邮寄来了相关的学习书籍。正当我感动得不知如何是好的时候，蒋老师的一句“师傅不是好当的”让我倍感亲切，我心里的惶恐瞬间释然了。蒋老师不仅是我专业上的导师，也是教我为人处事的恩师。

我与蒋老师的第一次见面是2013年7月在湖北。当我风尘仆仆地赶到仙桃会场，还没有来得及坐下时，忽然听到一句：“我就坐徐维旁边吧！”我抬头一看，说话的正是蒋老师，他穿着一件红色T恤，看起来很有精神。

我到湖北的第二天中午，蒋老师突然打电话给我：“徐维，我是蒋老师。你来主持下午的报告会吧！”我当时有些紧张，主持全国的报告会毕竟不是一件小事，更何况听报告的都是全国的骨干教师。蒋老师耐心地告诉我报告的内容，并叮嘱了我相关注意事项。人生关键的一步往往需要跳跃，就是这一次蒋老师特意安排的主持，让我信心大增。

可以说，遇到蒋老师是一种缘分，我和蒋老师长期以来的交往形成了一种情分，而这些对我来讲无疑是一种福分。感谢蒋老师，祝福蒋老师。

二、同伴互助：参加李镇西教育思想研究所的收获

2012年，我加入了李镇西教育思想研究所，此后，我按照研究所的要求积极参加活动，有了以下收获：

结识名师

我参加研究所后结识的第一位名师就是蒋自立老师，并有幸被蒋老师收为徒弟。老师收我们为徒不是名义上的收徒，而是对我们有实质性的教导。老师建立了QQ群，提出了提升方案，布置了任务，力求使每一位徒弟都能快速提升。

除蒋老师之外，我还认识了许多全国各地的老师：郑州的李迪老师，山东的杨富志老师、张学勇老师，深圳的欧阳利杰老师，甘肃的杨宏杰老师、刘晓乾老师，浙江的朱增明老师、施叶军老师，四川的谢华老师，云南的张兴洪老师，安徽的庄华涛老师、周磊老师、田金辉老师、李伟老师，湖北的伍珊老师，黑龙江的管静老师，等等，这些老师要么具有很高的教育教学水平，著作等身；要么具有很强的实践能力，班级管理有声有色；要么充满激情，对教育一往情深。他们如同黑暗中的灯塔，不断地指引我前进。

养成习惯

我是从2006年年底开始写博客的。当时，我在我的博客公告中这样写道：“本人系高中物理老师，兼任班主任。爱好写作，虽然粗词糙句；关心时事，虽然事不关我。衷心希望各位网友，人过留名、雁过留声，多多指导。”

从我的这段话中可以很明显地看出，我的博客是用来娱情的。我所写的虽然有一些是班级管理方面的内容，但是大多是自己对生活的感悟和对工作的期待，只言片语比较多，像样的文章比较少，也缺少对教育的思考，非常凌乱。

参加李镇西教育思想研究所以后，我就开始按照研究所的要求，坚持李镇西老师的“五个一工程”，即每天阅读一万字书报，上好一节课，找一位学生谈心或做书面交流，思考一个教育问题或社会问题，写一篇文章。我长期的坚持引起了蒋老师的注意，2012年4月29日，他在我的博客上写了“徐徐而做，维护天常，必有惊喜”的留言，给了我很大的鼓励。我坚持每周至少写一篇千字文。实际上，现在每周都有两篇以上，一年下来就有近百篇了。

同时，我养成了阅读的习惯。我此前没有阅读的习惯，看的书都是一些教育杂志，很少看原著，时间上也不能保证。从那时起，我开始有了阅读专著的习惯，喜欢利用工作间隙看书，今年先后看了《陶行知教育文集》《中庸》《给教师的建议》《教师一定要思考的四个问题》《牛顿传》《优秀教师成长之道》等，收获的除了知识，还有一份心灵的平静。

出版专著

2012年暑假，李镇西教育思想研究所发出通知——征集书稿，为李镇西式老师出书提供帮助，我积极响应并邮去书稿。11月，我得到通知，我的书稿被山东文艺出版社列入出版计划，2014年3月该书正式出版。

写书容易，出书难。尤其是对我这样一个处在大山的农村学校教师而言，更是难上加难。或者说，我根本就没有想过要将书稿出版，只是准备课题结题时用一下，或许是印证了蒋老师说的那句“徐徐而做，维护天常，必有惊喜”。

转变观念

思路决定出路，观念就是财富。我参加李镇西教育思想研究所最大的收获就是转变了对学生、教育、教学、教研的观念。

我对学生的理解更加深刻。我认为，学生就是孩子，孩子还不成熟，因此班主任要有足够的爱心，要用呵护的态度对待学生。孩子还在成长，成长就可能会犯错误。因此班主任要学会善待学生的错误，把学生犯错误看成教育学生的机会。孩子还在学习，学习就有一个过程。因此班主任要有足够的耐心等待学生的成长，把成长的过程看成成长的需要。孩子还在改变，因此班主任要用发展的眼光看待学生，相信每一个学生都会成人、成才、成功。

我对教育的认识更加深刻。蒙台梭利说：“教育就是激发生命，充实生命，协助孩子们用自己的力量生存下去，并帮助他们发展这种精神。”因此，我在实际教育中注意引导学生正确地看待周围的事物，引导学生以一种积极、乐观、向上的心态面对生活和学习，树立正确的学习观、人生观、价值观和世界观。

我对教学的认识更加深刻。学生的知识不是通过教师传授得到的，而是学生在一定的情境下，借助他人，包括教师和同学的帮助，利用必要的学习资料，通过一系列事件的构建而获得的。因此，教学需要以学定教，以生为本，教学相长。

我对教研的认识更加深刻。教研不仅可以促使教师反思自己的教育教学行为，还可以让教师在更大的平台获得认可，从而促进教师更热情地投入新一轮的教育教学探索之中。教研不仅是教师不断成长的不竭动力，而且应该是一个教师专业化必不可少的环节。

读万卷书，行万里路，识无数人。读书、行走、识人是提高学识修养的三大法宝。我在李镇西教育思想研究所认识了一群“尺码相同”的人，让我寻找到了“阅读—践行—思考—写作”的成长之路。现在，我坚持用文字记录成长，争取从成长走向成功。

三、自我研修：个人成长的故事

内因是事物发展的根本原因，个人自我研修在教师成长的过程中尤为重要。如果说，我有什么值得介绍的经验的话，那么最重要的就是我每天坚持“五一个工程”。我在获得“江淮好班主任”的称号以后，学校葛徐栋老师应相关媒体的要求写了一篇关于我的报道。全文如下：

他，每天坚持五件事

——记“江淮好班主任”徐维

安徽省2014年评选出的10位“江淮好班主任”中，有一位年轻老师很是引人注目，他就是安徽省潜山野寨中学的徐维老师。他1982年出生，已出版了一本专著——《班主任工作100问》，该书入选“2014年全国教师暑期阅读推荐书目”。他的成果源于他每天坚持做的五件事。

每天坚持读一万字的书报

野寨中学位于国家级风景名胜区天柱山麓，学校风景如画，人文荟萃。

徐维与很多同事不同，他的一天是在阅读中开始的。

走进徐维的房间，发现他的床上、桌子上、板凳上到处都是书。他还在卫生间里放了两张板凳，放了两摞厚厚的书——这就是他的另一个小书橱。随手翻看，这里有《班主任》《班主任之友》《中国德育》《教育文汇》这样的专业期刊，也有《给教师的建议》《陶行知文集》《四书五经》这样的经典名著，还有《青年文摘》《读者》这样的休闲杂志。

他一直坚信，教师要想教好书，首先应该读好书。如果一个老师长期只读教材和教辅两本书，教育元素自然单一，好比长期只给学生吃一种食品，自然容易导致学生营养不良。

每天坚持上好一节课

来到办公室，他开始备课。他的备课分为三步：首先是备目标——上什么，然后是备方法——怎么上，最后是备学生——从学生的需要出发重新梳理应该上什么、怎么上。一节课备下来，往往需要好几遍，用红笔改了又改，圈了又圈，为的是让学生更容易接受，为的是课堂有生机，有碰撞，有笑声。

他说，中学教师不仅要考虑传授知识，而且要考虑如何去传授知识，采用什么样的方式传授知识，才能够让学生乐于接受。采用学生喜闻乐见的形式传递知识应该是中学教师的一个永恒的课题。

每天坚持思考一个社会问题或者教育问题

中午到学校食堂吃饭，徐维总不慌不忙，甚至还有些迟缓。他走在路上，显得心事重重——他在思考问题。

他认为，教师应该树立正确的学生观，认识到学生还是处在成长中的孩子，要有足够的爱心，用呵护的态度对待学生，相信每一个学生都会成长、成人、成才、成功。

他说，从教育学生的角度来看，单纯地引导学生考高分、上名校是不科学的，以生为本、以学定教，才是教育的方向。从社会发展的角度来看，社会上更多的是普通人，培养合格的公民应该是教育的主要任务。

每天坚持找一个学生谈心或者做书面交流

吃完饭他并没有回到办公室，而是绕道到了教室。这时候，教室里还没有多少学生。

“这么快？我也才刚吃完。”徐维随口问学生。

“是我妈送饭来的。”那名学生回答道。

“你妈多长时间给你送一次饭?”

“一个星期一次。”

“你真幸福，我读书时我妈没有送过一次饭。”

“你那是什么年代……”

就这样，徐维很自然地与学生聊起来了。

“班主任如果与学生取得信任，嬉笑怒骂都是教育。”他说，“在这种非正式的场合与学生交流是最有效的，也是最容易与学生建立信任关系的。”

每天坚持写一篇文章

夜幕降临，徐维又回到书桌前，开始记录一天的生活。他将自己白天在课堂上的情况记录下来，修正失误，记录精彩；他将自己与学生发生的有趣事情记录下来，积累素材，反思成长；他将白天思考的问题记录下来，形成观点，憧憬未来……

不知不觉，十年过去了，他积累的教育随笔达到200万字，上传博文1000余篇，博客访问量超过20万人次，在《德育报》《班主任之友》《教育文汇》《物理教学探讨》等报刊发表教育教学文章30余篇。

因为成绩突出，徐维先后被评为“安庆市教科研先进个人”“安庆市优秀科技辅导员”“安庆市首届班主任工作研究带头人”，同时，还被聘为“安庆市中小学教育质量综合评估改革实验专家”“安庆师范大学国培专家”。同时，他获得“江淮好班主任”“李镇西式好教师”等荣誉称号。

在和徐维交流的过程中，我一直在思考，是什么成就了年轻的徐维？临了，徐维的一句话或许让我找到了答案：教师是一项自主性很强的职业，没有谁可以阻挡我们成为一名优秀的教师，只要我们用文字记录成长，用智慧指导行动，就能从成长走向成功。

第二节　在反思中提升

华东师范大学叶澜教授指出：一个教师写一辈子教案不一定成为名师，如果一个教师写三年的反思，则有可能成为名师。我认为班主任的工作反思亦是如此，它可以帮助班主任从每天都在进行的习以为常的教育教学中发现自身的问题，并提出解决问题的方案，提升自身的专业化水平。

一、反思如此重要：如果说勤奋是加速，反思则是刹车

我相信天道酬勤，我不是最优秀的那一个，但要做最努力的那一个；我不是走得最快的那一个，但一定要做走得最远的那一个。我一个天资平平的本科毕业生，能够取得今天的成绩，这与我的勤勉是密不可分的。我每天坚持“五个一工程”，即每天阅读一万字书报，上好一节课，找一位学生谈心或做书面交流，思考一个教育问题或社会问题，写一篇文章。

如果说“勤奋”是人生之车的油门，那么“反思”就是缺之不可的刹车。没有勤奋难以进步，没有反思也难以成长。

很难想象，我们开车时闭眼半分钟会怎样，猛打一把方向盘会怎样，刹车失效又会怎样。我曾告诫我的学生：一步走不完长征路，长征却少不了每一步；一步登不上高山顶，一步却能摔下深山谷。

有人说：每块石头里都有一尊佛，每个学生都是沉睡的巨人，教育就是雕刻与唤醒。我认为反思就是让石头成佛的刀斧，反思能够剔除杂质，反思能够扬长避短，激浊扬清；反思能够精益求精，做最好的自己。

二、班主任反思的内容

对班级规章制度的反思

没有规矩，不成方圆。很多班主任都强调班规的重要性，他们积极建

立班级规章制度，并且不断完善班级规章制度。对此，我开始反思：有些规章制度有没有必要存在的。

例如，有的班级规定了学生必须几点几分前进教室，如果迟到则有着相应的惩罚制度。我认为大可不必，试想，如果班主任要求学生晚上6:00到教室上自习，而他自己5:50就已经到了，安安静静地坐在教室里，学生还会迟到吗？其实，班主任的示范作用比班规的约束作用更有效。

再如，有的班级规定学生出现打架斗殴等一类恶性事件，学生就要回家反省一个星期。这种反省制度本身就值得商榷，姑且不说有没有法律依据，是否影响学生受教育的权利，单就对学生成长而言，也不一定有利。有的学生也许因为无法承受这样的打击而产生自卑心理。其实，学生的成长比制度的权威更重要。

还有的班级规定学生不准在教室喝饮料，否则就要惩罚。班主任的初衷也许是好的，希望学生能够节约，但是节约只能提倡，而不能命令。就是国家，也没有明确规定公民不许喝饮料，更有大量的饮料广告充斥在我们的生活之中。其实，班级制度应该是在《中学生守则》和《中学生日常行为规范》之内来制定。

任何一个制度都是为了促进对象的发展。班规应该是为了促进学生、发展学生。如果班规束缚了学生，那么要这种班规有什么意义呢？

我们班级的规章制度很简单，只有四个字：净、静、竞、敬。净，即学习环境（教室、寝室、卫生区）要保持干净，及时清扫，时时保洁。静，即学习过程中要保持安静，少说多做，晚自习要保持绝对安静，中午要保持相对安静。竞，即学习过程中要树立目标，勇于挑战，敢于超越。敬，即学习过程中要相互学习，相互帮助，共同进步。

对工作理念的反思

抱着你自己10公斤重的孩子，你可能不觉得累；抱着10公斤重的石头，你却坚持不了多久。同样的付出，却有不一样的情感体验，主要原因是对怀中的物体感情不一样。因为爱孩子，把抱孩子当成一种乐趣，所以不觉得累；因为对石头没有任何情感，抱石头自然成了一种负担，所以坚持不了多久。教育亦是如此。

如果一个班主任想着教书就是一份谋生的工作，就很难有长久的工作热情，更不会全身心地投入工作。如果以钱作为衡量标准，教师这一行业没有任何优势可言，相反还相形见绌。当下，一个月两三千元的工作比比皆是，走在大街上，随便看一下招聘广告，哪怕是一个要求初中文化程度的服务型工作，月薪都在2000元左右；如果是店长级别的，月薪还要更高。而这些人的付出却比班主任的付出少得多，他们不需要担惊受怕，害怕学生考试成绩不好，害怕学生思想波动，害怕学生出现安全问题等一系列的问题，只需要朝九晚五地按时上下班就行了。如果与一些高工资的职业相比，教师的工资就显得很寒碜了。

但班主任工作有其特殊性，远远不是钱所能够衡量的。班主任面对的对象是活生生的人，是我们挚爱的学生。有些家庭，因为我们成功的教育而发生改变；有些地方，因为我们成功的教育而看到希望，这难道不是一件很有意义的事情吗？人生的幸福莫过于此——得天下英才而教育之。

静下心来思考，人生的价值也不仅仅在于钱。钱在没有上升到财富之前，充其量仅仅是改善生活，却很难改变命运。讲通俗一点，一年多一两万块钱，就是多了几件像样的衣服，或者是能去几个好玩的景点，于人生价值的提升毫无意义。相反，班主任如果培养了几个好的学生，这些学生考上理想的大学，找到好的工作，于他个人和家庭，甚至所在的村镇就大不一样了。若干年后，师生见面或者同学们谈及班主任，敬佩之情油然而生，这样的幸福绝不是钱能够买到的。

任何一个班主任都可以做两个设想：假如我是孩子，假如他或她是我孩子。想过这样两个问题之后，你看学生的眼光就不一样了。

你会发现，原来犯错误是那么必要，吃一堑长一智，犯一些小错可以避免犯大错，毕竟，他们还是孩子。

你会发现，原来学生是那么单纯、可爱，只要你对他好，他就对你好，你只要真心付出，学生总能够感觉到，并给出回应。

你会发现，原来学生那么需要你，你的一举一动都在被学生关注，学生早就已经把你当成他生命中的重要他人。只是，你可能还没有感觉到。

对自己言行的反思

“你们太让我伤心了。这一次月考又考倒数。现在我把小孩都放在幼儿园全托了，所有的时间和精力都放在你们身上，你们居然还是考倒数。你们对得起我吗?”我想到自己辛苦地为学生付出，学生的成绩却不理想，忍不住在班上发牢骚。

“骂”着，“骂”着，我看到学生一个个都低着头安静地坐在座位上，我没有什么话可“骂”了，以为以此促进学生学习的目的已经达到了，就独自走出教室，留下了一个寂静的教室和几十个在教室里沉默的学生。

我走出教室，惊讶地发现政教处的陈主任正站在教室外面。原来，陈主任一直在窗外看着、听着。陈主任说：“我听了你的班会课，抓住考试之后这一时间节点来教育学生很好，但是要向你提个小建议，建议将‘你们’改成‘我们’，这样会更好一些。你自己体会一下。”陈主任说完就走了。

回到办公室，我冷静地思考了陈主任说的话。“你们”“我们”，看似一字之差，表达的含义和反映的思想完全不同。把学生说成“你们”，表明在班主任心目中学生和班主任是两个不同的群体，不是利益的共同体，不是成长的共同体。学生是运动员，班主任是裁判员；学生是表演者，班主任是观众。学生考得好，班主任就表扬；学生考得不好，班主任就批评。班主任成了班级的监控员、设计者，是教育教学活动的权威，学生学什么，怎样学，学到什么程度，都由班主任来决定，这实际上是以班主任为主体，而不是以学生为主体。

新课程标准强调，教师应该是学生中的首席。同样，班主任不仅是教学活动的评判者，更应该是教学活动的参与者。班主任不仅要授人以渔，还要与之同渔。马卡连柯说过，教育要凸显“平行教育影响”。“平行教育影响”不会使学生总感觉自己是被教育的对象，而产生厌恶之感；相反，学生会由此体会到自己才是教育的主体，从而提高自己的自尊心和自信心。

想明白了这些后，我又到班上去开班会。我说：“同学们，成绩考差了，我们大家都很伤心，但是只要我们不放弃、一起努力，一定会赢得最后的胜利。要知道，谁笑到最后，谁笑得最甜。”我说完这话，班上响起了长久的掌声。

对工作思路的反思

“同学们，面对高考我们别无选择，只能全力以赴……”

“高考就是一场竞争性考试，你要做的就是比别人更优秀……”

在我鼓励学生的同时，我在想：实际上，上什么样的大学与一个人的发展有什么样的关系还真不好说。放眼望去，社会上顶尖的人物也不全都是从名校毕业的。他们成功的关键并不一定在于读了一所好的大学，更多的是非智力因素。

1978年，75位诺贝尔奖获得者在法国巴黎聚会。人们想知道他们是怎样走上获奖的道路的，有人向一位获奖者问道：“你在哪一所大学，哪一个实验室里学到了你认为最重要的东西？”那位白发苍苍的学者回答说是在幼儿园里。他在幼儿园能学到什么呢？他的回答是：“把自己的东西分一半给小伙伴们；不是自己的东西不要拿；东西要放齐整，饭前要洗手，午饭后要休息；做错了事情要表示歉意；学习过程中要多思考，要仔细观察大自然。从根本上说，我学会的就是这些东西……”

教育是一门科学，班主任需要用先进的理论来武装学生，用高尚的情操来感染学生，用正确的言行来规范学生，引导学生树立正确的人生观、价值观和世界观，切不可本末倒置，只要成败，不要是非。

三、反思的方法

自我反思

自我反思应该是无时不在的，工作的时候、看书的时候，甚至看电影的时候都可以进行自我反思，只要你有反思的意识。我在看电影《西游记之三打白骨精》时就有一句台词很让我感动，于是写了一篇反思，全文如下：

“心相”比“真相”更重要

有的电影因为故事情节而打动人，有的电影因为演员演技高超而吸引人，但是《西游记之三打白骨精》却是因为一句台词而让我动心。

唐僧对悟空说：“其实我们两个很像，所以如来才会安排我们师徒一起去西天取经。我们都是只相信自己所看见的，坚持自己认为的对错。”那么，唐僧师徒都看见了什么？孙悟空有火眼金睛，他用眼即可看到一切真相。唐僧肉眼凡胎，可他用心去看，他的心是佛心、是善。悟空理解不了唐僧的善，他的眼里看见的是妖怪、是恶。师徒间的矛盾导致悟空被唐僧赶走。悟空在回花果山的路上遇见观音，观音对悟空说：“你看的是真相，你师父看的是心相。”就是这样一句话让我陷入了深思。

作为班主任，我总是喜欢和学生争辩是与非。学生违纪了，说出他的一大堆道理，我总是不屑一顾，在我看来，那些都不过是学生为自己犯错找的借口。我心想：即使你真有理由，也不应该和我争辩，而应该把时间花在如何降低违规违纪所造成的影响上，尽量减少因为违规违纪而带来的损失。我相信，真相只有一个，违规违纪是需要被处理的，因此我总是以一种坚守正义的姿态去教育学生。

作为授课老师，我总是喜欢带领学生寻找对与错。有的学生考试成绩一再下降，即使他或她伤心流泪，我也没有多少怜悯之心，反而认为是学生不争气。我坚持的道理很简单：如果你用功了，为什么成绩上不去呢？成绩上不去，真相只有一个，那就是你没有用功，没有用功就不值得同情，需要继续鞭策。

有的学生说我很理智，总是能够拨云见日，还原真相，带领大家不断向前；也有的学生说我没有人情味，很少考虑学生的感受，伤害大家的情感。为什么会出现这样截然相反的评价呢？“真相”与“心相”的思考似乎让我找到了答案。

认真思考“心相”与“真相”传递的含义，我发现自己过多地关注了“真相”而忽视了“心相”。我一直认为教育是科学，而科学就要求真，忽视了教育的对象是人，是活生生的有血、有肉、有灵魂的人。我在带领学生不断向着目标迈进的时候，忽略了学生的主观感受；一心想着早点登上山峰，而忽略了攀登的心情；一心想着按章办事，却忘记了规章是为了更好地发展人；一心想着教育好学生，却忽略了学生不好教育。

我想到前段时间一位家长对我说的话，他说：“我的孩子觉得您很好，孩子说您还请他吃过饭，他很感动。”这位家长一说，我当时蒙了，我想了好长时间才想起来，原来是有一次我找他家小孩帮忙统计分数，结果任务比较重，到了吃饭的时间还没有完成，于是我带上学生和同办公室的老师一起到学校旁边的小饭馆吃了一顿便饭。没有想到会给学生留下如此深刻的印象。

一句有关“家”的话是这样说的：家不是讲理的地方，家是讲感情的地方。很多时候，夫妻争得面红耳赤，甚至大打出手，还不如一个拥抱能够解决问题。在教育学生这个问题上，也许“心相”比“真相”更重要，学生的主观感受有时候可能要比客观事实更有教育力量。

在与学生的交流中反思

没有调查就没有发言权，班主任要多与学生交流，只有与学生交流才能够了解学生，有针对性地开展工作；也只有与学生交流，才会有一个个鲜活的故事，使自己的教育人生不断丰满。

我工作的学校是一所全寄宿制学校，实行全封闭式管理。一般来说，没有特殊情况不允许学生出校门。如果的确需要外出，学生须到班主任处开具出门证方可外出。这样一来，许多想外出的学生都希望班主任能够及时开具出门证，然后快速地外出办事。我的办公桌上有一张已经开了很久的出门证却没有人来拿。这是怎么一回事呢？

一天中午，我正在办公室办公，小婷来了，说她想出去和她爸爸一起吃饭，要我给她开一张出门证。我听她说完很诧异，因为前一天她也找我开了一张出门证，理由是一样的。我当时认为她极有可能在撒谎，他爸爸怎么会连续两天来学校呢？（我们学校是比较偏远的农村中学，家长来一趟不容易。）一般家长一个星期能够来学校一次就很不错了；即使她讲的是事实，我认为她爸爸也有问题，怎么老是带孩子外出吃饭呢？这不是扰乱了孩子正常的学习和生活吗？

想到这些，我就开始质疑小婷外出的原因，但是她很肯定地说是真的。我追问她为什么连续两天都与爸爸一起外出吃饭，她沉默了，只是低头在一旁默默地等。为了快速打破这种尴尬的局面，我也没有说什么，还是给她开了一张出门证。我边开出门证，边说：“希望你所说的是真的，也希望你爸爸带你吃饭是为你好。”话说完了，出门证也差不多开好了，我就随手交给小婷，哪知道她泪流满面地说：“老师，你不相信我，我不要了。”她说完就跑了。

小婷走后，我的内心久久不能平静。我随即了解了一下情况，原来她的确是要与她爸爸一起外出吃饭。前一天是她爸爸打工刚回来，第二天是因为她爸爸要外出治病。她之所以不愿意说是因为她不想让别人知道她爸爸生病了，而我用我的主观臆断伤害了学生。

人们总是喜欢以自己的知识背景、生活经验来推断别人的思想、行为，这在一定程度上可能会伤害别人。班主任要相信学生，与学生建立良好的信任关系。因为信任是打开心扉的钥匙，诚挚是沟通心灵的桥梁。

在与同行的交流中反思

班主任要多与校内其他班主任交流，认真思考别人成功的经验或失败的教训，从中发现自己需要改进的地方。比如，有个班主任擅长讲故事，但是现在他讲故事学生却不爱听了，是怎么回事呢？我深入了解以后写了一篇反思，全文如下：

故事，不是每一届学生都爱听

晚上8点多，我一个人在办公室。葛老师一声不响地进来了，他长叹了一口气后坐进沙发，身子斜躺着，手扶着头。看到葛老师有些失落的样子，我估计他是遇到什么伤心的事情了。

葛老师是我的老师。他虽然是教物理的，但是给我印象最深的不是他所教的物理课，而是他上课时讲的故事。

记得一天晚自习，他来我们班辅导，从第一节课讲到最后一节课，中间没有休息，但同学们依旧听得津津有味。更神奇的是，最后一节课的下课铃响了以后，我们班的同学还让他接着讲。他讲的故事实在有趣、有料、有哲理——既不是简单地说教，又不是一味地迎合学生。我当时觉得他一点也不亚于“百家讲坛”上的那些老师。他说的有些话，诸如“你可以不成功，但不能不成长”，“人生如一杯茶，不能苦一辈子，但要苦一阵子”等到现在还在影响我。

“你平时那么会讲故事、会开导人，怎么自己也要别人开导呢?”我试图缓和一下气氛。“别提了，现在的学生不让我讲故事了!”葛老师生气地说。原来，葛老师伤心的原因就是他的学生不让他说故事了。

这对葛老师无疑是一个打击，怪不得葛老师很沮丧。我与葛老师交流后，发现情况比我想象得还要糟糕。葛老师正在班上讲以前那些大家都爱听的故事的时候，他们班的一位同学很直接地站起来说：“老师，请您不要说了。我们已经忍您很久了!”葛老师一下子愣住了，然后就来到了我这里。

我倒了一杯茶递给葛老师，悄悄地去找他们班的同学了解情况。经过交流，我知道他们班同学反对葛老师讲故事的原因了：一是葛老师讲故事的时间太长，影响了他们做作业。现在学生作业太多了，晚自习需要争分夺秒。二是葛老师讲的故事比较老套，大多数故事他们都知道了。学生还说他们只需要老师陪着就行了，他们不需要听老师讲故事。

想想也是，现在是信息化社会，学生获取信息的渠道多。有调查表明，以前的学生70%的信息是从老师那里获得的，30%的信息是从其他渠道获得的。现在反过来了，学生30%的信息是从老师那里获得的，70%的信息是从其他渠道获得的。说得不客气一点，老师知道的，学生基本都知道；老师不知道的，学生也有可能知道。随着生活条件的改善，许多学生的家庭条件可能优于老师，他们通过读书、上网、旅游等途径获取知识，知识面不一定比老师窄。葛老师没有意识到这一点，还是采用以前的那些故事来教育学生，才会出现问题。

故事，不是每一届学生都爱听，班主任的教育方式也需要创新，与时俱进才能赢得学生的喜爱。我要把这些说给葛老师听。

在与家长的交流中反思

有些家长看起来很朴素，似乎不懂教育，但是他们却能够教育出好孩子，这是什么原因呢？我与家长交流后，写了一篇反思《朴素的教育最动人》。

朴素的教育最动人

能够直插缝隙的往往是被磨得尖尖的、小小的绣花针，能够拨人心弦的往往是简单、朴实的话语。

细细算来，我担任班主任已有8年了，接触的家长也有数百人，听过的话有千万句，却很少有能真正打动我心的话语。但是，一位家长的一句话却让我印象深刻。

那是开学的第一天，一位孩子的妈妈，她没有对孩子千叮咛万嘱咐，而是说了一句简单甚至让人听了觉得有点寒酸的话：“孩子，妈妈没本事，你要靠自己。”听完这位妈妈的临行前赠言，我从人群中探出头来开始重新审视这位“没本事”的家长。

这是一位抱着孩子的中年妇女，她手里提着一个网兜，网兜里放着牙杯、脸盆等生活用具，背后还背着一个鼓鼓囊囊的大包袱。只见她的脸红扑扑的，身上穿着一套粗布衣裳，脚上穿着一双做的旧布鞋。我一看她这身打扮，就知道这是一位农村妇女。她是我们班小陶同学的妈妈。

看着这位坚强的母亲，回想起她刚才说的那句话，我内心五味杂陈，为小陶的家境感到担忧，也被这位母亲的坦诚所感动。我心想，如果我是小陶，我一定要好好读书，以此来回馈我的母亲。带着复杂的情感，我请这位母亲坐了下来。

我在和小陶母亲的交谈中了解到，小陶的家境比我想象得还要窘迫。小陶的父亲四年前生病去世了，因为治病，家里已经债台高筑。本来，小陶读初中的时候，小陶的奶奶就准备不让小陶读书了，可是小陶妈妈说，“富不丢猪，穷不丢书”，只要小陶愿意读书，她一定要供。听完小陶母亲的话，我愈加敬佩这个母亲。我一定要尽最大努力来教育小陶。

小陶后来的表现确实让人省心，他在各方面表现都很优异。三年后，小陶以高分被一所师范院校录取，成了国家免费师范生。后来，当我问起他学习动力的时候，小陶说：“我要给妹妹做个榜样，不让妈妈为难。”

现在有些家长经常对孩子说：“宝贝，你只要好好学习就行了，其他的事情由爸爸、妈妈来办！”这话表面上看起来是关爱孩子，实际上剥夺了孩子对自己和身边人负责任的权利，长此以往，可能会培养出一个没有责任心的孩子。

“妈妈没本事，你要靠自己”，“我要给妹妹做个榜样，不让妈妈为难”。这对母子跨越时空的对答，受教育的何止是他们自己？

朴素的教育最动人！

在与朋友的交流中反思

最近，一位大学同学打电话来向我诉苦，原因是校长来听课时，他安排了学生上自习。我在与他的交流中，向他提出了一些建议。

一天，他和往常一样到教室上课。进入教室以后，他对同学们说：“同学们，接下来我们要学习的这一节新课比较难，请大家先预习一下，我下节课再上新课。”

他这么一说倒也正常，但是学生的反应有些特别——一脸愕然，不少学生还提示性地将头转向了教室的后面。他顺着学生的目光看去，原来校长和两位主任正坐在教室的后面听课。一瞬间，他意识到这节课安排学生自习不太合适，第一感觉是需要调整教学计划。但是，他确实没有准备上新课。课本没有带，备课笔记也没有带，试验仪器更没有带。就这样，学生在尴尬的气氛中上了一节课自习。

事情就是这么简单。但是我这位同学却感到很紧张，似乎有种在大庭广众之下脱光了衣服的感觉，浑身不自在，无所适从。所以，我的同学想到了我，想问问我他应该怎么办。听完他的话，我和他的想法不一样，觉得校长听课上自习没有什么不妥，更没有必要过分担心。

首先，自习是教学的一种形式。当前，很多学校探索高效课堂模式，其主导思想就是少教多学。美国的教育界有这样几句话：告诉我的，我会忘记；给我看的，我会记住；让我参与的，我会理解。传统的教学方式强调以“教”为中心，教师是课堂的控制者，新型的教学结构强调学生的主动参与，强调以“学”为中心。教师的角色已经发生了根本性的变化，教师成了学生学习的合作者、指导者，学生发展的促进者，课程开发的研究者。现代建构主义认为，知识并不一定要通过教师传授才能获得，而是学习者在一定的情境及社会文化背景下，借助学习过程中其他人的帮助，利用必要的学习资料，通过意义建构的方式而获得的。从这个意义上说，安排学生自习没有任何不妥，并且你已经说明了原因——下一节新课内容比较难。因此，从教学的角度来看，可以安排学生自习，前提是需要布置好自习任务，不能让学生在自习课上无所事事。

其次，我认为校长也会理解你的安排。如果校长没有来听这节课，你安排上自习一定会心安理得。现在因为校长来听课，你才感觉安排自习有些不妥，甚至有些担心，担心什么呢？担心校长对你有看法，担心校长因为你上自习而理解成你不尊重他，担心校长因为你上自习而给你“穿小鞋”。其实，这些担心完全没有必要。既然是随堂听课，事先没有打招呼，那么校长来听的这一节课可以是任何类型的课，可以是新课，也可以是习题课，还可以是实验课，当然也可以是自习课。只要你不是有意地回避校长听课，临时改变教学计划，恶意安排自习，我认为校长都是能够理解的。

最后，校长听课的初衷应该是促进教师教学。听课大致有这么几种情况：了解检查型、指导帮助型、总结推广型、试验研究型、学习吸收型、考核评比型。无论是哪种类型的听课，目的都应该是为了促进教师的专业成长。尤其是了解检查型和指导帮助型，听课老师要善于发现授课教师的优、缺点，引导授课教师扬长补短，从而达到帮助授课教师提高教学水平的目的。如果校长拿这事说事，那么只能说明这个校长素质不高。听课的目的是为了促进教师教学，而不是伤害教师，激化干群关系。

当然，按照一般理解，校长随堂听课很有可能是对你的课不放心，从你的担心也可以看出，你还是不够自信。建议你将自己的担心与校长沟通一下，至少可以与一起来听课的两位主任中的一位交流一下，避免一些不必要的误会，这样或许更好。

波斯纳曾提出教师成长公式：经验+反思=成长。他指出，没有反思的经验是狭隘的经验。同样，我认为反思亦是班主任自我完善、自我建构的过程，是班主任专业能力可持续发展的有效途径之一，是班主任专业化成长的必由之路。

第三节　在写作中积淀

古时有部经典名著《左传》，提出了为人处世的最高标准，那就是“立德、立功、立言”。一般来说，“立德”就是遵守道德，坚守良知；“立功”就是要干事创业，有所作为；“立言”就是将自己的成功经验写成文字，著书立说，影响他人。文字可以跨越时空的界限，与他人交流。

一、有关论文的认识误区

中小学教师职称改革的主要内容有四项，其中一项是修订评价标准，注重教师的师德、实绩和实践经历，改变过分强调论文、学历等倾向。此项内容公布以后，得到了广大中小学教师的积极拥护和热烈响应。这不，就有教师感叹，中小学教师不是大学教师，完全没有必要写论文。似乎论文一直在阻碍教师的成长与进步。

我认为，中小学教师重视课堂教学的实际能力，淡化论文是可以的，但是完全否定论文写作，认为中小学教师不应该从事论文写作的观点也是不可取的。

第一，论文的价值是毋庸置疑的。相较于课堂教学，论文的影响要大得多。一个教师即使课上得再好，毕竟影响有限。相反，写一篇论文就简单得多，一篇好的论文、一本好的著作，可以穿越时空，影响一批又一批、一代又一代优秀教师的成长。

著名教育人李镇西写了一本书——《追随苏霍姆林斯基》。书中记述了李镇西27年来追随苏霍姆林斯基的教育历程。我们从中可以看到一位中国普通教师如何在苏霍姆林斯基的影响下，成长为特级教师、教育专家的。中国的李镇西怎么追随苏联的苏霍姆林斯基呢？唯一的渠道就是读苏霍姆林斯基的文字。试想，如果没有论文、著作这些载体，何谈追随呢？

第二，论文写作的要求不是深不可测的。论文可以就日常的教学而言，例如如何提升教学成绩，如何提高教学的针对性，如何提高教学的趣味性，等等。作为一名教师，长期在教学一线，对这些问题应该有属于自己的体会。将这些体会写下来，就是一篇很好的论文。我认识一个教师，给人代课，上了四节高二文科班的物理课，每节课都认真备课、上课，力求有实效。他四节课上下来，有了体会，写下来，自然就成了一篇论文。很难想象，如果一个教师教了一辈子书，一点体会都没有，一篇论文都写不出来，最后还埋怨因为有论文的要求而评不上职称，会是怎样的一种悲哀。

其实，写作的关键不在于“写”，而在于“做”。老师们在实际教学中投入了大量的精力，努力提高自己的课堂教学水平和学生的学习成绩，这本身就是一种研究。实际上，工作中的难题就是课题，教室就是实验室，难题在课堂上能够得到解决，这就是一个小的课题得以结题，自然就能形成一篇文章。以我个人为例，学校安排我上公开课，那么我就需要准备一下，至少需要准备教案，若课后稍加反思、整理，就能形成一篇文章；在平时上每一节新课的时候，我就考虑如何导入新课，后来慢慢就从感性认识上升到理性认识，再后来就写成了《如何在新课改背景下导入物理新课》；又如，在平时教学中我就思考如何突破教学重难点。我在长期的实践中体会到，要想学生更容易接受、理解物理知识就需要将物理知识生活化，我思考后写成了《物理知识生活化举隅》一文；还有，语言是教师传递教育信息的重要载体，教师理应加强对语言的研究。我在平时的教学中注意提炼自己的语言，不断记录自己的精彩语言，修正自己的问题语言，三年一个轮回，就形成了《对中学物理教师语言的研究》一文……所有的这些都来源于平时的教学，而且我所总结的方法亦能够指导我以后的教学，促进教学水平的提高。

论文，既是探讨问题进行学术研究的一种手段，又是描述学术研究成果，和他人进行学术交流的一种工具。它需要的只是老师能够沉下心来、拿起笔来。

二、有关写作的认识误区

误区1：有的老师认为写作是大学老师的事情，中小学教师只要好好教书，在校内取得相对的优势就行了。既然把教书当成一种谋生的方式，也就只需要把自身的本职工作做好就行了，那么教书只要有个差不多就可以了。

我首先要申明的是，这么说，绝对不是说这样的教师很卑微。相反，如果能够做到这样，我认为他或她就是一个不错的教师了。如果教学成绩长期处在中等水平，那就是一个非常优秀的教师了。

我想说的是，抱有这样想法的教师，往往抗风险能力比较弱，反而不一定能够达到自己对教书提出的要求。原因很简单，江山代有才人出，各领风骚数百年。如果和你带同一个年级的同事都非常勤勉，那么你就有可能落后了。再说，人上一百，形形色色。如果哪一届你带的班级考得差，不排除有人会说：那人水平就那样，不要看他带的班级以前考得好，其实完全是因为生源好，你看现在不行了吧？人家简单的一句话，就有可能否定你多年的努力。

相反，选择写作在一定程度上可以避免类似情况的发生。如果你一年发表一篇文章，随着时间的推移，你到退休的时候有可能会发表二三十篇文章，这是任何人无法否定的成绩。只要你坚持下来，发表文章的数量只会上升、不会下降。

当然，你在写作的过程中，自然会有一定的体会，自己也会在写作中不断地总结、反思、提升，课堂上的元素自然越来越丰富，与学生相处也越来越融洽，自己也会越来越受学生欢迎，那么自然能够体会到作为一名教师的幸福。

实际上，教育写作没有那么多的功利性，与你想不想当官、想不想当名师没有太大关系。写作就是一种生活方式，我手写我心，人都是有故事的，在你的教育生涯里，总有一些打动你的故事值得讲述，总有一些触动心灵的感悟需要记录。故事、感悟、计划、总结等等，如果不留存下来，也许以后就无从追忆了。写作不是为了名誉，而是为了让自己的思绪宁静、思想纯粹，为了把如水的岁月定格成永恒。

误区2：有的老师认为写作很困难，需要有非常高的文学素养和写作功底，不是每一个老师都可以做到的。

这是一种极端的思想，带来的结果就是，教师不敢写作。实际上，教育写作与文学创作不是一回事，它是一种教育科研行为，写是其次，做才是主要。例如，开学之初，班主任要做的事情很多，你可以把这些事情总结一下，写出来就是一篇文章。我曾经将自己开学要做的事情罗列出来，写成一篇文章，后来不少班主任都以此作为开学时开展工作的参考。

开学，班主任要做好这九件事

开学是班主任比较忙碌的时候，有些班主任因为没有经验或者没有做好计划，导致开学初手忙脚乱。下面，我就以寄宿制高中为例，按照时间顺序，梳理出开学初班主任应该做的九件事情。

第一，给每个学生写一封信，把这封信当作见面礼，在学生报到的时候交给学生。当然，班主任可以不做这项工作，或有选择性地做。班主任可以选择每次给班级三分之一的学生写信，几个学期下来，每个学生都会收到班主任的信。从实践来看，给学生写信的班主任不多，学生从其他渠道收到信件的机会也不多，写信这种传统的表达方式在信息化的当下具有较强的教育力量。

第二，在开学第一天晚上开好一节主题班会课。这是大家最认可、也是最需要班主任做的工作。我想提醒大家的是，主题班会不同于一般的事物布置，需要有教案，教案需要有目标、有重点、有导入、有互动、有小结、有板书，最好还要有课件。总之，主题班会课应该完整、有效，给学生以印象和启发。

第三，在开学第一天晚上召开一次班干会。会上除了确定一些事务性工作以外，还要对班干以前的工作予以评价，主要是表扬，并且征求学生的意见，问他们是否要改选班委会，如果改选，如何改选。

第四，在开学一周内调整一次座位。座位调整是最麻烦的，本质上作用也不大，金子在哪里都能发光。但是座位不调，学生心不安，所以这是开学必须要做的事情之一。我一般在开学第一天晚上就告诉大家，对座位有何要求可以及时提出来，每人填三个志愿，我尽量满足第一志愿，如果第一志愿不能满足就满足第二志愿，第三志愿是保底志愿，前面两个志愿不能满足，一定满足第三志愿。

第五，在开学一周内彻底清理教室、寝室卫生一次。干净、整洁的环境是学生学习、生活的保障，必须要组织学生彻底打扫，如果班主任现场指挥更好，即使不能现场指挥，例如寝室卫生，也要组织男女生互查。

第六，在开学一周内出一期主题板报。班会开了，座位调整了，教室、寝室打扫了，新学期开始了，这时候就要巩固班会成效、营造学习氛围，那么板报就起作用了。第一期板报可以指定学生出，班主任提供内容；也可以让学生按照已经安排好的分组来出。为了不耽误时间，只要开学一周内出出来即可。

第七，在开学一周内找一些学生谈心。每个班级都有班主任特别关注的学生，对这些学生有哪些期待、有哪些要求，需要当面说清楚，这也是精准教育的一种表现。这项工作最好在一周以内完成，因为一周以后，他们就要开始“低头拉车”了。

第八，在开学第二周内召开上学期期末考试表彰暨学习经验交流会。班主任对上学期期末考试成绩优秀的同学分类别予以表彰，并让受到表彰的同学介绍经验。

第九，要求学生上交新学期计划，并批阅。班主任在第一节班会课上布置这项任务，并要求学生在一周内上交，批阅结束反馈给学生。经过一周的洗礼，学生已经开始适应了新学期的校园生活，这时候要求学生写学习计划比较合适，与此同时，老师必须及时反馈给学生。为了让学生意识到这件事的重要性，书写用的纸张建议统一在学校印制。

凡事预则立，不预则废。班主任开学初的工作千头万绪，必须提前做好准备，这样才不会手忙脚乱。

误区3：有的老师认为写作很简单，只要花钱就可以发表文章。

这是一种极端的想法，也是一种功利的想法。花钱发表论文不是长久之计，如果发表一篇文章是500块钱，10篇文章就是5000块钱，写得越多，发表得越多，花的钱就越多，这如何是好？更重要的是，这样做实在是有辱斯文。

误区4：有的老师写作就是为了发表。

如果写作仅仅是为了发表，那么写作每一篇文章时，除了期待之外，更多的是担心，对写作者来说，这将是一件非常痛苦的事情。对一名写作者来说，毫无疑问是希望文章被发表的。但如果仅仅是为了发表，那么每一篇文章都需要精心打磨，字斟句酌，这样写一篇文章前后可能要花一个星期甚至更长时间。对于写作者来说，除了文章写作的数量难以提高以外，还容易产生挫败感。如果文章能够发表固然很好，发表不了自然就很伤心，但是很多文章是难以发表的，所以这种伤心很容易演化成挫败感。

如果写作仅仅是为了发表，那么文章对于常规工作的研究可能就会远离对于前沿理论的探讨。对写作者来说，容易造成教研与实际工作的脱节。报刊经过多年的发展，对一些常规问题都已经讨论得差不多了。现在报刊关注的问题在不断升级，更多的是方向上的引领。以课堂教学为例，现在很少有人关注如何引入新课，如何突出重点、难点这样一些常规的教学环节，但是这些是一节新课必不可少的内容。倘若教师仅仅关注文章能否被发表，自然不会关注这些常规内容，这样就很容易出现写作内容与实际工作内容脱节，那么写作对教育教学行为的影响自然大打折扣。比如，班主任给学生家长写信，虽然不能发表，但是对家长的影响不小。下面是我曾经写给某家长的一封信。

某某同学的家长：

您好！

您让我给您孩子辅导功课已经有一个月了。这一个月中，您为了表示感谢多次请我吃饭，我都拒绝了。为了避免误会，我觉得今天有必要写信解释一下。

我不去吃饭主要有两个原因，一是感觉没有必要。您请我吃饭就是想表达感谢之情。我们本来就是朋友，是朋友本就应该互相帮助，表不表达感谢，通过什么方式表达感谢都是次要的。二是我害怕孩子多想，从而影响正常的教学。有的孩子对这些问题比较敏感，容易引发一些不必要的猜测。希望您能够理解。

我经过这一个月与您孩子的相处，有一些感触，写在这里与您共勉。

第一，我们要相信孩子。

要相信孩子的智力，不要老是说孩子笨。“聪明”与“笨”本身就是相对的，也是有所侧重的。说高中生“聪明”或者“笨”主要是指他们对数学、物理的理解能力是好还是差，简单地说，就是反应快不快。但是我们需要知道的是，数学、物理并不代表全部课程。高中文化课有9门，一个孩子也许数学、物理差，但也许他在其他学科上会表现得好一点。一般来说，理科思维弱一点，语言学科就会好一点。每个孩子的综合水平相差应该不大。

实际上，所谓的“智商高”“反应快”与孩子已经掌握的知识也有关系。如果孩子本身掌握的知识比较少，自然难举一反三。“一”都“举”不出来，怎么“反三”呢？您第一次到我家来的时候，也许晕头转向，甚至不断地打听如何走，但是三次一跑，您就知道怎么来了，在哪里拐弯，怎么拐，想都不要想。这与智力无关，与原来掌握的知识多少有关，而知识是可以通过积累获得的。

更重要的是，孩子很反感别人说他笨，会认为这是对他的否定。有一些孩子不愿意努力的原因就是害怕别人说他笨。他们宁可不努力，也不愿意被人说笨。建议您不要着急，少说多做。

相信孩子的未来，相信孩子是可以改变的。这个道理太简单了，如果孩子不能改变，我们所有的努力就没有任何意义了。我们不能用静止的眼光来看待孩子，孩子的变化是我们无法想象的。就像我们自己，发展到现在这个样子，姑且不论是好还是坏，都不是当初父母所想象的样子。

以学习为例，每年都会有这样一些学生，你认为他们一定会考上大学，结果他们没有考上；也有那样一些学生，你认为他们一定考不上，结果他们考上了。去年我就遇到一个学生，进校时的成绩在班级倒数，高考考了600分。学生解决问题的能力比发现问题的能力强，我一直认为，如果一个学生主观上有强烈的意愿希望提高成绩，那么他离成绩提升就不远了。我想说的是，相较于解决问题，让学生发现问题更为重要。建议您多与孩子交流，学会倾听，知道孩子在想什么，是怎么想的。孩子正确的想法要强化，错误的想法要纠正。

第二，要相信学校和老师。

客观上说，您孩子现在所在的学校比我们学校是要差一点，但是并不意味着这个学校所有的老师都差。想当年，我找工作的时候就是准备应聘到您孩子所在的学校的，因为离家近一点，生活比较方便。后来因为那个学校已经招满了，不得已我才应聘到现在的学校。学校的好坏与老师的好坏没有必然的联系，这应该是一个简单的道理，您只要稍加思考就能明白。我们从历次的优质课评选中也可以知道，一等奖并不都是出自所谓的好学校。

实际上，没有最好的教育，只有最合适的。说一句您不太爱听的话，以您孩子现在的学习成绩来看，可能您孩子学校的老师更容易帮他提高成绩。长期以来，他们针对这个层次的学生形成了一套行之有效的方法，哪些知识学生难以理解，需要多讲一些；哪些知识学生容易理解，可以少讲一些，老师都很清楚。

更重要的是，学生对老师来说只是一届学生，而老师对学生来说却是一生的老师。如果您不信任老师，吃亏的是您自己。从理论上分析，学生和家长在老师面前更多的应该是作为一个学习者，而不是一个裁判者。您的孩子去学校的主要目的是学习，而不是挑选老师。再差的老师也能教出好的学生，再好的老师也会教出差的学生，个人的努力才是最重要的。建议您把握事物的主要矛盾，把注意力转移到如何提高孩子的学习成绩上来，而不是对老师评头论足，没有哪个老师会故意伤害学生。

第三，做好自己。

“做好自己”是基本的唯物主义观点之一。出现了问题需要先从自身寻找原因，反求诸己，并通过自己的努力来解决问题。

建议您努力改变自己，做一名传统意义上的“好家长”。有一个公益广告好像是这样说的：喜欢睡懒觉的我，现在每天6点就起床；喜欢美食的我，现在经常一桶方便面应付一下。为什么呢？为了孩子。家长在关注孩子，关注老师。孩子、老师也在关注家长。为了孩子，我们需要做必要的改变。

我们学校的一位老师问孩子：“你上高中了，要爸爸做什么？”孩子说：“我就一个要求，希望你不要再打麻将了。”此后，这位老师没有再打麻将，家长好好学习，孩子天天向上。

我建议，让孩子看见您的努力。家长为孩子付出很多，而实际上，有很多孩子都以为，家长帮助孩子做事情是应该的。经常有人因为孩子复读的事找我，我通常会给他们一个建议：你为孩子办任何事情的时候，都要把你的孩子带上，要让他知道求人的不容易。

不少孩子以为：只要我想复读，家长就应该帮我办好。有的孩子甚至还埋怨家长没有本事，不能把他送到好学校。如果孩子有这样的认识，那么复读一年即使考上心仪的大学又怎么样呢？我们需要让孩子知道，分数低是多么无奈，需要付出很大的努力才能弥补。只有这样，他才能够清晰地认识分数的价值，学习的动力也才会更加充足。

以上三点，供您参考。不妥之处，请您见谅。

最后，祝愿您能够成为一位更好的家长，您的孩子有个更好的未来。

徐　维

2016年12月5日

三、教育写作的一种重要方式：教育叙事

教育叙事的内涵及外延

教育叙事，即讲有关教育的故事。它是教育主体叙述教育教学中的真实事件的过程，其实质是通过讲述教育故事，体悟教育真谛。

教育叙事是一种最贴合教师实际的研究形式，它不是简单地叙述一个教育故事，讲述一个情节，而是在叙事的基础上阐发自己的理解、提炼自己的观点、抒发自己的情怀。

教育叙事的特点：其一，叙述的事例必须是已经发生的、真实的；其二，叙事要以人物及其所感所想为主线；其三，故事情节应该跌宕起伏、

扣人心弦；其四，教育叙事应令读者有身临其境之感；其五，获得教育理论方法的归纳；其六，叙事目的不是自我陶醉，而是与众人分享。

从教育叙事的特点来看，教育叙事应该是一种研究，它的研究功能主要表现在四个方面：一是反思。文字是一种深沉的反思载体，而教育叙事最直接的作用就是通过叙事写作，让教师学会用文字来反思自己的教育生活，养成反思的习惯，并进而形成反思的能力。二是发现。通过长久的叙事写作，可以让一个教师对教育的感觉变得灵敏。教育过程中那些长久存在的小烦恼、小心情，那些容易被人忽略的小细节、小事件，都可以在叙事中被回味，被一点点嗅出教育的味道，或许你也会在这样的过程中发现一些小的快乐和幸福。三是改变。现在的教育太过于追求“技”，而往往忽略“道”。而教育叙事则可以让教师透过烦琐、冗杂的教育现象探寻到教育的规律，寻找到教育之“道”。四是成长。一个教师的成长离不开长时间的沉潜，没有写作，没有思考，没有文字的寄托，教师的灵魂可能会变得世俗，教师的眼界可能会变得狭小。教师一旦为生活所困，就很可能为利益所困，心情就无法舒展，心胸自然就会狭窄。而且，我们无法改变现实中的很多的事情，我们唯一能做的就是让教育叙事成为教师生活的一部分，在敲打文字的畅快与安逸中，在静静回味、深刻反思的悠闲中，觅得生命的另一种存在方式。

叙事的前提是做事，叙事实质上就是在研究做事。教育叙事的根本目的在于通过对教育事件的透视来探讨教育问题，改进教育实践行为，优化教育行为的效果。

教师每天都在课堂上实施自己的教育行为，有些行为可能对学生产生了积极的影响，有些行为可能对学生产生了消极的影响。如果教师不对这些行为进行细致分析和反思，就不能发现隐藏在自己教育过程中的一些问题，也就不能对自己的教育行为有清晰而正确的认识，当然也就谈不上有意识地去改变自己以后的教育行为。

教育叙事既是审视和反思自己的教学实践的过程，又是教师分析问题、解决问题，改进教育教学方法的过程。教育叙事是一种反思性研究，教师在叙事中反思，在反思中深化对问题或事件的认识，在反思中丰富原有的经验，在反思中修正行动计划，在反思中探寻事件或行为背后所隐含的意义、理念和思想。

值得指出的是，教育叙事不是一种“放映式”的故事叙述，而是需要叙事者带着一定的问题进行叙事，需要从某种理论的角度对事件进行分析和解读，需要从平常的教育事件中来透视某些教育问题和教育规律。

总之，教育叙事要求教师用研究的目光去审视自己的教学实践活动，从中认识自己教学的长处和不足，这与教师平时的教学工作总结不尽相同。

如何撰写教育叙事

一篇好的教育叙事应该符合两个要求：有料、有文。“有料”即文章观点新颖、案例独特，“有文”即文字简练、文笔清新。

一是要“有料”。教育叙事的基本模式就是案例加观点，因此案例与观点应该是主要的评价指标。好的教育叙事要么是观点非常新颖，要么是案例很独特，当然，如果两者兼备，那更好。

囿于个人的眼界，大家对新颖的理解不尽相同。一般来说，编辑老师见多识广，对新颖性的要求比较高。因此，教师不能将自己在工作中的一些新发现、新感悟一律理解为新颖，是否新颖还需要在更大的平台检验。这可能也是很多老师写了文章，但是不能发表的原因——作者自己以为文章很好、有创新，实际上都是别人已经说过的话、做过的事，推广的意义不大，所以没有发表。

我认为“新颖”有两方面含义，一方面是观点要新。说实话，这很难，全国有这么多教师，你能说出别人完全没有说过的观点，是一件很不容易的事情，但是做到在表达上有所不同还是可以的。中国的汉字就是这样奇特，简单的组合就能够表达不同的意思。例如，我就写过这样一篇文章发表在《教育文汇》上，标题是《很多，与技巧无关》，说的是当下的教师培训主要是关于技巧培训，而忽视了更为重要的师德。还比如，我写过《为学生成长留下印记》，说的我自己的故事，我坚持建立班级档案，学生毕业以后仍然能够找到当年的回忆，这篇文章发表在《今日教育》上。

另一方面是对已有现象有新的认识。这是从有到优，难度相对要小一些，但是需要教师具有敏锐的洞察力，善于捕捉教育中的闪光点。例如，很多寄宿制学校不允许学生出门，学生外出都需要到班主任处请假。如果有个学生连续两天请假，还不直说原因，你会怎么办呢？我遇到以后没有忽视，而是仔细了解原因，得出了这样的观点：师生之间需要信任。后来，我据此写了一篇文章《一张没有开出去的请假条》发表在《班主任之友》上。

至于案例，这是容易被大家忽视的。很多人写文章的时候往往是观点优先，没有自己的案例。我认为仅仅有观点是不行的，没有案例支撑的观点是没有说服力的。从某种程度上来说，案例比文章观点更重要，如果案例很有代表性，即使观点不到位，编辑老师可能也会帮忙修改，这样这篇文章就变成了一篇好文章。

例如，很多学生在平安夜送苹果给老师，老师怎么办呢？很多老师都是将苹果放在那里。而我将苹果洗净、切好，在第二天上早读以前放到同学们的课桌上。我将这一过程写成文章——《30个苹果与60份祝福》，这篇文章发表在了《教育文汇》上。

还有，发现一个学生在教室大声吵闹，我并没有发火，而是轻轻地走过去，用语言安慰她。学生很诧异，在周记中与我进行了交流。我将这一过程写成了文章《老师，你为什么不生气》，这篇文章发表在了《德育报》上。

二是要“有文”。文章要想发表的话，首先需要考虑的是读者，读者愿不愿意看是最重要的，编辑在审稿的时候也会从读者的角度来审稿。所以，文章一定要有可读性，让读者愿意看。

首先，标题很重要，好的标题是成功的一半。有的人的文章只有一个主题，但是没有标题。标题和主题往往不是一回事，主题是文章内容的核心，题材选择、结构安排都应服从主题的需要；标题则是文章的命名。很多人先有主题再有标题，主题很好，但是由于缺少一个好的标题，以至于主题得不到凸显，如同旧瓶装新酒，我认为最好是在确定好主题和标题以后再动笔写正文。

那么，我们可以从哪些方面出发来拟标题呢？

可以根据文中的关键事物来拟标题，如，《一张没有开出去的出门证》

《一个礼物，两个故事》；

可以根据文中的关键事件来拟标题，如，《为学生成长留下印记》；

可以根据人物的关键语句来拟标题，如，《老师，您为我擦了一次黑板》《老师，您为什么不生气》；

可以根据文章的主题来拟标题。一种是直接表意，如，《1%与100%》《教育学生要留有余地》；另一种标题是主题的间接表达，如，《很多，与技巧无关》《故事，不是每一届学生都爱听》。

文章标题要给人一种想把文章读下去的欲望。一般来说，应注意以下几点。一是恰当。所谓恰当，即这个标题能否确切地表现主题，概括文章内容。二是醒目。读者拿到一篇文章，最先接触到的就是标题，好的标题鲜明、生动，给人新鲜的感觉和深刻的印象，从而能够吸引读者阅读全文。三是简洁。标题字数一般不宜过多，读起来要顺畅。

其次，文笔要清新。虽然要求事件一定是真实的，但是呈现的角度可以是多样的。事件要有画面感，有打动人心的言语；描述要完整、有层次；人物描写要细致，有内心独白。

再次，文字要简练。教育叙事不是文学创作，不需要过于优美的文字、华丽的辞藻，也不需要特别贴切的比喻。文字只是表达的需要，是为中心思想服务的，教育叙事重在叙事，只要能够把事情说清楚就行了，没有必要在文字上大做文章，字数在1500字左右即可。

最后，点评要到位。现在存在一种误区，就是认为写作是语文老师的事情，是文学素养很高的人才能做的事情。其实，教育写作是一种教育行为，严格地说，写作是教育反思以后的一种表达。例如，有一个学生给我发信息，但是我完全不记得这位学生了。可能很多班主任都会遇到这样的情况，但往往会一笑而过。我没有放过这样一个机会，就了解学生为什么要给我发信息，原来是因为我找他谈了一次话。于是，我就把这件事写成了一篇文章《1%与100%》，对于教师来说，付出的只是1%的关爱，而学生得到的则是100%的感动，这篇文章后来发表在了《德育报》上。

第六章　评先评优，有备而来

名师是教师群体中的精英，是一种高级的人才资源，是一个具有魅力的品牌。名师之谓，是一种积极的社会评价，他们往往获得较高层次的荣誉称号。因此，评选是名师成长过程中需要面对的重要课题之一。

评选，过程比结果更重要。评选的过程是教师目标达成的过程，是教师自我改变的过程，也是教师自我提升的过程。过程中所产生的教益和影响足以充实自我、照亮他人。

第一节　特级教师：不是妄念

有人说，评“特级教师”如同上春晚：能上的固然是人才，不能上的人中也有很多是人才；也有人说，“特级教师”只是国家对教师的一种引导，引导教师爱岗敬业；还有人说，“特级教师”只是少数教师能享受到的，对普通老师来说，这简直是妄想。那么，到底应该如何正确看待“特级教师”呢?

一、妄念：张廷玉的“配享太庙”

清朝桐城籍宰相张廷玉，辅佐过康熙、雍正、乾隆三代皇帝，当了50年的官，执掌军机处24年，雍正临死之时，下旨让其“配享太庙”。“配享太庙”可是当时为人臣者的最高荣誉，这意味着，后世皇帝到太庙给自己的列祖列宗磕头的时候，顺便给他也跪了。一个人臣能够享受到这样的荣誉，那还了得?然而就是这样深受皇帝倚重的大臣，退休之后竟然被抄家。

张廷玉被抄家倒不是因为他的贪腐，他非常勤奋而且能干，从来不跟皇帝争后世之名，以至于正史里提及他的功绩时只说了三件微不足道的小事，其中一件是张廷玉给皇上上表，说咱们是不是要给守节15年的妇女立个牌坊。史官居然把这件小事写到了一个在朝几十年的大臣的传记当中，说明他真的很少与人提起自己的功劳。

这样的张廷玉，在抄家没有被发现任何不妥之后，仍然被皇帝臭骂一顿，生前的所有荣誉、身后的所有念想都已经被剥夺得干干净净。导致他人生的最后五年，终日默坐，不发一语，最终带着落寞的心情死掉。

大家为张廷玉唏嘘的同时，我也有相似的感觉，但是张廷玉为什么会落此下场呢？恰恰因为他毕生追求的“配享太庙”。

张廷玉一辈子不求身外之物，不要名，不要利，最后毁在哪儿？毁在“配享太庙”。他还是没想到，千秋万代之后，溥仪都不能住在紫禁城里了，自己凭什么“配享太庙”？他一生都在追求一个身外的目标，并且用这个目标来残害着自己的生命，像个杂技演员战战兢兢走钢丝一样度过了一生，最后却被这个“配享太庙”给害死了。因为追求“配享太庙”，他在退休之际要求乾隆下旨确认而得罪乾隆；因为追求“配享太庙”，乾隆产生了“卿不死，孤不安”的惶恐。

人不能有妄念。

二、特级教师是妄念吗

可以肯定地说，当下社会不同于封建社会，特级教师不同于“配享太庙”的张廷玉，“特级教师”应该是一个教师的终身理想，而不是一种妄念。

妄念是一个自己挥之不去，但又必须靠他人才能够实现的愿望。妄念的关键词是三个：愿望，自己挥之不去，必须靠他人才能够实现。“特级教师”只符合前面两点，是一些教师挥之不去的愿望，但不依靠他人也能够实现。

可是如果一个普通教师，一个真正意义上淡泊名利、追求真理的教师想成为特级教师，也特别难。

一方面，难在职称的晋升。职称评审有一个弊端，就是分配名额。如果某地区省示范中学可以评定的比例是38%，在一个拥有200名教师的学校中，高级教师的数量应该是76人。如果这个学校正好有76个高级教师，其他人即使符合条件也不能参评，要等到有人退休才能评，这种现象称之为“占岗”。如果老师运气好，一两年之内有人退休，那很快就有名额了；运气不好，可能要等上十来年才有高级教师退休。也就是说，一个老师有可能十年前就具备了高级教师的水平和业绩，但是因为数量限制而影响了高级教师的评定，继而影响了学科带头人、特级教师、名师工作室等后续的评选。

另一方面，难在各种荣誉的获得。特级教师评定需要有市级以上的表彰，至少需要县级政府以上的表彰。一个县级优秀教师，应该不是什么大的荣誉。但就是这样一个不大不小的荣誉，要想获得，也不简单。教师那么多，怎么确定谁是优秀的呢？很多学校采取的一种做法就是凭学生的高考（中考）成绩，选择当年高考（中考）第一名所在班级的班主任推荐上去。一个老师带毕业班往往需要经过三年时间。三年之后，带到第一名的成绩才有可能获得这样一个不大不小的县级优秀教师称号。至于其他比较重大的荣誉，更是可遇不可求了。当然，我说的这些都是在规则很明显的前提下，学校按规操作，三年才会有一个县级优秀教师。如果一个老师从来没有收到过县级表彰，是不会受到市级以上表彰的，特级评选也就无从谈起了。

我在想，特级教师是不是类似于特别难获得的高级教师。老师如果想要获评“特级教师”，需要像张廷玉“配享太庙”一样，用毕生的时间和精力来追求。除了要出色地完成工作，还要密切留意每一次评选，不能放过每一次评选，如果错过，一般要延迟三年，有时候甚至更久。

但是如果把心思放在各类评选上，仅仅为了评特级教师而工作，纵然得到特级教师又怎么样呢？特级教师除了说出去比较好听一点，其他还有什么呢？特级教师多出来的那点工资又能怎么样呢？一人、一生、一张纸，可悲、可叹、可怜！

“特级教师”，不是妄念，而是一把双刃剑。

三、教师的出路：幸福比优秀更重要

既然特级教师是一把双刃剑，那么片面地追求特级教师显然是不合适的，特级教师应该是教师专业成长的附属品。那么教师的出路在哪里呢？

我认为，教师首先是作为一个人而存在的，没有必要为教师赋予诸多神圣的因素，教师就是一个普通人，放在第一位的事情应该是把一个人该做的事情做好，就是班主任，也应该是一个正常的人，只有正常的人才能够教出正常的人。

按照马斯洛的需求理论，我们应该满足低层次的物质需求，然后才是高层次的精神需求。先应该对自己的家庭和孩子有个交代，然后是对社会和大众有所交代。如果一味地追求工作出色，自然容易忽视自己的家庭、孩子，这不是一种负责任的表现。世界很大，与你幸福相关的人很少。如果你因为追求优秀而导致自己家庭和孩子的发展不尽如人意，不要说你自己在若干年以后回头看的时候难以接受这样的局面，就是你的学生也可能会对你的选择唏嘘不已。

应该说，在一个风清气正的环境里，教师的优秀和幸福并不矛盾，二者完全可以和谐统一。领导正直，同事善良，评价科学，程序公正，幸福的老师怎么可能不优秀呢？于是，因为自己突出的业绩，各种荣誉可能就会纷至沓来。这时，我们也不用刻意推辞，完全可以坦然而无愧地接受，因为这是教育给我们的馈赠。只是我们应该把这份馈赠当作意外的收获，因为我们从来就不是冲着这些荣誉而工作的。没有这些荣誉，我们也不会有丝毫的懈怠，因为教育关系着我们自身的幸福。

优秀的教师是有限的，而且往往和机遇甚至人际关系有关；但幸福的教师有千千万万，而且就在我们身边，或许就是我们自己。

四、教师的尊严和幸福来自哪里

习总书记说，幸福是奋斗出来的。那么，教师的快乐来自哪里呢？教师的尊严和幸福又来自哪里呢？

我认为，教师的尊严和幸福首先来自自我尊重。教师基于自我尊重认知下对教师事业强烈追求的过程中所表现出的精神力量，能够让人肃然起敬。任何人，要想别人尊重你，你首先要尊重自己。教师如果以金钱来衡量职业，用物质来衡量工作，无疑会贬低教师自身的价值。教师的价值在于培养人，教师的幸福在于培养人的过程中所产生的情感与精神。教师在探索教育教学规律的过程中能够获得新知，进而快乐；教师在培养学生的过程中能够实现人生价值，进而幸福。更何况，教师的收入无论在哪个地区，即使不是最高的，也绝不是最低的。

教师的尊严和幸福主要来自学生的成人成才。学生因我而幸福，社会因我而美好，这对任何人都是最好的奖赏。行业是有区别的，不是所有的行业都有机会与人打交道，更不是所有的行业都有机会与青少年学生相伴。青少年是早上八九点钟的太阳，他们的人生画卷才刚刚打开，而教师就有幸在他们的人生画卷上留下痕迹，甚至产生深远的影响，这本身就是一种幸福。如果学生因为教师而改变了自己的人生轨迹，成年以后有所作为，那教师便是学生生命中重要的他人，教师自己势必骄傲不已，别人对教师自然也是敬佩有加。

教师的尊严和幸福还来自政府和社会的认可。优秀教师从来不缺少褒奖，只要你足够优秀，就一定会有相应的表彰。姑且不说教师节的表彰，特级教师的评选，单就是“老师”这个称呼，也是一种极大的尊重。在教师行业以外，比如娱乐圈，如果业内人士称某人为“老师”，那是对这个人极大的认可与褒奖。实际上，这些年对老师的表彰越来越多，“最美教师”“人民好教师”“党和人民满意的好教师”“教书育人楷模”……各种称号层出不穷，政府和社会想方设法地营造尊师重教的氛围，只要你愿意，没有人能阻止你成为一名优秀的教师。

人类历史已经证明，再强大的政党和政府都无法解决一切社会问题，完全消除社会不公，也不能使每个人都避免不幸的遭遇；再发达的科学技术也不能解释自然界的一切未解之谜；再先进的理论也不可能指导一切实际。作为一名教师，不能完全寄希望于别人的努力来让自己获得幸福，幸福需要个人的奋斗。

一个人，当自己的意愿得到满足时就会感到幸福；一个人，当他能够做到别人做不到的事情时，别人就会尊重他。一个教师，只有调整好自己的价值取向，淡泊名利，甘于奉献，以教书育人为己任，努力做最好的教师，才会让学生心存感激，敬佩不已。

五、幸福，也许只要一个纸箱

一晃，十年过去了，我的第一届学生已经毕业十年了。这不，这群孩子打电话给我，说要在近期聚会。

说到聚会，我想起了自己高中毕业十周年聚会的情形。当时，我们从天南海北赶回母校，回到那个承载着我们少年梦想的地方，同学之间除了诉说别后10年深藏于心中的同窗情缘，更希望回味与同学共同度过的人生中最单纯、最美好、最值得回味的几年。非常遗憾的是，我们没有找到过去的记忆。

那时，校容校貌已经发生了天翻地覆的变化。大门换了，教室拆了，曾经的花草树木不见了，取而代之的是一些现代化的建筑。好在，当年的老师还在。我们试图从老师那里找寻到一些过往的痕迹。

“我这里哪里有什么档案，档案都在学校。” 班主任的一句话让我们再次失望。也是，班主任教的学生那么多，工作任务那么重，怎么会留下每届学生的资料呢？我们很快理解了班主任的苦衷。大家你一言、我一语，话题很快就转移了。就这样，我高中毕业十周年的聚会最终是在餐桌上的觥筹交错之中结束了。

作为一名高中班主任，我当时就想，如果留下每届同学的档案不仅便于为他们毕业以后找寻记忆，还能为自己以后的班主任工作提供参考，这应该是一件很有意义的事情。这样有意义的事情为什么不做呢？真的有大家说得那么难吗？

其实，一个老师的从教生涯不过30年左右，如果担任班主任，中学需要三年才能完成一个循环，小学需要六年才能完成一个循环，这样算下来，一个班主任一生带十届学生已经算是很多了。一届学生的档案一个大纸箱就能够装下，这样只需要准备十几个纸箱就行了。

我回到工作单位后，就准备了一个纸箱。将平时一些看似不太重要的一些资料，如学校的通知、方案；班级的班旗、规章制度；学生的请假条、检讨书等，都随手放到这个纸箱里面。重要的材料，如学生的记分册、信息、资料等，就用夹子夹好，也放到这个纸箱里面。一学期整理一次，很轻松，也很享受。

现在这些孩子聚会，我赶紧找出准备已久的纸箱，帮助孩子们找寻过去的记忆。哪知道，孩子们比我想象得还要激动，他们看到这些往日的“碎片”，就像看到了宝藏，有的陷入沉思，有的兴高采烈，更多的是拍照留念。看着这些幸福的孩子，我赶紧掏出手机留下这些珍贵的瞬间。

“老师，我们在拍资料，你在拍我们。”有学生说道。是啊，作为班主任，我们是学生成长的重要见证人，我们要做一个有心人，为学生的成长留下印记，而做到这些并不难，只要准备一个纸箱就行。

六、观《乡村女教师》有感：向瓦尔瓦拉学什么

电影《乡村女教师》讲述了苏联一名平凡的乡村女教师瓦尔瓦拉经历了大半生最终桃李满天下，电影展现了瓦尔瓦拉不平凡的奉献精神。看电影的过程中，我一直在思考，我们新时代的教师应该向瓦尔瓦拉学习什么？

第一，学习她对教育的信仰。当她被问到为什么去西伯利亚那样艰苦的环境教书时，她是这样回答的：“那里缺少教育，可是没有人愿意到那里去。我的理想就是教育孩子，假如我们真心诚意、耐心地去教育、感化他们，即使是一个最坏的人也会变好，但是我们一定要真心诚意地去教。”

第二，学习她克服困难的勇气。当善良的瓦尔瓦拉来到失学的女学生杜尼雅家，看到她贫困、窘迫的家快要倒塌时，泪水蒙住了瓦尔瓦拉的双眼，即使她只是个势单力薄的女教师，她还是勇敢地冲进了淘金者的家。当这些淘金者为了炫耀自己的富有，争相当众烧掉卢布时，瓦尔瓦拉掏出了自己微薄的工资，表示要给杜尼雅家盖房子，这些富人终于被感化了，

他们也纷纷掏出了自己的钱包。

第三，学习她对学生天然的大爱。瓦尔瓦拉就像一个母亲，把每个学生都当成了自己的孩子。她用爱去感化孩子，用爱去鼓励孩子。当她的学生去中学面试的时候，她像一个母亲那样焦急地等待；当她的学生因为贫穷而被中学拒绝录取的时候，她流下了伤心的泪水。即使这样伤心，她也不忘记鼓励孩子要对未来抱有希望：“不要灰心，你会念到书的。好日子总会来的。”

看完整部影片，给我印象最深的是那句话：“假如我们真心诚意、耐心地去教育、感化他们，即使是一个最坏的人也会变好，但是我们一定要真心诚意地去教。”每一个为人师者，都应该牢牢地记住瓦尔瓦拉的这句话：“我们一定要真心诚意地去教。”只有这样，才能像瓦尔瓦拉那样把自己的一生真心实意地、无怨无悔地奉献给孩子、学校、教育；只有这样，才能让我们的教育更加纯净；只有这样，我们才能教育出真正的人才，享受当教师的幸福。

第二节　名师，首先会教书

一千个读者就会有一千个哈姆雷特，各人对名师的理解不尽相同。但是不管怎样，名师首先应该是教师，而教师的主业就是教书。因此，名师应该不断钻研教材教法，具备高超的教学艺术。

一、不该说的专家

在台上讲课的教育专家，大致有以下两种：

一是来自“草根”的专家，集中地表现是会写。这些人发表文章、出版专著，还组织或者参加了一些民间团体，是网络上的红人，社会的认可度很高。

二是荣誉很多的专家，并且荣誉的分量很重，比如特级教师、学科带头人等等。

仔细去了解这些人，他们当中又存在这样三个问题：

一是虽然能说会写，但是实际的工作能力很普通。这一类专家的认知与实践有些脱节，实践落后于认知。他们具有较好的表达能力，社会的认可度很高，可是真正走近他们时，他们不过如此。就像很多讲座，听起来津津有味，听后回想起来发现并没有什么实质内容。

二是业绩突出，但是学生反映并不好。有的专家在出名之初，拼命提高学生的成绩，带上几届以后，荣誉逐渐多起来，名气也逐渐变大，但是学生不喜欢这样的老师。因为，他们把学生当成自己成名的资本，而不是教育的对象。

三是水平很高，但是在当地的反映并不好。这一类专家有真才实学，但是他们争名逐利，对名利斤斤计较，甚至可以说，他们的成功是以牺牲同事的利益为代价的。他们成名之后，不愿意去与本校、本地的老师有过多的交流，对本校、本地老师缺少引领作用，更多的是热衷于外出讲课，搞一些场面上的事情。

我不希望专家只是会写、会说、会表达，实际工作与嘴上说的、纸上写的完全是两回事；我不希望专家只会评选、善钻营，把学生当成成就自己的工具和资本；我不希望专家孤芳自赏不接地气，把其他老师当成自己的陪衬，起不了引领作用。

我认为真正的名师应该具有较高的教育教学水平和教育教学业绩，并且能够将自己的教育理念和方法影响他人，服务于社会。正如古人所云：立言、立功、立德。能“三立”者，方可成名师。

二、王老师带班为什么总是倒数第一

“怎么又是倒数第一?!”王老师很苦恼。他所带班级的物理成绩已经连续三次在全校倒数第一了。

王老师今年刚从大学毕业，只带一个班的物理课，但让他万万没有想到的是，第一次段考，他所带的班级物理平均成绩是年级最后一名，并且比第一名的班级相差十多分。出现这样的成绩，一名年轻教师肯定是难以接受的。实际上，王老师不仅心里着急，行动上也很着急。

一天，我在卫生间听到两个学生聊天。其中一个学生说："我们物理老师太拼了，天天晚上都上课！"我一问才知道，王老师为了提升教学成绩，每天晚自习最后一节课都在班上讲题目。

王老师原本以为这样的努力会让学生的成绩有所提升，哪知道这次班级的平均分仍然是倒数第一——66分，倒数第二的班级平均分是71分。付出得不到回报，怪不得王老师很苦恼。

"我每天都讲题目，怎么学生成绩老是上不去呢？"看得出来，王老师非常困惑。

我也很纳闷，这么努力怎么总是倒数第一呢？是不是这个班级的生源确实差？应该不会啊，高一进校分班是很公平的！是不是这个班纪律非常乱？也不是啊，这个班的考评很少倒数！是不是这个班级的班主任有问题？更不是了。这个班级的班主任是一名德高望重的优秀班主任！

就在我和王老师交谈的时候，一个学生走进了办公室。考虑到影响，我们立即停止了交流，为了打破尴尬，我笑着对那位学生说："徐睿，找老师有事吗？"那学生说："没什么。我来拿本子的。"

徐睿走后，王老师很吃惊地问我："你怎么认识那个学生？他可是我班上的学生！我都不知道他叫什么名字！"王老师一脸迷茫地看着我。原来王老师几乎不认识班上的学生，聊着聊着，我似乎知道王老师的问题出在哪里了。

王老师特别注重的是上课，是习题。他的主要精力都放在备课和习题两个方面。他每天都搜集全国各地的好题，然后制成讲义给学生做。尤其是第一次段考班级成绩倒数第一以后，他每天都搜集题目制成讲义，中午发给学生，要求学生当天完成，他则利用最后一节晚自习的时间来讲。由于他的时间都放到搜题、讲题上去了，他与学生交流得很少，课堂上也很少提问。因为他觉得那样会耽误讲题速度，影响讲题的数量。

我想起著名的魔术师刘谦在接受《鲁豫有约》采访的时候说过这样一句话：魔术表演必须要与观众有交流、有互动，要把握观众的心理，让观众感觉到你是在为他表演。我认为当教师也要这样，要让学生感觉到老师是在为他上课。

如果老师连学生的姓名都不知道，学生怎么会与老师建立情感上的联系呢？没有了师生情感，那学生听课就像是在听一个陌生人说话，你说得好我就听，你说得不好我就不听。加上王老师过多地占用学生晚自习的时间，学生心生反感，从而导致课上得越多、效果越差。王老师没有考虑学生的主观感受，只是一味地追求知识的完备和作业的数量，这是王老师的主要问题。

其实，上课真不在于教师上了多少内容、教了多少知识，而是在于学生真正掌握了多少，从情感上接受了多少。有的老师喜欢拖堂，以为拖堂可以多讲一点知识。其实，学生很反感拖堂。偶尔一两次还无所谓，如果次数多了，学生甚至可能会因为反感拖堂而反感老师。只要学生发自内心地喜欢这门课，从情感上认同老师，学生就会主动地去学习，将课堂无限地延伸。

以人为本，以学定教。教师要尊重学生的实际需求和情感体验，采取学生喜闻乐见的方式来传递教育信息，让学生成为学习的主人。教师千万不能只站在自己的立场上思考问题，把自己认为好的东西传授给学生，这样学生很有可能会不领情。

三、一根棒棒糖就行了

作为一名高中物理教师，我今天有幸和一名小学教研员一起听了一节小学的语文课。你别说，小学的语文课还真不好上。

这节语文课上的是小学二年级课本里的《雷锋叔叔，你在哪里》，这篇课文是一首儿童诗，作者以优美的语言和整齐的音韵，沿着“长长的小溪”和“弯弯的小路”，娓娓地向我们述说着，哪里需要献出爱心，哪里就有雷锋精神的体现。

可能是因为有人听课的原因，刚一上课，课堂气氛就很凝重，学生们一个个正襟危坐。年轻的老师在介绍完雷锋叔叔的事迹以后，问到雷锋叔叔离开我们很多年了，我们到哪里去寻找他呢？这原本是一个过渡，哪知道这样简单的问题学生们都不愿意回答。

很显然，这些学生因为我们的到来而过于紧张了。怎么办呢？年轻的老师有些慌张了。赶紧点了一个学生回答，学生支支吾吾了半天，也没有说清楚。可能是这位年轻教师有些着急，就点了下一个同学，哪知道下一个同学连支支吾吾都没有，直接沉默了。年轻的老师只好放弃了。她已经不好意思点下一个了，显得有些手足无措。

这时候，和我一起听课的教研员从口袋里掏出了一根棒棒糖，示意上课的年轻老师拿过去，年轻的老师瞬间就懂了。这位老师在班上说："同学们认真思考一下，回答正确有奖励哦。"说完，就到我们这里拿起棒棒糖挥舞给同学们看。听课的教研员也顺势说了一声："除了棒棒糖，我们还有其他意想不到的礼物哦。"

也许是棒棒糖起了作用，也许是老师们的话让同学们放松了下来，教室里马上就热闹起来了，马上就有同学站起来说："应该在长长的小溪里找雷锋叔叔。"也有的同学说："应该在弯弯的小路上找雷锋叔叔"……接下来的课程异常顺利、精彩。

我想，如何将学生的注意力吸引到课堂上来，积极参与课堂活动，这似乎是一个很难的课题，我不得不佩服这位教研员，用一根棒棒糖就将问题巧妙地解决了。

打动学生的心灵，也许一根棒棒糖就够了。

四、对中学物理教师语言的研究

苏联著名教育家苏霍姆林斯基曾经说过，教师的语言素养在极大程度上决定着学生在课堂上脑力劳动的效率。因此，广大教育工作者理应深入研究自己的语言。下面，我结合自己的教学实践，谈一谈中学物理教师的语言应该达到哪些要求以及如何达到这些要求，以期对大家有所启发。

我们先来谈谈对中学物理教师语言的要求。

中学物理教师语言需要体现物理学科特征

物理学科是以概念的准确性、判断的严密性和推理的周密性为特征的。因此，它对语言的要求除了要有一般学科的共性外，还要准确、严密、精炼。对于每一个物理概念的讲解一定要精密，对于每一个物理规律的表述一定要正确，严禁传授错误的、不科学的知识，以免误人子弟。所以说，准确、清晰、简洁、凝练是对物理教师语言的基本要求。

中学物理教师语言需要具有艺术性

中学物理的内容具有相对的稳定性，就知识本身而言，创新的空间不是很大。因此，创新传递知识的形式就成了一个重要的研究方向。对于语言也是如此，如果仅仅满足于把知识讲清楚，那么教师进步的空间就太狭窄了。我们不仅要考虑如何把知识讲清楚，还要考虑如何让学生更容易接受，采用学生喜闻乐见的语言和方式来传递教育信息。因此，物理教师的语言要力求生活化、生动化。

简言之，中学物理教师的语言应该集科学性与艺术性于一体。

我们再来谈谈如何实现科学性和艺术性的要求。

如何实现科学性的要求

（1）深刻理解并且掌握物理学科本身的知识以及知识的形成过程，准确、清晰地表述物理知识。中学物理的知识虽然简单，但是有容易忽略和值得注意的地方。例如，“物质的密度”不能说成“物体的密度”，在“磁体周围的空间存在磁场”不能说成“磁体周围的空间叫磁场”，“电势的高低”不能说成“电势的多少”，“反射角等于入射角”不能说成“入射角等于反射角”，等等。

（2）反复提炼语言，力求语言简洁、凝练。课堂时间是有限的，学生注意力的集中时间更是有限的，因此我们需要不断提炼自己的语言。只有简洁、明了的语言，才能使学生的思维比较流畅。其实，物理上有许多这样经典的例子，例如弹力的定义：发生弹性形变的物体由于要恢复原状，对与他接触的物体会产生力的作用，这种力叫作弹力。又如牛顿第一定律的表述：一切物体总保持匀速直线运动或者静止状态，除非作用在它上面的力迫使它改变这种状态为止。还有楞次定律的表述：感应电流具有这样的方向，即感应电流的磁场总要阻碍引起感应电流的磁通量的变化。这些表述都是在实际教学中不断提炼的结果，已经达到了增一字则多，减一字则少的程度。教师在实际教学中需要注意理解、记忆和提炼，实际讲授的时候不可随意增删。

(3) 探索语言的表达方式，语速要适中，语调要适宜。语速是指吐字发音的和缓与急迫程度。物理是一门自然科学，它是通过学生做实验，观察实验现象、分析实验数据，进而总结出物理规律。这个总结的过程就是由实践上升到理论的过程，它需要经过大脑思考与理解。语速太快，学生没有思考的空间；语速太慢，课堂没有紧凑感，容易引起学生的听觉疲劳，造成学生注意力的分散。教师讲课适时停顿，不仅让学生有时间去思考，而且可以引起学生的注意。

还需要根据不同的内容变换语调。在教学的不同环节，根据教学内容的不同，应运用不同的语言技巧，才能吸引学生的注意力，收获良好的教学效果。引入新课时，应用联想、启发、寻觅性的语调，给学生造成一种悬念感，使学生产生对知识的渴望。在分析过程时，应能根据情境变换语调，尽量使课堂语言生动形象，让学生有身临其境之感。用语言创设物理情境，使学生的思维能自觉地被教师的语言带入物理过程，这样的物理课，学生一定会感到妙趣横生，乐趣无穷。

在强调重点知识内容或重点环节时，语言要抑扬顿挫。现代心理学研究表明：人在一种单调的声音刺激下，大脑皮层会很快进入抑制状态。而抑扬顿挫、具有节奏感的教学语言，则是打破这种单调的催眠刺激进而提高教学效率的有效手段之一。例如，讲牛顿第一定律的内容时，应将语言重音放在“总”“保持”“静止状态”“或”“匀速直线运动状态”等关键字词上，这样的语调将对学生起到提醒和强调的作用，便于学生抓住这样一个抽象规律的特点和本质。在教学过程中，重要之处，适当提高声音；关键之处稍稍停顿，这样就可以增强感染力，提高物理课堂的教学效果。如果平铺直叙、照本宣科，则很难突出重点，也很难突破难点。

如何实现艺术性的要求

（1）心中时刻想着学生，采用一些学生喜闻乐见的语言来表达教育信息。物理上有许多知识很抽象，难以理解。这就需要我们根据学生的身心特点来组织语言。利用类比、比喻等方式将物理知识生活化、生动化。具体方式有二：一是用物理知识来解释生活现象，有利于学生加深对物理知识的理解；二是用生活现象来类比物理知识，有利于学生建构物理知识。下面举例说明。

为了让学生对动量定理（$Ft=mv_2-mv_1$）有清晰的认识，可以让学生去思考铺瓷砖的时候为什么要用皮捶，而不用铁锤。从物理专业角度理解，根据动量定理$Ft=mv_2-mv_1$，在动量变化量一定的情况下，时间越长，力越小，可以防止瓷砖被砸碎。如果学生对铺瓷砖没有生活体验的话，可以举蹦极的例子。蹦极是户外运动之一，一般是用软性绳索把人系住，让人从空中下落，体验失重带来的快感。请同学们想象软性绳索如果换成细铁丝会怎样，那后果会不堪设想。倘若学生对蹦极这个例子还是没有体会，可以让学生想象一下港台警匪片中警察破门而入的情景，然后教师请学生思考，有没有老师这样破门而入的，教师表演非常缓慢地出脚，学生在大笑以后自然就掌握了动量定理。即便当时有学生开小差，事后也可以据此作为线索来理解动量定理。

（2）适时辅以肢体语言，吸引学生注意，加深对物理知识的理解。物理教学的特点是实验多，因此物理课堂是一个师生共同参与，彼此互动的教学过程。在这种教学过程中，当然是有声语言起着主要的和决定性的作用。然而师生信息的发出、传播与反馈也离不开肢体语言这条渠道。肢体语言不仅可以伴随着语言出现，同语言一起使用，而且可以独自发挥作用。教师可以通过肢体语言辅助语言表达，如语言过程中的手势、表情等，教师也可以用目光提醒学生注意听讲，既不会影响教学过程，又照顾了学生的“面子”，可以说是一举两得。

总之，中学物理教师语言既是一门科学，又是一门艺术。是科学就要求真，我们需要根据物理学科本身的特征，准确、清晰、简洁、凝练地讲解好每一个知识点；是艺术就要创新，我们需要根据学生实际，积极采用学生喜闻乐见的方式传递教育信息，力求语言生活化、生动化。

五、如何将幽默元素融入物理课堂

苏联教育家斯维特洛夫指出，教育家最主要的，也是第一位的助手是幽默。教师在教学中恰当地运用幽默能使教学过程更有趣、有效。那么如何在物理课堂中融入幽默元素呢？下面我将结合教育教学实践谈一谈如何在物理课堂中融入幽默元素。

首先，将物理知识还原到现实生活之中，通过物理知识的生活化表现幽默。

一切物理知识和规律都直接或间接地来源于现实世界、现实生活。因此，要将物理知识和规律还原到现实世界和现实生活中去。只有这样，学生才能够清楚地感知到抽象的物理知识。

例如，我为了让学生深刻地理解“非纯电阻电路”除了对外做功还要发热的物理特性，我说了这样一段话：“我们有些同学，包括我自己，小时候都喜欢看电视，但是家长一般都不愿意我们看电视。这时候，我们就与家长玩起了捉迷藏的游戏，当家长外出的时候，我们就看电视；当外家长回来的时候，我们就关掉电视机。但是我们的家长也很聪明，他们是怎么做的呢?”“用手摸电视机。”有学生马上回答道。“对，家长用手摸，发现电视机后壳发热就表明你看电视了。”我接过学生的话说，“其实，像电视机所在电路就是非纯电阻电路。它一方面发光，给我们传递图像，另一方面又发热，给家长传递信息。”这样，利用学生经常遇到的生活小插曲既可以帮助学生理解物理知识，又可以活跃课堂气氛。

其次，将专业语言转化为生活语言，通过生动的物理语言展现幽默。

语言是教学思想的直接体现，是教师使用最广泛的、最基本的信息载体之一。一名幽默的物理教师除了要在教学中准确、规范地运用物理语言外，还要善于将物理专业语言灵活地转化为生活语言，选用一些富有情趣的比喻，化抽象为具体，变枯燥为有趣，这样就可以提高学生学习的积极性，通过生动的语言来展现幽默。

例如，伏安法测电阻的难点之一在于如何选择测量电路。可供选择的有内接法和外接法。但是什么时候选择内接法，什么时候选择外接法，是困扰学生的一个难点。我们教师知道，如果被测量的电阻阻值比较大，我们就应该选择内接法；如果被测量的电阻阻值比较小，我们就应该选择外接法。但是如何让学生理解、掌握，是一件很困难的事情。有的学生即使在课堂上能够理解，但是经过一段时间又忘记了。我在实际教学当中就是用生活作为背景让学生在理解的基础上记忆，在记忆的同时加深理解的。具体做法是：概括选择测量电路的规律（如果被测量电阻阻值比较大，我们就应该选择内接法，如果被测量的电阻阻值比较小就采用外接法）为“大内小外”，然后结合现实生活中“大人干事内行，小人干事外行”“大内高手”“齐大（达）内”等常见术语或人名来记忆。

例如，为了让学生能够记忆电子的质量（9.1×10^{-30}kg）。我用很轻松的口吻对学生说：“这个太好记了，尤其是我们学校的学生。你看看，这不就是我们学校的放假通知吗？9月1号开学，还有30天就放假了——9.1×10^{-30}kg。”学生哄堂大笑。

例如，我在讲“右手定则”时，采用割韭菜的例子进行类比：将刀尖指向、刀刃切割方向、韭菜直立方向分别比作感应电流方向、导体运动方向、磁感线方向，不但讲明了电磁感应中三个方向之间的两两垂直关系，而且增强了学生对物理知识的理解。

最后，将偶发事件看成教育资源，通过巧妙处理偶发事件来展现幽默。

在日常的课堂教学活动中，我们经常会遇到意想不到的突发事件，如何正确处理这些突发事件常常让我们伤透脑筋。如果我们没有心理准备，不会利用或者利用不好这些突发事件，不仅会失掉教育时机，严重破坏课堂秩序，而且可能会拖慢课程进度，使整个课堂达不到预期的效果。相反，如果平时有准备，妥善处理课堂中的突发事件，突发事件便可能转化为不可多得的教育时机，很好地展现教师的机智和幽默。

例如，课堂上突然飞进一只小鸟，当然会一下子吸引所有学生的注意力。这时，不妨把课停下来，打开门窗，把小鸟放出去。然后幽默一下：“连小鸟都想来加入我们的学习了，可见学习本身是很有趣、很有吸引力的。让我们珍惜时间，好好学习吧!”接着继续上课。处理这样一件事，大约需要3分钟。处理得当，可以培养学生排斥干扰、专心学习的能力，以及爱护动物的意识。

例如，自嘲也是一种幽默。班上有一部分同学感到学习物理很难，升学无望，我在和他们交流时说:“像我这样的人都能够考上大学，还有谁不行呢?我相信班上有三分之二的同学都比我好，还有三分之一也未必比我差。”我在轻松的调侃中化解了学生的担忧。

幽默是人类智慧火花的艺术闪现，它通过语言、表情、动作等一定的方式表现出来，从而愉悦身心、启迪心智。教师把幽默带进课堂，融于教学之中，就有了教学幽默。教学幽默既要有热闹的场面，又要蕴含深刻的思想或哲理，给人以启迪，在笑声中达到教学的目的，把深刻的教学内容以生动而浅显的方式表达出来，深入浅出，达到教书育人的目的。

六、物理方法教学：重在唤醒提取意识

在高中物理教学中，经常会遇到这样的现象：关于解决某种问题的方法，教师讲授得很清楚，学生也听得很明白，甚至还做了专门的练习，但以后真正要用到这种方法的时候，学生却不能自觉地运用。这表明，学生已经理解，但没有掌握这个方法，这其实是“物理方法教学”出了问题。

物理方法教学的一般做法：注重讲授

解决物理问题有一些特定的方法。例如，在选取研究对象时，可以采用整体法和隔离法两种；在判断有无弹力、摩擦力时，可以采用假设法；在进行力的合成与分解时，采用等效法；在运动学中经常会用到图像法。这些物理方法不同于一般的物理知识，理解它们本身并不难，难的是掌握和运用，这就需要物理老师在教学中有所区别。

实际上，很多物理教师开展物理方法教学与物理规律教学相仿，一般都是先讲授，然后进行模仿训练。以我曾经听过的“整体法 隔离法”的课为例，老师先是给出例题，用整体法和隔离法分别解答，然后说明两种方

法的优劣，最后是练习巩固。这位老师的做法具有普遍性，其优势也比较明显。

首先，学生很容易理解。以上面这位老师为例，这位老师用整体法和隔离法两种不同的方法解答，让学生很直观地可以知道这两种方法的优劣。尤其是对老师强调的整体法，学生感到很神奇，一下子就被吸引了。从学生课堂表现来看，学生对整体法的理解是比较深刻的。

其次，教师讲解也很容易。教师讲解有既定的程序，通过推导、比较等方式告诉学生物理方法，然后列举典型例题，接下来就是训练。教学程序的可操作性很强，只需要按部就班操作即可，同时这对教师的教学水平要求不高，教师也不需要有过多的创新设计。

最后，课堂评价容易操作。授课教师把方法教学当成一般的规律教学，这样的设计目标明确、重难点突出，容易得到听课老师的认可。

正是学生的依赖和老师的方便，方法教学不断地走向讲授教学，方法教学变成了一般的规律教学和概念教学。

传统讲授的弊端：易理解，难掌握

从实践来看，单纯地教授物理方法虽然容易理解，但是难以掌握，遇到具体问题时，学生缺少方法意识，不能自觉地提取和运用方法。学生往往是一说就会，提笔就忘。

从理论分析来看，通过讲授法教学，学生是把物理方法当成物理知识来理解和掌握，关注点是物理方法本身，而不是在具体情境中的运用和变通。实际上，物理方法是用来解决问题的，而不仅仅是作为一个知识点来掌握的。方法之所以成为方法，是因为它是用来解决问题的，它不同于的一般的概念、规律，只需掌握即可，更重要的在于运用。

以上面提到的老师所上的“整体法 隔离法”为例，那位老师当时正好找我旁边的一位同学上黑板示范，那位同学在黑板上示范得很好。但是当我转换一种情境的时候，那位学生就有些茫然了，不知所措。因为老师上课示范的是直接相连的连接体问题，而我给出的是间接相连的连接体问题。相比较而言，我给出的问题具有一定的隐蔽性，学生缺少这种发现隐蔽性连接的能力。相较于经典的习题、试题，高考试题具有一定的创新性，往往会在习题的基础上进行一些改编和创新，这样一来，如果仅仅靠一些常见的经典题型训练是不够的，既不能提高学生的成绩，又不能拓展学生的思维。

实际上，学生对一种方法的掌握，并不是通过一两次的教学渲染就能完成的，方法是解决问题的程序，方法的教学跟概念、规律的教学应该是不同的教学方法。

消除误区的方法：渗透教学

物理方法作为解决物理问题的重要手段和工具，其难度并不在于方法本身。由于物理方法需要被反复运用，因此，难的是知道什么时候运用什么方法。如果学生没有使用某种方法的意识，即使理解这种方法，也是枉然。

在物理方法的教学中要唤醒学生的提取意识，而知道提取物理方法，就需要经历这样四个阶段：感性积累，抽象概括，熟练强化，变通拓展。量变到质变有一个过程，物理的思维需要一段时间来沉淀，不能刚尝了“苹果”就来讲“水果”。杨振宁认为，凡学习方法，无非是“渗透性”和“按部就班”的常规式。因此，我认为物理方法教学应该从单一的讲授走向渗透。

渗透式教学有两个特点，一是需要在教学过程中进行系统化布局，不断重现、深化；二是具有多样化的教学方式结构，每次运用同一方法的情景都不相同。试想，如果学生经历了不同情景中、不同形式下用同一种思路解决问题的全过程，那么遇到新的场合，这种思路不也可以使用吗?

渗透式教学有两种不同的方式：一是直接渗透，二是间接渗透。

所谓直接渗透，就是利用黑板、墙报等教育资源创设环境，直接和学生讲解物理方法，加深学生对物理方法的提取意识。著名物理特级教师黄恕伯先生在讲到牛顿运动定律的解题方法时，发现学生总是没有想到需要选择一个研究对象来进行具体分析，于是，他就想通过教学中的渲染来强化这种意识。一次，他给学生讲了诸葛亮“锦囊妙计”的故事之后，风趣地说：“我这里也有一个锦囊，当你遇到不会做的题目时，打开锦囊看到里面的妙计，就能迎刃而解。”学生十分诧异，都想得到这个锦囊，黄老师把一个信封交给了一个学生，黄老师让他打开信封取出纸条念给大家听。学生念道：“选取一个研究对象。”全班哄堂大笑。黄老师也跟着学生一起笑，笑完后认真地说：“选取研究对象是运用牛顿运动定律解题的第一步，很多同学之所以始终没有掌握这种解题思路，是因为不会自觉地迈开这关键的一步，我这条妙计，就是强化迈开这一步的意识。”黄老师的这种教学设计，可谓用心良苦。

所谓间接渗透，就是将物理方法不失时机地用到平时的解题中去，遇到能够讲解的地方就适时讲解、比较。以“整体法 隔离法”为例，高中物理中直接应用这两个方法的地方在必修1模块，集中在“相互作用”和“牛顿运动定律”两章。但是这两章之外只要涉及两个以上的研究对象时就有可能会用到，甚至电磁学都会出现需要应用整体法、隔离法的题目。许多老师在讲解时，由于时间关系，重点讲解了电磁学的内容，而忽视了整体法和隔离法。实际上，这时候适当地讲解整体法和隔离法，不仅可以加深学生的印象，还可以让学生对整体法和隔离法有更为全面的认识。

总之，物理方法教学不同于物理概念教学和物理规律教学，中学物理教师应该根据物理方法作为工具应用的特点，从讲授走向渗透，重在唤醒学生提取物理方法的意识，提高课堂教学的有效性。

第三节　名师，不仅是教书

李镇西老师曾说，名师应该具备五个方面的条件：一是学科教学水平高，课上得好；二是学科成绩好；三是班级管理很出色；四是能说；五是会写。将这五个方面概括起来，就是名师要具有较高的教育教学水平和教育教学业绩，并且能够将自己的教育理念和方法影响他人，服务社会。

一、教师：从展示自我到发展学生

这样的老师是好老师吗

有的老师，授课成绩遥遥领先，这样的老师就是好老师吗？

有的老师，上课精彩纷呈，这样的老师就是好老师吗？

有的老师，著作等身，荣誉很多，这样的老师就是好老师吗？

……

有人说，只要看一个学校提供的宣传照片就可以知道这个学校的好坏。如果学校提供的照片都是领导，而学生都是围绕在领导的周围，那表明这个学校的育人理念可能有问题，至少不是以生为本，也就谈不上成为真正意义上的好学校。同样，如果一个老师总是关注他自己，而不关注学生，将学生作为自己谋求利益的工具，即使他自己再优秀也难以成为一个好老师。

当教师是为了什么

客观地说，当下在高考填报志愿时选择师范专业的并不是最优秀的学生，许多学生选择师范专业可能是无奈的选择。也必须承认，当下的教师也只是一个普通的职业，没有太多优越感，如果单纯以金钱作为衡量手段，教师这一职业还很卑微。

但是，不管是因为何种原因选择了这份职业。既然当了教师，就要尽一名教师的职责。就像军人的天职是服从，而教师的天职就是教书育人。如果说教师有什么初心的话，那就是教好书、育好人。

作为一名教师，应该清楚自己既发不了财也当不了官，你终身谋求的“天花板”可能只是别人的起点，你不可能也没有必要去和别人比较财富和权力，教好书、育好人也会收获属于自己的快乐与幸福。

如何发展学生

必须承认，离开学习来谈发展学生是苍白的。学生到学校的主要目的就是学习文化知识，并且在学习文化知识的过程中培养品质、磨砺意志。因此，作为教师要千方百计地提升学生的成绩。

当然，发展学生更要注重学生在学习过程中的情感体验，引导学生正确地面对学习和生活中发生的事情，以积极、阳光、乐观的心态面对学习和生活，从而树立正确的人生观、价值观和世界观。

这样一来，许多问题都可以迎刃而解了。教师不会写文章也没有关系，因为学生并不在乎这些；教师没有荣誉也没有关系，因为学生心中自然有杆秤；甚至教师本人上课好不好都不是最要紧的，也许有的老师天生就不善言辞，上课平淡无奇，但是这并不妨碍教育学生，教师完全可以通过课后辅导等方式来弥补课堂上的不足，让学生好好学习。教师这一职业从来就是以培养学生为荣的，而不是展现自己。

二、当老师需要懂一些“差生思维”

前段时间我读书的时候看到一个名词——“穷人经济学”，大致的意思是说，穷人首先想到的是如何赚钱，而不是如何保护环境。穷人首先需要满足的是当前的实际经济需求，而不是考虑长远的绿水青山，从而导致“先污染后保护”是一个难以逃避的怪圈。由此，我想到了教学当中的“差生思维”。

有的学生，学习成绩不好，按道理来说，他应该比别人付出更多的努力才对。实际上呢？这些学生对老师的叮嘱置若罔闻，一有时间就会去玩耍，他们在学习上投入的时间比那些成绩好的学生要少。这样一来，他们与好学生之间的差距自然越来越大。对此，我们老师看在眼中、急在心中，恨不得一巴掌打醒这些孩子。可是无论如何，这些学生依旧是我行我素，无动于衷。

后来，我找这些学生仔细了解情况，发现他们不是不想努力，而是害怕努力以后没有回报。因为他们从来没有品尝到因努力而带来的成功的喜悦，对于所谓的“好学生”没有任何感觉，甚至还产生了畸形的认识，认为“好学生不就是用功呗，没有什么了不起的”。长此以往，这些学生的思维就会游离于主流价值观之外，甚至产生认识上的误区，形成了一套具有自己思维惯性的价值取向——“差生思维”。

“差生思维”是一种非常危险的思维，在这种思维的指导下，学生不能对问题进行正确的归因，更不能反求诸己。

比如说，一个学生问老师题目，老师看到题目以后发现很简单，就引导学生说：“这道题目很简单，你自己想想应该可以做出来。”如果被“差生思维”左右，他可能会认为老师在嫌弃他，回去之后他的精力可能不是放在研究题目上，而是思考老师为什么不直接回答他的问题。

同样，如果一个学生考试成绩很差，按道理来说，应该是找出问题症结，然后查缺补漏。如果被“差生思维”左右，他会把主要精力放在文过饰非上面，找出各种理由搪塞过去，挽回因为考试成绩差而丢掉的所谓的“面子”，最后导致的结果可能是因小失大，照顾了眼前的“面子”，而失去了长远的利益。

客观上说，这种“差生思维”是普遍存在的，在成年人的身上、优等生的身上都有，只是程度不同而已。作为老师，不仅需要提醒学生这种思维有可能带来的危害，还要尽量减少因为这种思维而带来的恶劣影响，更要积极地带领学生去体验主流思维模式带来的“成功的喜悦”，让学生在体验中感受、改变。

三、不能把学校办成培训机构

一本杂志的封二彩页上写着这样的文字：随着办学理念的不断创新和教学管理的进一步科学化，近年来，我校硕果累累！2010年高考，某某同学以总分666分的优秀成绩夺得全省文科第一名。2012年，某某同学被中国科学技术大学少年班录取，在学校的发展史上实现了新的突破。2013年高考，某某市文理科状元均花落我校。2014年高考，某某同学被清华大学录取。2015年高考，学校应届一本达线人数突破六百大关，创历史新高。

这样描写学校的办学成果，尤其是高中学校的办学成果已经是司空见惯的事了。现在各个高中之间攀比升学率的势头似乎有所上升，从而导致有些行为出现异常，有一年暑假就有这么一件事情。

2016年，各地中考招生工作刚刚落下帷幕，安徽省蚌埠市相关教育部门就“一纸诉状”把合肥一六八中学告到了安徽省教育厅。蚌埠市教育局基础教育处的相关负责人表示，蚌埠市中考成绩公布之后，合肥一六八中学没有在当地教育部门备案就招走了蚌埠市70余名高分考生。

据了解，这70多名学生都是蚌埠市今年中考的高分考生，成绩公布后，他们都填报了涉嫌违规招生的合肥一六八中学，此后，合肥一六八中学和蚌埠市教育局围绕这些高分考生展开了“抢夺”和“保卫”之战。

生源大战是教育浮躁、功利的表现之一，其根本原因在于应试教育将升学率作为衡量学校教育质量的重要指标之一。有些学校为此想方设法招收优质生源，为的是实现学校的“良性发展”。

有的“名校”就是这样发展起来的：刚建校的时候，以优厚的条件来吸引优秀教师，同时以优厚的条件来招收优质生源，待到三年以后，这些学生有的被国内知名高校录取，这就为学校打开了市场，学校又可以招收优质生源，从而进入良性发展轨道。

有人说教育是农业，可是这样的运作模式倒是像商业模式，是一般培训机构的普遍做法。想到这里我很痛心，学校怎么能够异化为培训机构呢？

学校是要培养德智体美劳全面发展的人才的，而现在少数学校的“五育并举”变成了“一枝独秀”。只要学生学习成绩好，那就“一俊遮百丑”，其他方面的表现都不那么重要了。而各学校抢夺生源，抢夺的标准也很简单，就是高分，至于其他，均不在考虑之列。这样培养出来的学生或许在高考的“龙虎榜”上看起来漂亮一些，除此之外还有什么呢？难道考上名校的学生就一定比一般学生好吗？社会上的精英难道都是从名校毕业的吗？答案显然是否定的。其实道理也很简单，只不过大家考虑更多的是自己三年后的那一点利益，没有过多地考虑学生长远的发展。这样一来，高中班主任似乎也不需要有太多的本领，开班会、做学生思想工作等能力的高低都无所谓，只要会抢夺时间就行了。

我感到痛心的第二点是教育的功利化。学生本来应该是教育的出发点和落脚点，但是现在学生似乎成了一种工具，成了教师、学校谋取利益的工具。教师培养好学生的目标是为了招收好学生，培养好学生的目标是为了教师自己获得更高的荣誉，得到更多的奖赏。说是培养学生，实际上教师是在追求自己的发展。学校不该是一个功利化的场所，师生关系也不是简单的学生交钱、老师教书的交易关系。天地君亲师。教师，是一个神圣的职业。万般皆下品，惟有读书高。读书，是令人神往的事情。在其他职业中，如果有人被喊成老师，那个人一定非常高兴，那代表的是对他品学的认可。可是，我们少数老师不自爱，将当教师作为人生不得已的选择，将工作以外、学生以外的房子、车子、票子作为人生的追求。

我认为，办学、教书、育人应是教师最基本的常识；培育有理想、有道德、有文化、有纪律的四有青年，培养社会主义的建设者和接班人应该是教师教学的基本目标。学校应该围绕如何培养人、如何发展人来做文章，而不能打着发展学校的旗号，培养自己的“广告产品”。

四、班主任到底应该教给学生什么

考试结束，班主任发现一名学生的成绩下降明显，进一步观察后，发现这名学生连续三天上晚自习时都在和同学聊天。于是，班主任利用调整座位的机会将这名同学的座位调换了。但是，这名同学的情况越来越差，最后甚至连课都不想上了。班主任了解后才知道，这名同学发生变化的原因是他父母离婚了，因为父母离婚，所以他才出现许多反常举动。

班主任如果主观地凭经验来工作，很容易造成这样的情况——剃头担子一头热。一方面是班主任的辛苦付出，另一方面是学生的不领情。毕竟，班主任个人的知识、阅历、能力有限，不能完全了解学生。因此，班主任不能按照自己的喜好，把自己认为好的强加给学生。

当然，班主任也不能简单地按照学校的要求教育学生。全部按照学校的要求来做，也许是一个学校认可的好班主任，但不一定是学生心目中的好班主任。学校的要求与学生的要求毕竟还有些差距。学校强调的是整体，而学生是一个个活生生的个体；学校强调的是规范，而学生希望张扬的是个性。

那么，班主任到底应该教给学生些什么呢？有人说，班主任应该培养学生的核心素养；也有人说，班主任应该为学生的终生发展奠基；还有人说，班主任应该培养学生的可持续发展能力。我认为，班主任应该根据学生的需求来教育学生，以生为本，以学定教。

学生需要的，就是班主任应该教授的。作为一名学生，需要良好的学习环境，需要有自己认为的比较理想的成绩，需要良好的品格，正确的人生观、世界观、价值观。

因此，班主任应该通过学习成绩的管理教给学生终生学习的能力。毫无疑问，学习文化知识是学生来学校学习的第一要务。所以，班主任首先需要对学生的学习成绩加强管理。但是需要注意的是，成绩只是一个外部特征，而不是最终结果。如果仅仅为了提升成绩而忽视了学生学习兴趣的培养和学习能力的提升，那就适得其反了。因此，班主任在管理学生成绩的同时，一定要注重学生的持续发展，提升学生终身学习的能力。

班主任应该通过规范学生的言行帮助学生树立规则意识。班主任的日常工作是让学生遵守中小学学生行为规范，规范学生的言行不是班主任工作的最终目的，班主任需要在这些日常工作中找到其终极原因，让学生有“无需提醒的自觉，以约束为前提的自由”。

班主任应该在引导学生认知周围事物的同时，教给学生正确的人生观、世界观和价值观。学生只有树立正确的人生观、世界观和价值观，才能够更好地发挥所长，为社会做出贡献，成为推动社会发展的建设者和接班人。

班主任教育学生，不仅是传授知识，更重要的是教授修养，我认为文化修养比文化知识更重要。有人说，“有文化”表现在四点：一是根植于内心的修养；二是无需提醒的自觉；三是以约束为前提的自由；四是为别人着想的善良。我深有同感。

五、拓展素质不一定要到“素质拓展基地”

最近，我到一所农村初中听课。听课结束后，校长坚持要带领我们参观他们新建的素质拓展基地。

嘎！好家伙，不要看这个学校在农村，素质拓展基地一点都不“农村”，这里绝不亚于城市里专业的素质拓展基地。这里有惊险的攀岩，有刺激的高空软梯，还有背摔、求生墙等许多我叫不上名字的拓展训练设施。据校长介绍，这个基地是全市第一个校内素质拓展基地，他们不做最好，只做第一。

看着这个全市第一的素质拓展基地，我在思考：有必要在农村初中建这样的素质拓展基地吗？

农村学校的学生可能并不缺少运动。对他们而言，他们每天上学、放学所走的路，就已经是锻炼了。大多数孩子上学要走上半个小时的路程，回家后可能还要劳作，还担心他们缺乏锻炼吗？我小时候在农村读初中时，每天都要帮家里干农活，晚上就只想早点睡觉，哪里还有闲情逸致去搞“素质拓展”？

另外，拓展素质一定要到素质拓展基地吗？以前没有素质拓展基地时，难道学生就没有素质了吗？我读小学的时候，学校没有操场，甚至连一张乒乓球桌都没有，老师就用课桌拼出球桌，我们自己凑钱买了乒乓球，从家里找两个木板当球拍，打球也打得很开心。我读中学的时候，学校操场场地依然有限，老师发现对面的河里有沙滩，就带领我们到沙滩上打排球、踢足球，那些青春的记忆现在依然那么清晰。

校长似乎也看出了我的困惑，他说，建设这个基地是因为学校获得了一个特色项目建设的资金，思来想去，也没有想到建设什么，正好学校后山还有一块空地，于是便建了这个素质拓展基地。

知道了这些，我重新审视了这个基地：坐落在校园的后山，离教学楼比较远，与操场不在一个方向，学生来回肯定不方便。再看看地面，少有的脚印都是大人留下的。我感到伤心。说白了，学校建设素质拓展基地拓展学生素质是假，制造特色是真；给学生锻炼是假，给领导参观是真。学校的主要的目的是制造社会效应，而不是教育学生。

很多时候，我们教育工作者并不是在做教育，而是在做新闻。学生每天做操做得挺好的，有些学校非要改为跑操，还要学生一边跑操一边看书，并且拍成视频，大肆宣扬；学生上课上得挺好的，有些学校跟风非要一律改成翻转课堂，还要请来外地专家指导，美其名曰“课改”。等到这些活动结束，繁华落幕，学生并没有受到真正合适的教育，老师也没有得到提升，反而骂声一片。

说到底，只要你把学生放在心上，哪怕条件差一点，同样能够因陋就简做好教育；相反，如果你不是从学生的角度出发，即使做得漂漂亮亮、说得冠冕堂皇，也不会有好的教育效果。教育，守正比创新更重要。我认为，教育并不需要轰轰烈烈，整天敲锣打鼓、鞭炮齐鸣，教育应该是润物无声、潜移默化的。

第四节　评选，不仅是材料

名师不是自封的，需要获得来自方方面面的认可，尤其需要来自教育行政主管部门的肯定。当前，教育行政主管部门对“骨干教师”“学科带头人”“特级教师”等评选都有明确的条件和严格的流程，教师需要了解评选的条件后才能有的放矢。

一、正确认识评选

当下，有少数老师对评优评先存在认识上的误区，一是认为评选的标准不一定都是完全合理、切合教育实际的。二是认为评选的操作有些地方不够规范，导致有些优秀教师没有被选出来。在这种认识下，少数老师参评的积极性不高，认为评选没有必要，只要认真做好自己本职的工作就行了。

相反，也有极少数老师见到荣誉就想要，不分大小、不论级别，只要是荣誉都去申请，给人留下不好的印象。同时，由于自己没有规划，导致真正有分量的荣誉可能还申请不到。

关于评选，我认为有两点是毋庸置疑的，一是评选的积极作用。不管评选存在什么样的问题，但是方向是正确的，教师不能抵制，更不能有仇视的心理。二是个人实力的重要性。即使评选中有个人主观因素的影响，但如果你有第一名的水平，绝对不会被评为第十名。

因此，我认为评选可以作为提升个人教学水平和教学业绩的一种方式，教师可以将评选的过程变成塑造自我、提升自我的机会。教师没有必要盲目地追求荣誉，但是更不能一味地抵制评选，关键的荣誉还是需要的，例如，“特级教师”“政府特殊津贴享受者”“骨干教师”“学科带头人”等等。获得这些认可度比较高的荣誉，一方面有利于自己的教学，另一方面更容易获得家长和学生的信任。

有人说，评选就是拿几张“小证书”换一张“大证书”。意思是，如果一个教师没有几张县级荣誉证书，想获得市级以上的荣誉是不大可能的。换句话说，评选必须是有备而来的，教师要想在评选中脱颖而出，就必须按照评选的要求有针对性地塑造自己、完善自己，而这样一个过程其实就是对教师职业生涯的一种引导和设计。

二、材料来自积累

必须认识到材料与工作的关系。评委是根据教师提供的材料来进行评审的，提供的材料质量越高，通过的可能性就越大，因此备好材料是参评教师应该认真做的一件事情。但材料的好与坏是以自己工作的好坏为前提的，如果没有出色的工作，那么材料可能就是“无米之炊”。所以，广大教师应把做好工作放在第一位。

材料的积累来源于工作，如每次公开课后及时收集听课教师的评价表、公开教学的课务安排表，及时收集、复印学生的获奖证件，等等。这些材料收集好后，教师在参评时整理材料就变得很轻松了。以某市骨干教师的选拔和认定为例，评选要求大致分为资格要求和能力要求两类。

资格要求一般是要求教师工作年龄在6年以上，一级教师即可。对一个本科毕业生而言，工作十年之内完全能够成为该市骨干教师。很多学校对新教师提出“三年合格，六年优秀，九年骨干”的培养目标是有一定依据的，可以作为一名年轻教师成长的目标和追求。

能力要求分成教育教学业绩和教研科研两大块。其中，教育教学业绩主要表现在优质课比赛和辅导学生参加竞赛上，教研科研主要表现在论文发表（评选）、课题研究和出版专著上。

教育教学业绩一般至少具备下列条件中的一条：

1.被评为县级以上教坛新星或受到县级以上教育行政部门表彰；

2.获得市级以上优秀教学成果、优秀教科研成果三等奖以上；

3.在市级以上教育部门组织的优质课、职业技能、多媒体软件制作等比赛中获二等奖以上；

4.所指导的学生有一人以上在参加市级以上教育行政部门批准的学科大赛、创新大赛、科技活动、技能大赛等中获得市级一等奖；

5.从事艺术和体育教学工作的教师，本人在教育、文化、体育部门主办的市级以上汇演、汇展或比赛中获市级二等奖1次；

6.从事艺术和体育教学工作的教师，指导学生在教育、文化、体育部门主办的市级以上汇演、汇展或比赛中获市级一等奖1次。

教研科研成绩一般至少具备下列条件中的两条：

1.学科教学论文市级评选获一等奖1次以上（省级二等奖、国家级三等奖以上）；

2.在公开学术期刊（有CN或ISSN刊号）上发表专题学术论文或教学研究论文1篇，或在具有省内部资料准印证号的市级学术期刊上发表专题学术论文或教学研究论文1篇；

3.参与市级以上教育部门正式立项的教育研究课题1项。

骨干教师认定和选拔的条件对教师平时的教学工作具有很强的指导性。简单地说，一个教师只要平时按照骨干教师的选拔要求去做就可以成为骨干教师，并且骨干教师选拔条件还有一定的选择性，教师可以根据自己的特长有针对性地突破，教师可以选择参加优质课比赛，辅导学生参加各类竞赛，参加课件比赛，参加论文比赛，参加课题研究，等等。

三、材料整理的基本要求

因为评选具有竞争性，需要经历上报材料、评审公示等环节。材料的要求主要有三点：真实、清晰、全面。简单地说，就是对照评选文件的要求，一项一项地准备材料，材料不能遗漏，要尽量超出标准。

建议先列出评选材料的总目录，将其粘贴在材料袋上；然后分单项列出材料分目录，放在每个单项材料的最前面。这样做有利于评委快速地了解材料，与人方便就是与己方便。

有的放矢、突出重点

填写材料一定要实事求是，且要依照评定的要求及自己在教育教学方面的工作情况有目的、有重点地填写与整理。教师特别要注意评审表的填写，因为评审表所涵盖的内容基本可以体现出评审者的基本情况，评委们最终投票也主要依据评审表。

但从现实情况看，老师们在填写评审表时问题较多，有的教师分类不清，用词过于“铺张”，不够实在，所含的有效信息不多。填写表格时应简明、扼要地把最能反映自己工作成就的内容填上去，如师德、教育教学、教研能力、专业发展、学术成就等表达要清楚；“获奖情况”一栏，要填写上级主管部门授予的荣誉，自己在教育教学、科研方面获奖情况等；在“论文论著”一栏，首先要填写获得最高档次的鉴定论文，再填上自己在正规杂志上发表、通过正规渠道评奖的论文。

编排有序、方便检索

评审材料（主要是附件材料）在装订时要按照一定的顺序编排，前面要附上目录并编上页码，建议在每份材料的右下角空白处统一写上页码。这样装订的材料清晰明了、便于检索。

材料的顺序大致为：①封面、目录；②专业资格、学历水平等相关证明；③教育教学相关材料；④教研科研相关材料；⑤其他能反映工作成绩的有关材料。

论文材料真实、完整

对于所提供的论文，要求申报者要提供发表刊物的原件，如不能提供原件时，所提供的复印件信息要完整。有些老师只提供杂志的封面与正文复印件，评委无法确认刊物的性质；有些教师提供的获奖证书上举办单位的印章模糊不清，从而可能会影响论文的评审。对于发表文章或参编大型书籍的复印件应包括杂志或书籍的封面、封底、版权页、目录及本人的文章或编写部分等内容。

四、材料整理中存在的问题

材料无据

材料的生命在于它的真实、可信。说话有根有据是取信于他人的首要条件，评选材料也是如此。因此，所提供的材料一定要有可信的旁证材料来佐证。

如要求“指导在职青年教师”中“任职以来，有组织、有计划地指导过一定数量的青年教师，被指导对象在教育、教学方面取得了显著成绩”，要“能提供反映指导在职青年教师过程的原始材料”。一些教师不能在这些方面提供原始材料的复印件，只是在材料上简单地写“每学期都能开示范课”；指导青年教师方面只有青年教师写的“指导感言”，而缺少学校的“青蓝合同”等证明材料，这样就难以说明老师的真实情况。

材料无效

无据材料当然是无效材料。不少老师提供了大量过时的或无关紧要的材料，这些材料不仅浪费了大量的纸张，而且让评委眼花缭乱，要求提供的材料大部分是要在“近五年”所取得的，如教育工作，应提供近五年在教师岗位或其他教育辅导工作方面的材料及相关的荣誉称号；教学工作方面要求提供近五年的教学成绩或学生的成绩，而无须提供工作以来或者任现职以来的所有相关材料。

要求教师的论文是发表在正规刊物上的，得到国家新闻出版总署认可的。刊物的主办单位或主管单位应为教育主管部门、各大学、教育学会等；论文获奖要求是通过正规渠道评比的，如省教育厅、省教育学会各专业委员会、省教研室、教科所（教科院）等。凡在各种增刊、内刊、专辑、论文集上发表的文章及复习资料、辅导材料、试题集等性质的出版物，均不能作为评选材料。

无效材料还包括“下级”证明“上级”的材料。在老师上交的材料中，有的老师在上一级部门获得的荣誉或参与的活动，因原始材料丢失而让所在学校开具证明，这样的证明是无效的。

无效材料只能增加材料的厚度，不能提升材料的质量，材料的厚与薄、纸张的多与少与材料的质量不成必然的正比关系。参评教师要仔细阅读“评审条件”，严格按照条例认真准备材料，争取做到材料既简要又准确。

材料无序

材料除了要简要、准确以外，还要有序，以方便评委能迅速、准确地找出所需要的材料。材料的无序表现在：材料整理没有秩序，分类不清；同一材料被反复使用；材料标识不清，无法检索；等等。虽然每个评委都是认真负责的，但评审是一项十分紧张且繁重的工作，评委的精力不会永远旺盛，当评委视觉疲劳时遇上了无序的材料，也有可能会出错。

五、整理材料的具体做法

整理材料大致分为三步，一是研读文件，对照文件确定需要提供的材料；二是打印需要提供材料的清单；三是分项整理，分项装袋。

以市级学科带头人评选为例，市级学科带头人需要提供的材料总体分为两类：一是必备材料，二是对照材料，包括教育教学方面和教研科研方面的材料。因此，我们不妨将学科带头人材料分为三类：必备材料、教育教学材料、教研科研材料。

必备材料一般包括本科毕业证、继续教育证书、教师资格证书、任职资格证书、工作量证明、县学科带头人证书、市级骨干教师证书等。

教育教学材料包括个人获奖、学生获奖、教学成绩、教学设计等内容。个人获奖一般包括市级教坛新星或市级以上教育行政部门的表彰；市级以上教学成果、优秀科研成果奖；教育部门组织的优质课、职业技能、多媒体软件制作、艺体会演（会展）等。在清单上需要写明三项内容：获奖时间、奖项、颁发单位。

如：2018年5月，获安徽省教育成果一等奖，安徽省教育厅。

学生获奖需提供省级教育部门有关文件，学生获奖证书、指导教师（教练）证书和相关佐证材料。在清单上也需要写明三项内容：参赛类别、获奖等级、时间。

如：辅导学生参加科技创新大赛荣获省二等奖一次（2013年），省三等奖一次（2017年）。

教学成绩一般需要提供近三年的成绩，教学成绩需提供县级以上教育部门对全县各校的统计分析表，学校对本校全年级的统计分析表，本人所教班级的当年原始计分册（学生成绩册），等等。教学设计需要提交上一学年由学校验证的原始备课笔记，同时提交3课时能反映本人水平和特色的教学设计。

教研科研材料分为论文发表、专著出版、课题研究等内容。需要提供发表的学术论文和出版的专著原件，市级以上课题立项文件和结题（获奖）证书，在材料清单上需要相应写明，以便评委查看。

如：教育专著：《班主任工作100问》，23万字，山东文艺出版社。

发表论文：《如何将幽默元素融入物理课堂》发表于《安徽教育》2013年第1期。

课题研究：主持市级课题“辅导农村中学生撰写物理小论文的实践与探索研究”（AJKT2015-160），2018年2月结题，结题证书编号教规鉴2018-3号。

六、如何应对无生上课

特级教师评选、学科带头人评选等都有业务考核的环节，而考核大多采用无生上课的形式。无生上课一般是临时抽签决定上课的内容，40分钟备课，15分钟上课。没有学生，面对评委上课，评委一般5至7人。那么，应该如何应对无生上课呢？我认为可以从以下两个方面准备。

平时认真上课

无生上课不同于优质课大赛。优质课大赛基本都是“团赛”——“一人参赛，全校出动”，教学设计、课件制作都是别人参与完成，参赛教师的重点是演绎好教学设计。一般来说，在优质课比赛中，如果一个老师教态从容、普通话标准、善于调动学生的学习积极性，就比较容易获奖。

无生上课不一样，参加考评的老师必须自己完成所有的一切，并且时间很短。无生上课一般给老师40分钟的时间备课，除掉抽签、平复心情、写教案的时间，老师几乎没有时间来认真思考如何上好课，基本是平时上课情形的再现。换句话说，平时课上得好，考评时就能上好课，平时课上得不好，考评时想上好课就很难。因此，平时要认真上好每一节课，最好按照公开课的要求来对待平时的每一节课。

只有按照公开课的要求来对待平时的课程，教师考评时才能临危不乱。参加考评说不慌张是假话，只有当抽签以后，发现抽到的是自己拿手的课，心情才能稍稍平复，从容应对。所以想自己不慌张，只有扩大自己拿手课的范围，最好是每一节新课都具有公开课的水平，这样无论抽到什么课题都能够从容应对。

教师也只有按照公开课的要求来对待平时的课程，才有可能在考评时出彩。有些老师平时上课主要考虑的就是如何提高学生的成绩，重视知识与技能的要求，而忽视了过程与方法、情感态度与价值观的要求。这样的教学在考评当中肯定是难以获得高分的。但是公开课不一样，公开课就要严格按照三维目标来打造新课，注重导入、衔接等每一个教学环节，这样才容易在考评中得到高分。

临时注重技巧

无生上课与正常上课有一定的区别。正常上课面对的是学生，主要考虑学生的感受，而学生对所学习的内容是陌生的，上课的反应肯定不同于评委。评委都是专业的老师，会更多地专注于教材教法。因此，教师需要有一些技巧。

第一，进门前深呼吸，调整情绪，然后昂首挺胸走向讲台，面带微笑扫视评委，从容地整理一下讲台或教学器材，做好准备后抬头微笑着问评委“我现在可以上课了吗?”。从容而有礼貌会更容易获得评委的好感。

第二，必须有完整的教学过程，有始有终。开始要说“上课”，结束要说“下课”。力求把课上得完整，板书要工整、规范。虽然只有15分钟的上课时间，但是课也要相对完整，解决一两个问题或者学习一两个知识点，这样便于评委理解，因为说不定有些评委不是你所教学科的老师。

第三，教学环节之间过渡要清晰。如“请同学们来思考一下这道题，给大家三分钟的时间。”说完后停顿3秒左右即可进入下一个环节——“请某某同学回答”或“请某某同学演示”。

第四，要有一两个亮点。能够参加这一类考评的老师都不是一般的老师，换句话说，这种课不是好就是差，如果课没有亮点，那得分应该是在平均分以下。教学怎么才能有亮点呢，可以在导入、试验、互动、生活化等方面下工夫，让评委感觉有点新意。

第五，要确定板书的内容。板书能直接反映一个教师的教学思路，需要上哪些内容，哪些是重难点，在板书上应该有所体现。

第六，要防止声音小、语速慢，要加快语速，必要时可以喊几声，给人有激情的感觉，也要防止表情少，亲和力不够。

第七，眼睛要盯住评委，给人从容的感觉。

有备才能无患。无生上课虽然前后时间加起来一个小时不到，却是对一个教师教学业务水平、心理素质的重大检验，需要老师平时认真备课、上课，临场才能够自信、从容。

七、我的评选历程

“江淮好班主任”评选坚持实事求是、优中选好、宁缺毋滥的原则，要求被推荐对象的事迹要有代表性、典型性、时代感。推荐工作坚持走群众路线，采取自下而上、逐级申报、逐级审核的方式，潜山限额推荐1人，安庆市限额推荐5人，全省一共有50名候选人。经差额评选，授予前10名“江淮好班主任”荣誉称号，授予10～20名“江淮好班主任提名奖”。

评选过程

说起来，我差点错过了评选。如果不是我到教科室闲逛，如果不是我及时准备材料，如果不是我提前准备了很多照片，恐怕我就失去了这次机会。2014年11月6日下午，我到教科室闲逛，无意中发现了评选文件。按照程序，学校需要开会决定推荐的人选，一直到11月12日中午，政教主任才对我说：“你好好准备材料，下午两点之前送到教育局人事科。”幸亏我提前准备了材料才没有误事。11月20日上午，教育局人事科打电话给我，说我在县里已经通过初选，但是要补交照片，下午就要交到市教育局去。我重新搜了一下，发现还有照片。就这样，无数次的充满希望，又无数次的失望，让我的心在期待与失落之间不断游走。

12月10日，是省里上交材料截止的日子。按照规定，市里此前应该有公示，可是到了12月10日，我在市教育局的网站上却没有看到任何信息。当我认为没有可能的时候，12月19日，市教育局网站公示了推荐人选，5人，我位列其中。我后来才知道，市里因为职称评审耽误了“江淮好班主任”的推选工作。

后来，我一直关注着省教育厅的网站，因为是省教育厅发文的，我想应该在教育厅网站上公布。2015年1月6日，我第一时间发现自己被评上了“江淮好班主任”。当天中午，我的好友、在六安工作的特级教师陈永睿在我的博客上留言表示祝贺；当天晚上，市教研室教育理论室的江龙林老师打电话告知我此事，并邀请我到全市班主任研讨会上交流经验；第二天，县电视台记者朱浩给我打电话说要来采访，因为市电视台教育频道准备播放我的先进事迹。真是“一成名天下知”。

我说这些，不是抱怨。实际上，很多评选比较突然，今天来文件，过两天就要材料，关键是看谁的“硬件”多。机会，总是拜访有准备的人。

当选原因

应该说，我是幸运的。2014年3月，我出了一本书《班主任工作100问》；7月，该书被列入2014年全国教师暑假阅读推荐书目；11月，我参加了“江淮好班主任”的评选。一切是那样自然、顺畅。出版书应该是我获评“江淮好班主任”的主要原因，以下是我在书出版时写的一篇文章。

我和我的书

——《班主任工作100问》的写作过程

《班主任工作100问》，23万字，独著，山东文艺出版社出版。书还有一个副标题，叫新时期班主任角色定位及实践。我在书中指出，新时期班主任需要承担的角色有四个：班级的管理者、学生学习的促进者、学生心理的疏导者和学生成长的引路人。书中选用了100篇文章，这100篇文章有教育案例、教育评论、班会材料等等，涉及班主任工作的方方面面、日常工作的点点滴滴。

书的出版应了一句话，机会总是拜访有准备的人。

说准备。我从2006年开始写博客，工作中的一些好方法、好措施，与学生交往的好案例、好故事，我一般都会写到博客里。刚开始一周一篇，后来发展到每天一篇，我很快就积累了上千篇的博文。这其中，有30多篇在报刊上发表过。

因为写得多，我对一些教育现象和教育问题有了自己独立的思考，我于2011年申报了安庆市教育规划重点课题“新时期班主任角色定位及实践”，经过一年多的研究，2012年年初形成了阶段性成果，开始明确了班主任的角色，分别是班级的管理者、学生学习的促进者、学生心理的疏导者和学生成长的引路人。我按照这四个角色选择了以前写过的100篇文章汇编成册，准备结题用。

说机会。我在长期写作的过程中对李镇西老师特别崇拜，经常浏览李镇西老师的博客。因此，我在第一时间知晓李镇西教育思想研究所成立的消息。2012年元月，我作为李镇西教育思想研究所的首批成员加入了该所。按照研究所的要求，我坚持李镇西老师倡导的“五个一工程”，即每天阅读一万字书报，上好一节课，找一位学生谈心或做书面交流，思考一个教育问题或社会问题，写一篇文章。2012年7月，李镇西教育思想研究所征集书稿，为李镇西式好老师著书立说提供帮助，我及时邮去书稿，有幸得到垂青，由山东文艺出版社出版。2013年6月，出版社编辑给了我初步审稿意见，2013年7月给我邮来清样，2013年12月签订合同，2014年4月我收到样书，同时，我的书在各大书店和网上发行。

从2011年有写书的想法，到2014年真正成书，其间经历了许多的不易。需要规划框架、编写体例、编写目录、编辑文章、打印稿件、校对稿件、问询专家……个中滋味有谁知。好在有不少领导、老师给予我大力的支持和无私的帮助，尤其是李镇西教育思想研究所的同仁。著名教育家、李镇西教育思想研究所所长蒋自立先生及时给予我鼓励和支持，山东文艺出版社教育发现工作室马明秀和杨智编辑精心编辑书稿，在此表示诚挚感谢。需要感谢的还有我的学生，是学生促成了我教育的智慧和写作的动力。

当选感慨

一是世间自有公道。当下，有极个别的人抱怨社会缺少公平、正义，普通老百姓想做点事情很难。我参加评选的时候，当时就有人劝我说要“托关系”，对此我付之一笑，更有热心同事说陪我送礼给教育局领导，我坚决反对。我非常鲜明地表明了我的态度：做这种事情有辱斯文，即使通过这种方式评选上也没有意义。就在结果出来的前几天，还有同事很热情地说他可以让人帮着问问，当时他电话已经拿出来了，我立即制止，说没有必要。我相信世间自有公道，评上评不上对我来说没有那么重要。现在看来，我的想法是正确的。我始终坚持自己的原则，我相信朗朗乾坤，社会自有公平、正义。

二是育人比教书更重要。应该说，我是幸运的，当了十年班主任就能够获得“江淮好班主任”的荣誉称号。我认真地思考了一下自己能够当选的原因，出书是显性原因，内在的原因是我将育人放在首位，眼中关注更多的是学生而不是分数。当下，有一种以升学、高分、名校为核心元素的“成功教育学”，通过“成功教育学”引导学生勤奋学习、跳出“农门”，从而改变命运。而我认为，以生为本、以学定教，才是教育的方向。从社会发展的角度来看，社会上更多的是普通人，培养合格的公民应该是教育的主要任务。当班主任十年，我感受最深的有两点：一是要恪守与学生交往的底线，那就是不与学生发生正面冲突；二是要创新教育形式，采用学生喜闻乐见的方式传递教育信息。

当选致谢

有得必有失。这些年来，我忽视了许多事，也愧对不少人。

妻子一直批评我，说我太忙，在学校待的时间太长，在家里待的时间太短。我也有同感，现在学校好像成了我的家，一周至少有5天在学校住宿，而家好像成了宾馆，一周只有一两个晚上住在家里。很多时候，我回到家已是晚上11点多了，妻儿早已入睡，我一个人静静地到客卧躺下。

上次我到食堂吃饭，食堂的韩可顺事务长对我说：“昨天同学聚会，你爸也去了。”我“哦”了一声。韩叔是我爸的同学，他拍拍我的肩膀说：“你爸希望你多回家看看。”是啊，从县城到我爸家不到30公里的路程，我却很少回家。这几年太忙了，忙的开始忽略路边的风景和看风景的人。当不断靠近自己的目标和愿望时，却发觉自己也远离了一些人和一些事。

有人说，世界很大，与你幸福相关的人很少，你这样努力有必要吗？不但没有改善生活的质量，相反生活的质量还下降了。你承担的角色不是在增加，而是在减少，好好工作能获得什么呢？崇高只是被欣赏，而幸福才是生活的追求。

也有人说，真正的行者是你知道生活的全部真相以后依然坚持自己的选择。人生本来就是这样，出生、成长、成人、老去，从被人养到养别人，从被人教育到教育别人，从看人老去到被别人看着老去，没有多少人可以挣脱这样的命运安排，生命的长度大致相仿，但生命的宽度有所不同，人生的意义也许就在于此。

我想说，既然选择了教师，也就选择了崇高与清贫，留给世界的只能是坚实的脚印和依稀的背影。我将秉承教育理想，追求理想教育，学做真人，教人求真。

我还想说，教育需要守望，守望理想、守望耕耘、守望成长、守望收获，守望着一次次意外的惊喜，守望着一声声温暖的问候。守望教育，也守望着自己的精神家园！

后　记

出一本自费的书容易，出一本公费的书难；出一本普通的书容易，出一本有影响的书难。2014年，我的第一本书《班主任工作100问》出版以后，我就开始筹划出一本不仅自己不花钱，并且对他人有一定影响的书。

对此，有些人不理解。有人说，我很小气，自费出书要不了几个钱的；也有人说，我很幼稚，现在看书的人这么少，我还想用书来影响别人。

我想说：穷则独善其身，达则兼济天下。这是古往今来中国的文人志士激励自己处世立身的座右铭。作为一名衣食无忧的省级示范性普通高中教师，作为一名“江淮好班主任”，我想在“达己”的同时成就他人。

我还想说：犯其至远，图其所难。我相信，世上之事，因为难才会变得更有意义。世界上有一条很长很美的路，叫作梦想之路；还有一堵很高很硬的墙，叫作现实之墙。翻越那堵墙，叫作坚持，推倒那堵墙，叫作突破。在人生的道路上，我们改变的不是现实，而是我们的思想，是自己的观念。在人生的跑道上，战胜对手，只是赛场的赢家，战胜自己，才是命运的强者。

作为教师，我需要影响我的学生。基础教育给每个接受教育的个体留下什么才算完成“基础”的使命呢？我认为可以将之概括为“三底”：一是“底线”，懂得且遵循做人、做事必须有的底线；二是“底色”，青少年时期的生命底色应是阳光、自信、热爱生活，对未来抱有希望，不畏成长中的艰难；三是“底蕴”，帮助青少年打破只能依靠直接经验认识世界的局限思维，获得走进精神世界的工具，学会借助文化知识不断学习、探索、创造未来世界的能力。

作为“江淮好班主任”，我要影响更多的班主任。当班主任是一场修行，出书是一种期待。我将奉行陶行知先生“千教万教教人求真，千学万学学做真人”的箴言，努力做真教育，同时期待真正有影响的班主任出现，